Treaty Series

Treaties and international agreements registered or filed and recorded with the Secretariat of the United Nations

VOLUME 3152

Recueil des Traités

Traités et accords internationaux enregistrés ou classés et inscrits au répertoire au Secrétariat de l'Organisation des Nations Unies

United Nations • Nations Unies
New York, 2025

Print ISBN: 978-92-1-003086-1
e-ISBN: 978-92-1-358887-1
ISSN: 0379-8267
e-ISSN: 2412-1495

TABLE OF CONTENTS

I

Treaties and international agreements
registered in November 2016
Nos. 54034 to 54047

TABLE DES MATIÈRES

I

Traités et accords internationaux
enregistrés en novembre 2016
N°s 54034 à 54047

NOTE BY THE SECRETARIAT

Under Article 102 of the Charter of the United Nations, every treaty and every international agreement entered into by any Member of the United Nations after the coming into force of the Charter shall, as soon as possible, be registered with the Secretariat and published by it. Furthermore, no party to a treaty or international agreement subject to registration which has not been registered may invoke that treaty or agreement before any organ of the United Nations. The General Assembly, by resolution 97 (I), established regulations to give effect to Article 102 of the Charter (see text of the regulations, vol. 859, p. VIII; https://treaties.un.org/Pages/Resource.aspx?path=Publication/Regulation/Page1_en.xml).

The terms "treaty" and "international agreement" have not been defined either in the Charter or in the regulations, and the Secretariat follows the principle that it acts in accordance with the position of the Member State submitting an instrument for registration that, so far as that party is concerned, the instrument is a treaty or an international agreement within the meaning of Article 102. Registration of an instrument submitted by a Member State, therefore, does not imply a judgement by the Secretariat on the nature of the instrument, the status of a party or any similar question. It is the understanding of the Secretariat that its acceptance for registration of an instrument does not confer on the instrument the status of a treaty or an international agreement if it does not already have that status, and does not confer upon a party a status which it would not otherwise have.

*

* *

Disclaimer: All authentic texts in the present Series are published as submitted for registration by a party to the instrument. Unless otherwise indicated, the translations of these texts have been made by the Secretariat of the United Nations, for information.

NOTE DU SECRÉTARIAT

Aux termes de l'Article 102 de la Charte des Nations Unies, tout traité ou accord international conclu par un Membre des Nations Unies après l'entrée en vigueur de la Charte sera, le plus tôt possible, enregistré au Secrétariat et publié par lui. De plus, aucune partie à un traité ou accord international qui aurait dû être enregistré mais ne l'a pas été ne pourra invoquer ledit traité ou accord devant un organe de l'Organisation des Nations Unies. Par sa résolution 97 (I), l'Assemblée générale a adopté un règlement destiné à mettre en application l'Article 102 de la Charte (voir texte du règlement, vol. 859, p. IX; https://treaties.un.org/Pages/Resource.aspx?path=Publication/Regulation/Page1_fr.xml).

Les termes « traité » et « accord international » n'ont été définis ni dans la Charte ni dans le règlement, et le Secrétariat a pris comme principe de s'en tenir à la position adoptée à cet égard par l'État Membre qui a présenté l'instrument à l'enregistrement, à savoir que, en ce qui concerne cette partie, l'instrument constitue un traité ou un accord international au sens de l'Article 102. Il s'ensuit que l'enregistrement d'un instrument présenté par un État Membre n'implique, de la part du Secrétariat, aucun jugement sur la nature de l'instrument, le statut d'une partie ou toute autre question similaire. Le Secrétariat considère donc que son acceptation pour enregistrement d'un instrument ne confère pas audit instrument la qualité de traité ou d'accord international si ce dernier ne l'a pas déjà, et qu'il ne confère pas à une partie un statut que, par ailleurs, elle ne posséderait pas.

*

* *

Déni de responsabilité : Tous les textes authentiques du présent Recueil sont publiés tels qu'ils ont été soumis pour enregistrement par l'une des parties à l'instrument. Sauf indication contraire, les traductions de ces textes ont été établies par le Secrétariat de l'Organisation des Nations Unies, à titre d'information.

I

Treaties and international agreements

registered in

November 2016

Nos. 54034 to 54047

Traités et accords internationaux

enregistrés en

novembre 2016

N°s 54034 à 54047

No. 54034

Republic of Korea
and
Ukraine

Agreement on cultural cooperation between the Government of the Republic of Korea and the Cabinet of Ministers of Ukraine. Seoul, 7 June 2004

Entry into force: *3 August 2009 by notification, in accordance with article 10*

Authentic texts: *English, Korean and Ukrainian*

Registration with the Secretariat of the United Nations: *Republic of Korea, 10 November 2016*

République de Corée
et
Ukraine

Accord de coopération culturelle entre le Gouvernement de la République de Corée et le Cabinet des ministres de l'Ukraine. Séoul, 7 juin 2004

Entrée en vigueur : *3 août 2009 par notification, conformément à l'article 10*

Textes authentiques : *anglais, coréen et ukrainien*

Enregistrement auprès du Secrétariat de l'Organisation des Nations Unies : *République de Corée, 10 novembre 2016*

[TEXT IN ENGLISH – TEXTE EN ANGLAIS]

AGREEMENT ON CULTURAL COOPERATION
BETWEEN
THE GOVERNMENT OF THE REPUBLIC OF KOREA
AND
THE CABINET OF MINISTERS OF UKRAINE

The Government of the Republic of Korea and the Cabinet of Ministers of Ukraine (hereinafter referred to as "the Parties"),

Desiring to strengthen the friendly relations existing between the two countries,

Convinced that bilateral cooperation in the fields of culture, art, education, mass media, youth and sports will contribute to deepening relations between the two countries,

Have agreed as follows:

Article 1

The Parties shall promote and encourage the development of cultural cooperation on the basis of equality and mutual benefit in conformity with the laws and regulations currently in force in their countries.

Article 2

The Parties shall encourage cooperation between the two countries in the fields of culture, art, education, mass media, youth and sports by:

(a) establishing direct relations between academies, research institutes and universities;
(b) exchanging scholars, teachers and students;
(c) exchanging visits of writers, painters and other artists;
(d) exchanging art exhibitions, folklore performances and festivals;
(e) conducting seminars, festivals, exhibitions, competitions, conferences and symposia;
(f) establishing direct relations between television and radio companies of the two countries through exchanges of journalists and other specialists, and exchanges of radio and television programs

Article 3

Each Party shall encourage the translation and publication of outstanding works of literature and art of the other country.

Article 4

The Parties shall have due regard for the historical, cultural and geographical facts of the other country in all their official publications imparting information concerning the other country, including school textbooks, encyclopedias, documents and other materials, so that its people may form a correct and reliable perception of the other country.

Article 5

Each Party shall encourage the establishment and operation of cultural centers of the other country in its territory in accordance with its existing laws and regulations under the terms agreed upon by the Parties.

Article 6

Each Party shall, within its territory, in accordance with its domestic legislation and international treaties to which it is a party, or may, in the future, become a party, protect the intellectual property rights of the original works of the other country.

Article 7

The Parties shall encourage the exchange and cooperation of youths and youth organizations of the two countries.

Article 8

The Parties shall encourage cooperation in the field of sports through the exchange of visits between sports agencies and organizations, and through participation in various types of sports events to be held in the other country.

Article 9

The Parties shall consult each other, when necessary, with a view to providing more detailed information or preparing concrete programs or arrangements for cultural cooperation to implement the relevant provisions of this Agreement.

Article 10

1. The Parties shall notify each other in writing of the completion of their respective requirements for the entry into force of this Agreement. This Agreement shall enter into force on the date of receipt of last notification.

2. This Agreement shall remain in force for a period of five (5) years and shall be automatically renewed for the successive periods of five (5) years, unless either Party notifies the other Party in writing of its intention to terminate the Agreement at least six (6) months prior to its expiry.

3. Termination of this Agreement in accordance with paragraph 2 of this Article shall be without prejudice to exchange programs or projects which have been undertaken under this Agreement and are not fully completed by the date of its termination.

Article 11

Any dispute arising out of interpretation or implementation of the Agreement shall be settled by the Parties through consultations and negotiations.

Article 12

This Agreement may be amended by mutual written consent between the Parties.

IN WITNESS WHEREOF, the undersigned, being duly authorized by their respective Governments, have signed this Agreement.

DONE at Seoul, on this 7th day of June 2004, in duplicate, in the Korean, Ukrainian and English languages, all texts being equally authentic. In case of any divergence of interpretation, the English text shall prevail.

FOR THE GOVERNMENT OF
THE REPUBLIC OF KOREA

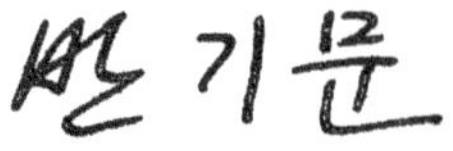

FOR THE CABINET OF
MINISTERS OF UKRAINE

[TEXT IN KOREAN – TEXTE EN CORÉEN]

대한민국 정부와 우크라이나 정부간의 문화협력에 관한 협정

대한민국 정부와 우크라이나 정부(이하 "당사자"이라고 한다)는,

두 나라의 기존 우호관계를 강화할 것을 희망하고,

문화 · 예술 · 교육 · 언론 · 청소년 및 체육분야에서의 상호 협력이 두 나라 관계의 심화에 기여할 것임을 확신하며,

다음과 같이 합의하였다.

제 1 조

당사자는 평등과 호혜의 원칙하에 그들 국가안에서 유효한 현행 법령에 따라 문화협력의 발전을 촉진하고 장려한다.

제 2 조

당사자는 다음 각목을 통하여 문화 · 예술 · 교육 · 언론 · 청소년 및 체육 분야에서 두 나라의 협력을 장려한다.

가. 학술기관 · 연구소 및 대학교간의 직접적인 관계 수립
나. 학자 · 교사 및 학생의 교환
다. 작가 · 화가 및 그 밖의 예술인의 교환 방문
라. 예술전시회 · 민속공연 및 축제의 교류
마. 세미나 · 축제 · 전시회 · 경연대회 · 학술회의 및 심포지움의 개최
바. 언론인 및 그 밖의 전문가의 교환과 라디오 · 텔레비전 프로그램의 교환을 통한 두 나라 텔레비전 및 라디오 방송사간의 직접적인 관계 수립

제 3 조

각 당사자는 타방국의 탁월한 문학 · 예술 작품의 번역 및 출판을 장려한다.

제 4 조

당사자는 자국민들이 타방국에 대하여 정확하고 올바른 인식을 가질 수 있도록 타방국에 대한 정보를 전달하는 교과서, 백과사전, 문서 및 그 밖의 자료를 포함한 모든 공식출판물에 있어서 상대국의 역사적, 문화적, 지리적 사실을 존중한다.

제 5 조

각 당사자는 양측이 합의한 조건하에서 기존의 법령에 따라 자국의 영역안에 타방국의 문화센터의 설립·운영을 장려한다.

제 6 조

각 당사자는 국내법과 현재 가입되어 있거나 또는 미래에 가입하게 되는 국제협약에 따라 자국 영토내에서 타방국의 원작품의 지적재산권을 보호한다.

제 7 조

당사자는 두 나라의 청소년 및 청소년 단체의 교류·협력을 장려한다.

제 8 조

당사자는 체육기관 및 단체간의 교환 방문과 타방국에서 개최되는 각종 체육행사에의 참가를 통하여 체육분야에서의 협력을 장려한다.

제 9 조

당사자는 필요한 경우 이 협정의 관련규정의 이행을 위하여 더 상세한 정보를 제공하거나 문화협력을 위한 구체적인 계획 또는 세부사항을 준비할 목적으로 상호 협의한다.

제 10 조

1. 양측은 이 협정의 발효를 위하여 필요한 국내 절차의 완료되었음을 상대국에 서면으로 통보한다. 이 협정은 최종 통보 접수일에 효력을 발생한다.

2. 이 협정은 5년간 유효하며, 일방당사국이 협정종료 6월전에 타방 당사자에게 서면으로 이 협정의 종료의사를 통보하지 아니하는 한 5년씩 자동적으로 연장된다.

3. 제2항의 규정에 의한 이 협정의 종료는 이 협정에 의하여 착수되었거나 이 협정의 종료시까지 완료되지 아니한 교류 계획 또는 사업에 영향을 미치지 아니한다.

제 11 조

이 협정의 해석 또는 이행으로부터 발생하는 모든 분쟁은 양측이 협의 및 협상을 통하여 해결한다.

제 12 조

이 협정은 양 당사국간 상호 서면 합의로 개정될 수 있다.

이상의 증거로, 아래 서명자는 그들 각자의 정부로부터 정당하게 권한을 위임받아 이 협정에 서명하였다.

2004년 6월 7일 서울에서 동등히 정본인 한국어, 우크라이나어 및 영어로 각 2부씩 작성하였다. 해석상 차이가 있을 경우에는 영어본이 우선한다.

대한민국 정부를 대표하여	우크라이나 정부를 대표하여

[Text in Ukrainian – Texte en ukrainien]

УГОДА

ПРО КУЛЬТУРНЕ СПІВРОБІТНИЦТВО

МІЖ УРЯДОМ РЕСПУБЛІКИ КОРЕЯ ТА

КАБІНЕТОМ МІНІСТРІВ УКРАЇНИ

Уряд Республіки Корея та Кабінет Міністрів України (далі – "Сторони"),

бажаючи і надалі зміцнювати дружні зв'язки між двома державами;

визнаючи, що двостороннє співробітництво в галузях культури, мистецтва, засобів масової інформації, туризму, молоді і спорту сприятимуть поглибленню взаємин між двома країнами;

домовились про таке:

Стаття 1

Сторони підтримуватимуть і заохочуватимуть розвиток культурного співробітництва, на засадах рівноправності та взаємної вигоди у відповідності до чинного законодавства та нормативних актів кожної з країн.

Стаття 2

Сторони заохочуватимуть співробітництво між двома країнами у галузі культури, мистецтва, освіти, засобів масової інформації, молоді і спорту через:

(a) налагодження прямих зв'язків між академіями, дослідницькими установами та університетами;

(b) обмін вченими, викладачами і студентами;

(c) обмін візитами письменників, художників та інших митців;

(d) обмін художніми виставками, виступами народних колективів, фестивалями;

(e) проведення семінарів, фестивалів, виставок, конкурсів, конференцій і симпозіумів;

(f) встановлення прямих контактів між теле- і радіо компаніями обох країн шляхом обміну журналістами та іншими спеціалістами та через обмін теле- і радіо програмами.

Стаття 3

Кожна з Сторін забезпечуватиме переклад і опублікування видатних літературних та мистецьких творів іншої країни.

Стаття 4

Сторони дотримуватимуться історичних, культурних і географічних фактів щодо іншої країни, в усіх своїх офіційних виданнях, які містять інформацію про іншу країну, включаючи шкільні підручники, енциклопедії, документи та інші матеріали, з тим щоб їхні народи мали вірне та достовірне уявлення про іншу країну.

Стаття 5

Кожна з Сторін сприятимее заснуванню та діяльності культурних центрів іншої країни на своїй території згідно з чинним законодавством та нормативними актами своєї держави на умовах, які узгоджені Сторонами.

Стаття 6

Кожна з Сторін, у межах своєї території та у відповідності до свого внутрішнього законодавства та міжнародних договорів, стороною яких вона є або може стати в майбутньому, захищатиме права інтелектуальної власності на первісні твори іншої країни.

Стаття 7

Сторони заохочуватимуть обмін та співробітництво між молоддю та молодіжними організаціями двох країн.

Стаття 8

Кожна з Сторін підтримуватиме співробітництво в галузі спорту шляхом обміну візитами між спортивними агентствами та організаціями та через участь в різноманітних видах спортивних змагань, які проводитимуться в іншій країні.

Стаття 9

В разі необхідності Сторони здійснюватимуть взаємні консультації з метою надання більш детальної інформації або для підготовки конкретизованих програм чи домовленостей з питань культурного співробітництва в рамках імплементації відповідних положень цієї Угоди.

Стаття 10

1. Сторони мають повідомляти одна одну у письмовій формі про виконання своїх внутрішніх процедур, необхідних для набуття чинності цієї Угоди. Ця Угода набуває чинності з дати отримання останнього повідомлення.

2. Угода залишатиметься чинною протягом п'яти років і буде автоматично продовжуватися на наступні п'ятирічні періоди, якщо жодна з Договірних Сторін не повідомить письмово іншу Договірну Сторону про свій намір припинити дію цієї Угоди не пізніше, ніж за шість місяців до закінчення її дії.

3. Припинення дії цієї Угоди, згідно з п. 2 цієї Статті, не завдаватиме шкоди обміну програмами або проектами, які здійснюються в рамках цієї Угоди та не були повністю завершені до терміну припинення її дії.

Стаття 11

Будь-які спірні питання, що виникатимуть під час тлумачення або імплементації цієї Угоди мають бути полагоджені шляхом консультацій і переговорів.

Стаття 12

Ця Угода може бути змінена шляхом взаємної письмової згоди обох Сторін.

На посвідчення чого, особи, що нижче підписалися, належним чином уповноважені своїми урядами, підписали цю Угоду.

Вчинено у м. Сеулі "07 червня 2004 р. у двох примірниках корейською, українською та англійською мовами, при цьому усі тексти є автентичними. У разі виникнення розбіжностей у тлумаченні положень цієї Угоди перевага надається тексту англійською мовою.

За Уряд Республіки Корея	**За Кабінет Міністрів України**

[TRANSLATION – TRADUCTION]

ACCORD DE COOPÉRATION CULTURELLE ENTRE LE GOUVERNEMENT DE LA RÉPUBLIQUE DE CORÉE ET LE CABINET DES MINISTRES DE L'UKRAINE

Le Gouvernement de la République de Corée et le Cabinet des ministres de l'Ukraine (ci-après dénommés « Parties »),

Désireux de renforcer les relations amicales qui existent entre leurs deux pays,

Convaincus que la coopération bilatérale dans les domaines de la culture, de l'art, de l'éducation, des médias de masse, de la jeunesse et du sport contribuera à renforcer les relations qui lient les deux pays,

Sont convenus de ce qui suit :

Article premier

Les Parties favorisent et encouragent le développement de la coopération culturelle sur la base de l'égalité et de l'avantage mutuel conformément aux lois et règlements en vigueur dans leurs pays.

Article 2

Les Parties favorisent la coopération entre les deux pays dans les domaines de la culture, de l'art, de l'éducation, des médias de masse, de la jeunesse et du sport :

a) En établissant des relations directes entre les académies, les instituts de recherche et les universités ;

b) En procédant à l'échange de spécialistes, d'enseignants et d'étudiants ;

c) En organisant des visites d'écrivains, de peintres et d'autres artistes ;

d) En procédant à des échanges concernant les expositions d'art, les représentations folkloriques et les festivals des deux pays ;

e) En organisant des séminaires, des festivals, des expositions, des concours, des conférences et des colloques ;

f) En établissant des relations directes entre les sociétés de télévision et de radio des deux pays, et ce, en procédant à des échanges de journalistes et autres spécialistes ainsi qu'à des échanges de programmes de radio et de télévision.

Article 3

Chaque Partie encourage la traduction et la publication d'œuvres littéraires et artistiques remarquables de l'autre pays.

Article 4

Les Parties tiennent dûment compte des faits historiques, culturels et géographiques de l'autre pays dans toutes leurs publications officielles contenant des renseignements relatifs à l'autre pays, y compris les manuels scolaires, les encyclopédies, les documents et autres supports, afin que leur population puisse se faire une idée juste et fiable de l'autre pays.

Article 5

Chaque Partie soutient l'établissement et le fonctionnement de centres culturels de l'autre pays sur son territoire, conformément à ses lois et règlements existants, selon les conditions convenues par les Parties.

Article 6

Chaque Partie protège, sur son territoire, conformément à sa législation interne et aux traités internationaux auxquels elle est, ou pourrait devenir, partie, les droits de propriété intellectuelle des œuvres originales de l'autre pays.

Article 7

Les Parties encouragent les échanges et la coopération entre les jeunes et les organisations de jeunes des deux pays.

Article 8

Les Parties favorisent la coopération dans le domaine du sport en organisant des visites entre des agences et des organisations sportives, et en participant à divers types d'événements sportifs se déroulant dans l'autre pays.

Article 9

Les Parties se consultent, si nécessaire, dans le but d'échanger des informations plus détaillées ou de préparer des programmes ou des arrangements concrets de coopération culturelle visant à mettre en œuvre les dispositions pertinentes du présent Accord.

Article 10

1. Les Parties se notifient mutuellement, par écrit, l'accomplissement de leurs obligations respectives nécessaires à l'entrée en vigueur du présent Accord. Le présent Accord entre en vigueur à la date de réception de la dernière de ces notifications.

2. Le présent Accord reste en vigueur pour une période de cinq ans et est ensuite prorogé par tacite reconduction pour des périodes successives de cinq ans, à moins que l'une des Parties ne notifie par écrit à l'autre Partie, au moins six mois avant la date d'expiration de l'Accord, son intention de le dénoncer.

3. La dénonciation du présent Accord telle que visée au paragraphe 2 du présent article est sans préjudice des programmes ou projets d'échange lancés dans le cadre du présent Accord et qui sont toujours en cours à la date de ladite dénonciation.

Article 11

Tout différend portant sur l'interprétation ou sur l'application du présent Accord est réglé par les Parties au moyen de consultations et de négociations.

Article 12

Le présent Accord peut être modifié sur accord mutuel écrit entre les Parties.

EN FOI DE QUOI, les soussignés, à ce dûment autorisés par leurs Gouvernements respectifs, ont signé le présent Accord.

FAIT à Séoul, le 7 juillet 2004, en deux exemplaires en langues coréenne, ukrainienne et anglaise, tous les textes faisant également foi. En cas de divergence d'interprétation, le texte anglais prévaut.

Pour le Gouvernement de la République de Corée :
[BAN KI-MOON]

Pour le Cabinet des ministres de l'Ukraine :
[KONSTANTIN I. GRICHTCHENKO]

No. 54035

Republic of Korea
and
United Arab Emirates

Agreement between the Government of the Republic of Korea and the Government of the United Arab Emirates on military cooperation. Abu Dhabi, 15 November 2006

Entry into force: *13 May 2007 by notification, in accordance with article 12*

Authentic texts: *Arabic, English and Korean*

Registration with the Secretariat of the United Nations: *Republic of Korea, 10 November 2016*

République de Corée
et
Émirats arabes unis

Accord entre le Gouvernement de la République de Corée et le Gouvernement des Émirats arabes unis relatif à la coopération militaire. Abou Dhabi, 15 novembre 2006

Entrée en vigueur : *13 mai 2007 par notification, conformément à l'article 12*

Textes authentiques : *arabe, anglais et coréen*

Enregistrement auprès du Secrétariat de l'Organisation des Nations Unies : *République de Corée, 10 novembre 2016*

٤. ما لم يتفق الطرفان على خلاف ذلك ، لن يؤثر إنهاء هذه الاتفاقية على نفاذ أو مدة أي مشاريع/ مخططات كانت جارية قبل الإنهاء .

إشهاداً على ذلك ، تم توقيع هذه الاتفاقية من قبل الموقعين أدناه بصفتهما مفوضان حسب الأصول من قبل حكومتيهما .

حررت بنسختين أصليتين في مدينة أبوظبي بتاريخ ١٥ نوفمبر ٢٠٠٦ باللغات الكورية والعربية والانجليزية ولها جميعا ذات الحجية القانونية. وفي حالة الاختلاف في التفسير يعول على النص الإنجليزي .

عن/
حكومة جمهورية كوريا الجنوبية
كيو سيك هوانج
وكيل وزارة الدفاع الوطنية

عن/
حكومة دولة الإمارات العربية المتحدة
الفريق الركن
عبيد محمد عبدالله الكعبي
وكيل وزارة الدفاع

٢. سيتم تحديد وتطوير وتنفيذ خطط الأنشطة طبقاً لهذه الاتفاقية أو الاتفاقات التكميلية من قبل أفراد تكلفهم بهذه المهمة القيادة العامة للقوات المسلحة لدولة الإمارات العربية المتحدة ووزارة الدفاع الوطني لجمهورية كوريا الجنوبية .

٣. تبدأ مفاوضات الاتفاقات التكميلية خلال (٩٠) تسعين يوماً من إخطار أحد الطرفين الطرف الآخر برغبته في إبرام ذلك الاتفاق ، على أن تدخل تلك الاتفاقات حيز السريان حسب ما يتفق عليه الطرفان بصورة مشتركة .

المادة (١٠)
التعديلات والتغييرات

١. يجوز لأي من الطرفين تقديم مقترح خطي بتعديل هذه الاتفاقية ، بما في ذلك الاتفاقات التكميلية ، إلى الطرف الآخر عبر القنوات الدبلوماسية .

٢. يجب على الطرفين الدخول في مفاوضات حول تلك التعديلات خلال (٩٠) تسعين يوما من استلام الإخطار المعني .

٣. تعتبر التعديلات التي يوافق عليها الطرفان جزءاً مكملاً لهذه الاتفاقية وتدخل حيز السريان طبقاً لأحكام المادة (١٢) من هذه الاتفاقية .

المادة (١١)
فض النزاعات

يتم فض النزاعات التي قد تنشأ عن تفسير هذه الاتفاقية عبر الحوار المباشر بين الطرفين. ولن يتم استشارة أية مؤسسات محلية أو دولية أو أية أطراف أخرى .

المادة (١٢)
السريان والمدة والإنهاء

١. تدخل هذه الاتفاقية حيز السريان حين استلام كلا الطرفين أخطاراً رسمياً من بعضهما البعض عبر القنوات الدبلوماسية ، يفيد بتلبية جميع المتطلبات المحلية لدخولها حيز السريان .

٢. تظل هذه الاتفاقية سارية المفعول لمدة (١٠) عشر سنوات تبدأ من تاريخ دخولها حيز النفاذ. ويجوز تمديدها لمدد مماثلة بموافقة الطرفين الخطية .

٣. يحق لأي من الطرفين إنهاء هذه الاتفاقية في أي وقت عن طريق إعلام الطرف الآخر بإشعار خطي. ويصبح هذا الإنهاء نافذاً بعد (٩٠) تسعين يوما من تاريخ ذلك الإشعار .

المادة (٦)
الالتزام بالقوانين

١. يلتزم تابعو الطرف الزائر أثناء إقامتهم في إقليم الطرف المستضيف بقوانين ولوائح وأنظمة البلد المستضيف ، ويحظر عليهم القيام بأي نشاط يمس أمن ووحدة الطرف المستضيف .

٢. يخضع تابعو الطرف الزائر لقوانين وأنظمة البلد المستضيف أثناء مدة إقامتهم في إقليمه.

٣. في حالة إخلال تابعي الطرف الزائر بالانضباط العسكري أثناء إقامتهم في إقليم البلد المستضيف ، فعلى سلطات الطرف الزائر اتخاذ الإجراء المناسب بموجب قوانينه وأنظمته العسكرية .

المادة (٧)
التكاليف

يتحمل الطرفان مسؤولية الوفاء بمصاريفهما الخاصة بما في ذلك البنود التالية:

أ. تكاليف المواصلات المرتبطة بدخول ومغادرة إقليم الطرف الآخر .

ب. النفقات التي يتكبدها تابعو الطرف الزائر أثناء مدة إقامتهم في إقليم الطرف المستضيف بما في ذلك مصاريف السكن ووجبات الطعام .

ج. التكاليف الطبية ، بما في ذلك نقل المرضى والجرحى والمتوفين.

المادة (٨)
الدعم الطبي

إذا احتاج تابعو الطرف الزائر إلى مساعدة طبية أثناء قيامهم بالأنشطة التعاونية بموجب هذه الاتفاقية، فإنه يجب على الطرف المستضيف أن يوفر لهم إمكانية الدخول إلى منشآته الطبية العسكرية أو ، إذا لزم الأمر ، الدخول إلى المنشآت الطبية المدنية على أن يكون الطرف الزائر مسؤولاً عن دفع المصاريف المترتبة في تلك المنشآت الطبية .

المادة (٩)
الاتفاقات التكميلية

١. يجوز بموافقة مشتركة من كلا الطرفين التوقيع على اتفاقات تكميلية (مذكرات، بروتوكولات، اتفاقيات، الخ) فيما يتعلق بمجالات محددة من التعاون العسكري .

٢. يتم تنفيذ التعاون بين الطرفين لغرض تعزيز المصالح المشتركة طبقاً لمبدأ المعاملة بالمثل .

المادة (٤)
الجهات المفوضة

١. يتم تنفيذ هذه الاتفاقية من قبل الجهتين المفوضتين لدى الطرفين .

٢. تكون الجهتان المفوضتان لدى الطرفين كما يلي:
أ. بالنسبة لحكومة دولة الإمارات العربية المتحدة: مكتب رئيس الأركان، القيادة العامة للقوات المسلحة .

ب. بالنسبة لحكومة جمهورية كوريا الجنوبية: مكتب السياسة الدفاعية الدولية التابع لوزارة الدفاع الوطني لجمهورية كوريا الجنوبية .

٣. على الجهات المفوضة لدى الطرفين أن تتبادل خطة تنفيذ سنوية كل سنة على أن يتم تنسيق خطة التنفيذ السنوية والاتفاق عليها من قبل الطرفين أما عن طريق المراسلة أو في اجتماع يجمع بين الجهتين المفوضتين .

المادة (٥)
حماية المواد المصنفة

١. يجب على الطرفين أن يتخذا التدابير اللازمة لحماية جميع المواد المصنفة التي يتم نقلها وتبادلها بموجب هذه الاتفاقية .

٢. ما لم يتم الاتفاق على غير ذلك خطياً من قبل الطرفين ، يجب أن تخضع معاملة المواد المصنفة التي يتم إنتاجها و/أو تبادلها من قبل الطرفين ، بما في ذلك على سبيل المثال لا الحصر المعلومات الدفاعية والوثائق والبيانات الفنية والمعدات ، للمبادئ التالية:

أ. أن يعطي الطرف المستلم تصنيفاً أمنياً مساوي أو أعلى من ذلك التصنيف الذي يعطيه الطرف المنشئ للمواد المصنفة التي يتم استلامها من الطرف الآخر .

ب. أن يمتنع كلا الطرفين عن تقديم أي مواد مصنفة يتم استلامها من الطرف الآخر إلى أي طرف ثالث دون موافقة خطية مسبقة من الطرف المنشئ .

ج. لا يجوز استخدام المواد المصنفة إلا للغرض الذي تم نقلها من أجله .

٣. تستمر المسؤوليات والالتزامات الخاصة بكل طرف فيما يتعلق بحماية المواد المصنفة بالسريان على الرغم من إنهاء هذه الاتفاقية .

ج. التعليم والتدريب العسكريين .

د. التكنولوجيا العسكرية وتشمل البحث والتطوير وتبادل المعلومات .

هـ. الطب العسكري والدعم الطبي .

و. النشاطات الرياضية والثقافية العسكرية .

ز. التاريخ والسجلات والمنشورات العسكرية .

ح. تبادل الخبرة والمعلومات حول الأمن الوطني والعمليات العسكرية بما في ذلك إدارة الكوارث والإغاثة العون الإنساني وعمليات حفظ السلام .

ط. قضايا حماية البيئة المتعلقة بالمنشآت العسكرية .

ي. أي مجالات تعاون أخرى قد يتم الاتفاق عليها من قبل الطرفين .

المادة (٣)
أسلوب التعاون

١. يمكن أن يتخذ التعاون بموجب هذه الاتفاقية الأشكال التالية:

أ. الزيارات الرسمية واللقاءات الثنائية .

ب. محادثات على مستوى العمل .

ج. تبادل الوفود والأخصائيين .

د. تبادل المعلومات ذات الصلة بالدفاع في مجالات تتضمن على سبيل المثال لا الحصر الأمن الوطني والخبرة العملياتية العسكرية .

هـ. تبادل المعلومات العسكرية والتي تتضمن على سبيل المثال لا الحصر التكنولوجيا والخبرة العسكريتين .

و. التعاون في مجال الصناعة الدفاعية والإمداد، بما في ذلك على سبيل المثال لا الحصر، استيراد / تصدير سلع الصناعة الدفاعية ومشاريع البحث والتطوير المشتركة في مجال الصناعة الدفاعية والتكنولوجيا العسكرية .

ز. تبادل أعضاء الخدمة الفعلية والمرشحين والأخصائيين العسكريين .

ح. حضور المؤتمرات والندوات والمعارض والتدريبات العسكرية والمناسبات الرسمية الأخرى التي يقوم بتنظيمها أي من الطرفين أو من قبل وكالات دولية .

ط. الزيارات المتبادلة بواسطة السفن والطائرات العسكرية .

ي. أي أشكال أخرى من أشكال التعاون التي قد يتفق عليها الطرفان .

[TEXT IN ARABIC – TEXTE EN ARABE]

اتفاقية

بين

حكومة جمهورية كوريا الجنوبية

وحكومة دولة الإمارات العربية المتحدة

بشأن التعاون العسكري

إن حكومة جمهورية كوريا الجنوبية وحكومة دولة الإمارات العربية المتحدة (ويشار إليهما فيما بعد بـ "الطرفين")،

إذ تضعان في الاعتبار أن تعزيز أواصر الصداقة العسكرية بين الطرفين سيخدم مصالح كلا الطرفين،

وإذ ترغبان بالمساهمة في السلم والازدهار الدوليين،

وإذ تتفهمان أن التعاون الوارد بيانه في هذه الاتفاقية من شأنه أن يؤدي إلى التعاون في المجالات الأخرى ذات الاهتمام المشترك في المستقبل،

وإذ تؤكدان المساواة وحقوق السيادة لكل طرف الالتزام بمبدأ عدم التدخل في الشؤون الداخلية لكل منهما،

فقد اتفقتا كما يلي:

المادة (١)
الغرض

يتمثل الغرض من هذه الاتفاقية في تعزيز أواصر الصداقة العسكرية بين الطرفين من خلال تحديد نطاق التعاون العسكري وتنفيذ ذلك التعاون طبقاً لمبادئ المساواة والمعاملة بالمثل والمنفعة المشتركة تطبيق التشريعات الوطنية لكل من الطرفين فضلاً عن القانون الدولي .

المادة (٢)
نطاق التعاون

يتعاون الطرفان في المجالات التالية:

أ. الصناعة الدفاعية والدعم اللوجستي .

ب. المعلومات ذات الصلة بالدفاع والأمن والمعلومات العسكرية .

[TEXT IN ENGLISH – TEXTE EN ANGLAIS]

AGREEMENT BETWEEN THE GOVERNMENT OF THE REPUBLIC OF KOREA AND THE GOVERNMENT OF THE UNITED ARAB EMIRATES ON MILITARY COOPERATION

The Government of the Republic of Korea and the Government of the United Arab Emirates (hereinafter referred to as "the Parties"),

Bearing in mind that promoting friendly military ties between the Parties will benefit the interests of both Parties,

Desiring to contribute to international peace and prosperity,

Understanding that cooperation as provided for in this Agreement may lead to cooperation in other areas of mutual interests in the future, and

Confirming the equality and sovereign rights of each Party while adhering to the principle of non-interference in the other Party's domestic affairs,

Have agreed as follows:

Article 1
Purpose

The purpose of this Agreement is to promote friendly military ties between the Parties by defining the scope of military cooperation and implementing such cooperation in accordance with the principles of equality, reciprocity, and mutual benefit while respecting the Parties' respective national legislation as well as international law.

Article 2
Scope of Cooperation

The Parties will cooperate in the following areas:

a. defense industry and logistics support;
b. defense/security-related and military-related information;
c. military education and training;
d. military technology including research and development (R&D) and exchange of information;
e. military medicine and medical support;
f. military sports and cultural activities;

g. military history, records, and publications;
h. exchange of experience and information on national security and military operations including disaster management and relief and humanitarian aid and peacekeeping operations;
i. environmental protection issues related to military installations; and
j. any other areas of cooperation that may be agreed upon by the Parties.

Article 3
Mode of Cooperation

1. Cooperation under this Agreement may take the following forms:
   a. official visits and bilateral meetings;
   b. working-level talks;
   c. exchange of delegations and specialists;
   d. exchange of defense-related information in areas including, but not limited to, national security and military operational experience;
   e. exchange of military-related information including, but not limited to, military technology and experience;
   f. cooperation in defense industry and logistics including, but not limited to, import/export of defense industry goods and joint R&D projects in the field of defense industry and military technology;
   g. exchange of active service members, cadets, and military specialists;
   h. attendance at seminars, symposiums, exhibitions, military training, and other official events organized by either Party or by international agencies;
   i. mutual visits by military vessels and aircraft; and
   j. any other forms of cooperation that may be agreed upon by the Parties.

2. Cooperation between the Parties shall be implemented for the purpose of furthering mutual interests in accordance with the principle of reciprocity.

Article 4
Authorized Agencies

1. Implementation of this Agreement shall be carried out by the authorized agencies of the Parties.

2. The authorized agencies shall be:
   (a) for the Government of the Republic of Korea: International Defense Policy Bureau, Ministry of National Defense;
   (b) for the Government of the United Arab Emirates: the Chief of Staff Office, General Headquarters of the Armed Forces.

3. The authorized agencies of the Parties shall exchange an annual implementation plan every year. The annual implementation plan shall be coordinated and agreed upon either by correspondence or at a meeting between the authorized agencies.

Article 5
Protection of Classified Materials

1. The Parties shall take the necessary measures to protect all classified materials transferred and exchanged under this Agreement.

2. Unless otherwise agreed upon in writing by the Parties, the handling of classified materials exchanged between the Parties, including, but not limited to, defense information, documents, technical data, and equipment, shall adhere to the following principles:
   a. The receiving Party shall give an equal or higher security classification than that of the sending Party to classified materials received from the other Party.
   b. Neither Party shall provide any classified materials received from the other Party to any third party without the prior written consent of the sending Party.
   c. Classified materials shall be used only for the purpose for which they were transferred.

3. The respective responsibilities and obligations of the Parties regarding the protection of classified materials shall continue to apply notwithstanding the termination of this Agreement.

Article 6
Legality

1. During their stay in the territory of the host Country, the personnel of the visiting Party shall observe the laws, rules and regulations of the host Country. They shall not act in a manner prejudicial to the security and integrity of the host Party.

2. The personnel of the visiting Party shall be subject to the laws and regulations of the host Country during their period of stay in its territory.

3. In case the visiting Party's personnel commit violations of military discipline during their stay in the host Country's territory, the visiting Party's authorities shall take appropriate action in accordance with their own military laws and regulations.

Article 7
Costs

The Parties shall be responsible for their respective expenses, including:

a. transportation costs related to entering and departing the territory of the country of the other Party;
b. expenses incurred by the personnel of the visiting Party during the duration of their stay in the territory of the host Party, including accommodation and meal expenses; and
c. medical costs including transportation of the sick, injured, and deceased.

Article 8
Medical Support

Where the personnel of the visiting Party require medical assistance while carrying out cooperative activities under this Agreement, the host Party shall provide access to its military medical facilities or, if necessary, to civilian medical facilities under the understanding that the visiting Party shall be responsible for the payment of expenses incurred at such medical facilities.

Article 9
Supplementary Arrangements

1. With the mutual consent of both Parties, supplementary arrangements (memorandums, protocols, agreements, etc.) may be signed with respect to particular areas of military cooperation.

2. Activity plans pursuant to this Agreement or the supplementary arrangements will be specified, developed, and implemented by personnel authorized by the Ministry of National Defense of the Republic of Korea and the General Headquarters of the Armed Forces of the United Arab Emirates.

3. Negotiations for supplementary arrangements shall commence within 90 days after one Party notifies the other of its desire to enter into such an arrangement, and such arrangements shall enter into effect as mutually agreed upon by the Parties.

Article 10
Amendments and Revisions

1. Either Party may submit a written proposal on amendments to this Agreement, including supplementary arrangements, to the other Party through diplomatic channels.

2. The Parties shall initiate negotiations on such amendments within 90 days following the receipt of the relevant notification.

3. Amendments agreed upon by the Parties shall form an integral part of this Agreement and enter into force in accordance with the provisions of Article 12 of this Agreement.

Article 11
Resolution of Dispute

Disputes that may arise from the interpretation of this Agreement shall be resolved through direct dialogue between the Parties. No domestic/international organizations or third parties will be consulted.

Article 12
Entry into Force, Duration and Termination

1. This Agreement shall enter into force upon both Parties receiving each other's official notification through diplomatic channels of the fulfillment of all domestic requirements for its entry into force.

2. This Agreement shall remain in force for 10 years from its entry into force date. It may be extended for similar terms upon both Parties' written approval.

3. Either Party may terminate this Agreement any time by informing the other Party through a written notice. Such termination shall become effective after 90 days from the date of such notification.

4. Unless otherwise agreed upon by the Parties, the termination of this Agreement shall not affect the validity or duration of any projects/plans that were ongoing prior to the termination.

IN WITNESS WHEREOF, the undersigned, being duly authorized thereto by their respective Governments, have signed this Agreement.

Done in duplicate at Abu Dhabi, on 15 November 2006, in the Korean, Arabic, and English languages, all texts being equally authentic. In case of any divergence in interpretation, the English text shall prevail.

FOR THE GOVERNMENT OF
THE REPUBLIC OF KOREA

FOR THE GOVERNMENT OF
THE UNITED ARAB EMIRATES

[TEXT IN KOREAN – TEXTE EN CORÉEN]

대한민국 정부와 아랍에미리트연합국 정부 간의 군사협력에 관한 협정

대한민국 정부와 아랍에미리트연합국 정부(이하 "당사자"라고 한다)는,

당사자간 우호적인 군사적 유대를 증진하는 것이 양 당사자의 이익에 도움이 된다는 것을 유념하고,

국제 평화와 번영에 기여할 것을 희망하며,

이 협정에 규정된 바와 같은 협력이 향후 상호 이익이 되는 다른 분야에서의 협력으로 이어질 수 있음을 이해하고,

다른 쪽 당사자의 국내 사안에 대한 불간섭 원칙을 고수하면서 각 당사자의 평등과 주권적 권리를 확인하여,

다음과 같이 합의하였다.

제 1 조
목 적

이 협정의 목적은 국제법과 당사자 각각의 국내법을 존중하면서 평등·상호주의·호혜의 원칙에 따라 군사협력의 범위를 설정하고 그러한 협력을 이행함으로써 당사자 간의 우호적인 군사적 유대를 증진하는 데에 있다.

제 2 조
협력 범위

당사자는 다음 분야에서 협력한다.

가. 방위 산업과 군수 지원
나. 국방·안보 및 군사 관련 정보
다. 군사 교육 및 훈련
라. 연구개발 및 정보교환을 포함한 군사기술
마. 군사 의학 및 의료지원
바. 군사체육 및 문화활동

사. 군사역사 · 기록 및 발간물

아. 재난관리 · 구호 · 인도적 지원 및 평화유지 활동을 포함한 국가안보 및 군사작전에 대한 경험 및 정보교환

자. 군사 시설과 관련된 환경보호 문제 그리고,

차. 당사자 간에 합의되는 그 밖의 다른 협력 분야

제 3 조

협력방식

1. 이 협정에 따른 협력은 다음의 형식을 취한다.

가. 공식방문 및 양자 회의

나. 실무회담

다. 대표단 및 전문가 교류

라. 국가 안보 및 군사 작전 경험을 포함하나 이에 국한되지 아니하는 국방 관련 정보의 교환

마. 군사기술 및 경험을 포함하나 이에 국한되지 아니하는 군사 관련 정보의 교환

바. 방산물자의 수입과 수출 및 방산 · 군사기술 분야에서의 공동 연구개발을 포함하나 이에 국한되지 아니하는 방산 및 군수 협력

사. 현역 군인 · 생도 및 군사전문가 교류

아. 어느 한 쪽 당사자 또는 국제 기관이 준비한 세미나 · 심포지엄 · 전시회 · 군사훈련 및 다른 공식 행사에의 참석

자. 군 함정 및 군용기의 상호방문

차. 당사자 간에 합의되는 그 밖의 다른 형태의 협력

2. 당사자 간의 협력은 상호주의의 원칙에 따라 상호 이익을 더욱 도모하기 위한 목적으로 이행한다.

제 4 조

권한을 위임받은 실무기관

1. 이 협정의 이행은 당사자의 권한을 위임받은 실무기관이 수행한다.

2. 권한을 위임받은 실무기관은 다음과 같다.

가. 대한민국 정부에 있어서는 대한민국 국방부 국제협력관실

나. 아랍에미리트연합국 정부에 있어서는 아랍에미리트연합국 총참모부 총참모장실

3. 당사자의 권한을 위임받은 실무기관은 매년 연간이행계획을 교환한다. 연간이행계획은 권한을 위임받은 실무기관 간의 연락에 의하여 또는 회의에서 조율하고 합의한다.

제 5 조
비밀자료의 보호

1. 당사자는 이 협정에 따라 전달되고 교환된 모든 비밀자료를 보호하기 위하여 필요한 조치를 취한다.

2. 당사자에 의하여 서면으로 달리 합의되지 아니하는 한, 국방 정보 · 문서 · 기술자료 및 장비를 포함하나 이에 국한되지 아니하는 당사자 간에 교환된 비밀자료의 취급은 다음 원칙을 준수한다.

가. 접수 당사자는 다른 쪽 당사자로부터 받은 비밀자료에 대하여 제공 당사자의 것과 동등하거나 그보다 높은 보안등급을 부여한다.

나. 어느 당사자도 제공 당사자의 사전 서면 동의가 없이 다른 쪽 당사자로부터 받은 비밀자료를 제3자에게 제공하지 아니한다.

다. 비밀자료는 전달된 목적을 위해서만 사용한다.

3. 비밀자료의 보호에 관한 당사자 각각의 책임과 의무는 이 협정이 종료되더라도 계속 적용한다.

제 6 조
법률 준수

1. 방문지국 영역내에 체류하는 동안 방문 당사자의 요원은 방문지국의 법령과 규칙을 준수한다. 방문 당사자의 요원은 방문지 당사자의 안전과 보전을 저해하는 행위를 하지 아니한다.

2. 방문 당사자의 요원은 방문지국 영역 내에 체류하는 기간 동안 방문지국 법령에 따른다.

3. 방문 당사자의 인원이 방문지국 영역에서 체류하는 동안 군기를 위반한 경우 방문 당사자의 당국은 그 자체의 군사법령에 따라 적절한 조치를 취한다.

제 7 조

비 용

당사자는 다음을 포함하여 각각의 비용을 부담한다.

가. 다른 쪽 당사자 국가의 영역에 들어오고 출발하는 것과 관련한 수송 비용

나. 숙박비 및 식대를 포함하여 방문지국 영토에 체류하는 기간 동안 방문 당사자로 인하여 발생한 비용

다. 환자 · 부상자 및 사망자의 수송을 비롯한 의료 비용

제 8 조

의료 지원

방문 당사자의 요원이 이 협정에 따른 협력활동을 수행하는 중 의료지원이 필요한 경우, 방문지 당사자는 방문당사자가 의료시설에서 발생한 비용의 지불을 부담한다는 이해하에 군사의료시설 또는 필요하다면 민간의료시설을 이용할 수 있도록 한다.

제 9 조

보충약정

1. 양 당사자의 상호 동의 하에 특정한 군사협력 분야에 대하여 보충약정(각서 · 의정서 · 협정 등을 말한다)에 서명할 수 있다.

2. 이 협정 또는 보충약정에 따른 활동계획은 대한민국 국방부와 아랍에미리트연합국 총참모부가 권한을 부여한 요원에 의하여 구체화되고 발전 · 이행된다.

3. 보충약정 협상은 어느 한 쪽 당사자가 다른 쪽에게 그러한 약정 체결희망을 통고한 후 90일 이내에 시작하고, 그러한 약정은 당사자가 상호 합의한 대로 발효한다.

제 10 조
개정 및 수정

1. 어느 한 쪽 당사자는 보충약정을 포함, 이 협정의 개정에 대한 서면 제안을 다른 쪽 당사자에게 외교경로를 통하여 제출할 수 있다.

2. 당사자는 해당 통고를 접수한 지 90일 이내에 그러한 개정에 대한 협상을 시작한다.

3. 당사자가 합의한 개정은 이 협정의 필수불가결의 부분을 구성하며 이 협정 제12조 규정에 따라 발효한다.

제 11 조
분쟁해결

이 협정의 해석에서 발생할 수 있는 분쟁은 당사자간의 직접적인 대화를 통해 해결한다. 국내 · 국제기구 또는 제3자에게 상의하지 아니한다.

제 12 조
발효 · 유효기간 및 종료

1. 이 협정은 양 당사자가 그 발효에 필요한 모든 국내적 요구조건을 충족시켰다는 각기 다른 쪽의 공식통고를 외교 경로를 통해 받는 즉시 발효한다.

2. 이 협정은 발효일로부터 10년간 유효하며 양 당사자의 서면 승인이 있는 경우 비슷한 기간 동안 연장할 수 있다.

3. 어느 한 쪽 당사자도 다른 쪽 당사자에 서면으로 통보함으로써 언제든지 이 협정을 종료할 수 있다. 그러한 종료는 그러한 통보일로부터 90일 후에 효력이 발생한다.

4. 당사자가 달리 합의하지 아니하는 한, 이 협정의 종료는 종료 이전에 진행 중이던 사업이나 계획의 효력 또는 기간에 영향을 미치지 아니한다.

이상의 증거로, 아래 서명자는 그들 각자의 정부로부터 정당한 권한을 위임받아 이 협정에 서명하였다.

2006년 11월 15 일 아부다비 에서 동등하게 정본인 한국어 · 아랍어 및 영어로 각 2부씩 작성하였다. 해석상 차이가 있을 때에는 영어본이 우선한다.

대한민국 정부를 대표하여

아랍에미리트연합국 정부를 대표하여

[TRANSLATION – TRADUCTION]

ACCORD ENTRE LE GOUVERNEMENT DE LA RÉPUBLIQUE DE CORÉE ET LE GOUVERNEMENT DES ÉMIRATS ARABES UNIS RELATIF À LA COOPÉRATION MILITAIRE

Le Gouvernement de la République de Corée et le Gouvernement des Émirats arabes unis, ci-après dénommés « Parties »,

Conscients que favoriser de liens militaires amicaux entre les Parties sera bénéfique aux intérêts des deux Parties,

Désireux de contribuer à la paix et à la prospérité internationales,

Comprenant que la coopération visée dans le présent Accord est susceptible de mener à une coopération dans d'autres domaines d'intérêt commun à l'avenir,

Confirmant l'égalité et les droits souverains de chaque Partie tout en adhérant au principe de non-ingérence dans les affaires intérieures de l'autre Partie,

Sont convenus de ce qui suit :

Article premier. Objet

L'objet du présent Accord est de favoriser des liens militaires amicaux entre les Parties en définissant la portée de la coopération militaire et en mettant en œuvre cette coopération conformément aux principes d'égalité, de réciprocité et d'avantage mutuel, tout en respectant la législation interne de chaque Partie ainsi que le droit international.

Article 2. Portée de la coopération

Les Parties coopéreront dans les domaines suivants :

a. L'industrie de la défense et l'appui logistique ;

b. Les informations liées à la défense/sécurité et à l'armée ;

c. L'éducation et la formation militaires ;

d. La technologie militaire, y compris la recherche-développement et l'échange de renseignements ;

e. La médecine militaire et le soutien sanitaire des forces ;

f. Les sports militaires et les activités culturelles ;

g. L'histoire, les archives et les publications militaires ;

h. L'échange d'expériences et de renseignements sur la sécurité nationale et les opérations militaires, y compris la gestion des catastrophes et des opérations de secours, l'aide humanitaire et les opérations de maintien de la paix ;

i. Les questions de protection de l'environnement liées aux installations militaires ; et

j. Tout autre domaine de coopération dont les Parties peuvent convenir.

Article 3. Mode de coopération

1. La coopération visée par le présent Accord peut prendre la forme :
   a. De visites officielles et de réunions bilatérales ;
   b. De discussions au niveau opérationnel ;
   c. D'échanges de délégations et de spécialistes ;
   d. D'échanges de renseignements liés à la défense dans des domaines comprenant, notamment mais pas seulement, la sécurité nationale et l'expérience opérationnelle militaire ;
   e. D'échanges de renseignements liés au domaine militaire comprenant, notamment mais pas seulement, la technologie et l'expérience militaires ;
   f. D'une coopération dans le domaine de l'industrie de la défense et de la logistique comprenant, notamment mais pas seulement, l'importation et l'exportation de produits issus de l'industrie de la défense et les projets conjoints de recherche-développement dans le domaine de l'industrie de la défense et de la technologie militaire ;
   g. D'échanges de membres du service actif, de cadets et de spécialistes militaires ;
   h. D'une participation à des séminaires, des colloques, des expositions, des formations militaires et d'autres événements officiels organisés par l'une des Parties ou par des organismes internationaux ;
   i. De visites mutuelles de vaisseaux et d'aéronefs militaires ; et
   j. Toute autre forme de coopération dont les Parties peuvent convenir.

2. La coopération entre les Parties est mise en œuvre dans le but de servir leurs intérêts mutuels, conformément au principe de réciprocité.

Article 4. Organismes autorisés

1. Les organismes autorisés des Parties assurent la mise en œuvre du présent Accord.
2. Les organismes autorisés sont :
   a) Pour le Gouvernement de la République de Corée : le Bureau de la politique de défense internationale, qui dépend du Ministère de la défense nationale ;
   b) Pour le Gouvernement des Émirats arabes unis : le Bureau du chef d'état-major, qui dépend du Quartier général des forces armées.

3. Les organismes autorisés des Parties échangent chaque année un plan annuel de mise en œuvre. Ce plan annuel de mise en œuvre est coordonné et convenu soit par correspondance, soit lors d'une réunion entre les organismes autorisés.

Article 5. Protection des documents classifiés

1. Les Parties prennent les mesures nécessaires pour protéger tous les documents classifiés qui sont transmis et échangés dans le cadre du présent Accord.

2. Sauf dispositions contraires convenues par écrit par les Parties, les documents classifiés échangés entre les Parties comprenant, notamment mais pas seulement, des renseignements, des documents, des données techniques et des équipements relatifs à la défense, sont traités dans le respect des principes suivants :

a. La Partie destinataire accorde un niveau de protection égal ou supérieur à celui que la Partie émettrice accorde aux documents classifiés qu'elle lui transmet ;

b. Aucune des Parties ne divulgue à un tiers des documents classifiés reçus de l'autre Partie sans le consentement écrit préalable de la Partie émettrice ;

c. Les documents classifiés ne sont utilisés qu'aux fins pour lesquelles ils ont été transmis.

3. Les responsabilités et obligations respectives des Parties concernant la protection des documents classifiés subsistent après la dénonciation du présent Accord.

Article 6. Légalité

1. Pendant son séjour sur le territoire du pays hôte, le personnel de la Partie en visite respecte la législation, les règles et les règlements du pays hôte. Le personnel n'agit pas d'une manière préjudiciable à la sécurité et à l'intégrité de la Partie hôte.

2. Les membres du personnel de la Partie en visite sont soumis à la législation et aux règlements du pays hôte pendant leur séjour sur son territoire.

3. Si le personnel de la Partie en visite enfreint les règles de la discipline militaire pendant son séjour sur le territoire du pays hôte, les autorités de la Partie en visite prennent les mesures appropriées conformément à leurs propres législations et règlements militaires.

Article 7. Frais

Les Parties sont responsables de leurs dépenses respectives, y compris :

a. Les frais de transport liés à l'entrée sur le territoire du pays de l'autre Partie et à la sortie de ce même territoire ;

b. Les dépenses exposées par le personnel de la Partie en visite pendant leur séjour sur le territoire de la Partie hôte, y compris les frais d'hébergement et de restauration ; et

c. Les frais médicaux, y compris le transport des personnes malades, blessées et décédées.

Article 8. Soutien sanitaire des forces

Lorsque le personnel de la Partie en visite a besoin d'une assistance médicale dans le cadre des activités de coopération menées au titre du présent Accord, la Partie hôte lui donne accès à ses établissements médicaux militaires ou, si nécessaire, à des établissements médicaux civils, étant entendu que la Partie en visite prend à sa charge les frais encourus dans ces établissements médicaux.

Article 9. Arrangements supplémentaires

1. Avec le consentement mutuel des deux Parties, des arrangements supplémentaires (mémorandums, protocoles, accords, etc.) peuvent être signés dans des domaines particuliers de la coopération militaire.

2. Les plans d'activité prévus dans le cadre du présent Accord ou les arrangements supplémentaires seront précisés, élaborés et mis en œuvre par le personnel autorisé par le Ministère de la défense nationale de la République de Corée et par le Quartier général des forces armées des Émirats arabes unis.

3. Les négociations relatives aux arrangements supplémentaires commencent dans un délai de 90 jours suivant la notification par une Partie à l'autre Partie de son désir d'adopter un tel arrangement, lequel entre en vigueur selon les modalités convenues mutuellement par les Parties.

Article 10. Amendements et révisions

1. Chaque Partie peut soumettre à l'autre Partie, par la voie diplomatique, une proposition écrite d'amendement au présent Accord, y compris des arrangements supplémentaires.

2. Les Parties entament des négociations sur ces amendements dans un délai de 90 jours suivant la réception de la notification correspondante.

3. Les amendements convenus entre les Parties font partie intégrante du présent Accord et entrent en vigueur conformément aux dispositions de l'article 12 du présent Accord.

Article 11. Règlement des différends

Les différends pouvant découler de l'interprétation du présent Accord sont réglés par un dialogue direct entre les Parties. Aucune organisation nationale/internationale ou tierce partie ne sera consultée.

Article 12. Entrée en vigueur, durée et dénonciation

1. Le présent Accord entre en vigueur à la date à laquelle les deux Parties reçoivent chacune, par la voie diplomatique, la notification officielle de l'autre indiquant l'accomplissement des formalités internes nécessaires à son entrée en vigueur.

2. Le présent Accord demeure en vigueur pour une période de 10 ans à partir de sa date d'entrée en vigueur. Il peut être prorogé pour des durées similaires avec l'accord écrit des deux Parties.

3. Chaque Partie peut dénoncer le présent Accord à tout moment par notification écrite adressée à l'autre Partie. La dénonciation prend effet 90 jours après la date de ladite notification.

4. Sauf convention contraire des Parties, la dénonciation du présent Accord n'a aucune incidence sur la validité ou la durée des projets et des plans qui ont été lancés avant la dénonciation.

EN FOI DE QUOI, les soussignés, à ce dûment habilités par leurs Gouvernements respectifs, ont signé le présent Accord.

FAIT à Abou Dhabi, le 15 novembre 2006, en double exemplaire en langues coréenne, arabe et anglaise, tous les textes faisant également foi. En cas de divergence d'interprétation, le texte anglais prévaut.

Pour le Gouvernement de la République de Corée :
[HWANG KYU SIK]

Pour le Gouvernement des Émirats arabes unis :
[OBAID ABDOULLAH AL KAABI]

No. 54036

Republic of Korea
and
United Kingdom of Great Britain and Northern Ireland

Agreement between the Government of the Republic of Korea and the Government of the United Kingdom of Great Britain and Northern Ireland on the protection of classified military information. London, 9 July 2009

Entry into force: *21 June 2010 by notification, in accordance with article 19*

Authentic texts: *English and Korean*

Registration with the Secretariat of the United Nations: *Republic of Korea, 10 November 2016*

République de Corée
et
Royaume-Uni de Grande-Bretagne et d'Irlande du Nord

Accord entre le Gouvernement de la République de Corée et le Gouvernement du Royaume-Uni de Grande-Bretagne et d'Irlande du Nord relatif à la protection des informations militaires classifiées. Londres, 9 juillet 2009

Entrée en vigueur : *21 juin 2010 par notification, conformément à l'article 19*

Textes authentiques : *anglais et coréen*

Enregistrement auprès du Secrétariat de l'Organisation des Nations Unies : *République de Corée, 10 novembre 2016*

[TEXT IN ENGLISH – TEXTE EN ANGLAIS]

AGREEMENT BETWEEN THE GOVERNMENT OF THE REPUBLIC OF KOREA AND THE GOVERNMENT OF THE UNITED KINGDOM OF GREAT BRITAIN AND NORTHERN IRELAND ON THE PROTECTION OF CLASSIFIED MILITARY INFORMATION

The Government of the Republic of Korea and the Government of the United Kingdom of Great Britain and Northern Ireland (hereinafter referred to as "the Parties"),

Desiring to cooperate in the field of defence on the basis of mutual respect for sovereignty, independence of the two countries and non-interference in each other's internal affairs,

Wishing to ensure the protection of classified military information exchanged under this Agreement,

Have agreed as follows:

Article 1
Purpose

The Parties shall, in accordance with their respective national laws and regulations, ensure the protection of classified military information exchanged between them or between contractors of the Parties.

Article 2
Definitions

For the purpose of this Agreement:

(a) "classified military information" means any military information or materials, in any form, requiring protection from unauthorised disclosure, and which has been so marked with a security classification;

(b) "materials" means anything in which information is recorded, embodied or stored and anything from which information can be derived, regardless of its physical form or composition including, but not limited to, documents, written records, equipment, instruments, machinery, devices, models, sound records, reproductions, representations, maps, computer programs, compilations, and electronic data storage;

(c) "originating Party" means the Party which transmits classified military information;

(d) "receiving Party" means the Party to which classified military information is transmitted;

(e) "organisation" means any entity located in the country of either of the Parties which cooperates in the military field;

(f) "facilities" means the premises in which classified military information and materials are used or stored;

(g) "classification level" means the category which characterizes the level of importance of classified military information, possible damage caused by its compromise, level of restriction of access to it and level of protection afforded to it by the Parties;

(h) "security cleared" refers to the situation where an individual or facility has been administratively determined to be eligible, in accordance with the national laws and regulations of a Party, to have access to or store classified military information;

(i) "contractor" means an individual or legal entity possessing the legal capability to enter into contracts;

(j) "contract" means an agreement between two or more parties creating and defining enforceable rights and obligations between them; and

(k) "classified contract" means a contract which contains or involves classified military information.

Article 3

Authorised Bodies

1. Unless otherwise advised by a Party in writing, the authorised bodies for the Parties in each country with responsibility for this Agreement are:

(a) for the Government of the Republic of Korea:
Director of Force Development and Security
Ministry of National Defense, Seoul

(b) for the Government of the United Kingdom of Great Britain and Northern Ireland:
The Director of Defence Security
Ministry of Defence, London

2. Where appropriate, the authorised bodies shall inform each other of any subordinate bodies responsible for undertaking any specific implementation aspects of this Agreement.

Article 4

Marking of Classified Military Information

1. Before transmission to the receiving Party, the originating Party shall assign all classified military information with an appropriate classification level as defined in paragraph 2 of this Article.

2. The receiving Party shall ensure that the classified military information and anything incorporating classified military information is marked with its equivalent national classification level. The Parties' corresponding classification levels for classified military information shall be as follows:

Korean	English
II-KUP BI MIL (군사Ⅱ급 비밀)	UK SECRET
III-KUP BI MIL (군사Ⅲ급 비밀)	UK CONFIDENTIAL
DAE WOI BI (군사대외비)	UK RESTRICTED

3. The originating Party shall promptly notify the receiving Party, in writing, of any change in the classification level of classified military information, and the receiving Party shall alter the classification level accordingly upon the originating Party's notification.

4. The receiving Party shall not in any way alter the classification level assigned by the originating Party without the prior written consent of the originating Party.

5. The Party generating any documents containing classified military information provided by the other Party shall ensure that the documents are marked as documents containing classified military information provided by the other Party.

Article 5

Protection and Use of Classified Military Information

1. The Parties shall apply the following rules for the protection and use of classified military information:

(a) the originating Party may specify in writing any limitations on the use of classified military information by the receiving Party;

(b) the receiving Party shall comply with any limitations on the use, disclosure, release of and access to classified military information specified by the originating Party;

(c) the receiving Party shall provide classified military information received from the originating Party a degree of protection to the standard no less than that given to the receiving Party's own classified military information of corresponding classification level;

(d) the receiving Party shall not use classified military information for any purpose other than that for which it is provided without the prior written consent of the originating Party;

(e) the receiving Party shall not disclose, release or provide access to classified military information or anything incorporating the classified military information to any third party, including any third country government, any national of a third country, any contractor or organisation without the prior written consent of the originating Party;

(f) within the scope of its national laws and regulations, the receiving Party shall take all steps available to it to keep classified military information transmitted to it by the originating Party confidential and free from disclosure under any applicable laws and regulations. If there is any request to declassify or disclose any classified military information transmitted under the provisions of this Agreement, the receiving Party shall immediately notify the originating Party. The expectation is that, within the scope of its national laws and regulations, no classified military information shall be released in response to any request without the originating Party's express written consent; and

(g) the Parties shall maintain accountability and control procedures to manage the dissemination of and access to classified military information.

2. When any classified military information is no longer required for the purpose for which it was provided, the receiving Party shall either:

(a) return the classified military information to the originating Party; or

(b) destroy the classified military information in accordance with its national laws and regulations.

3. If necessary, the Parties shall jointly establish additional requirements for the protection of classified military information.

Article 6

Access to the Classified Military Information

Access to classified military information which has been transmitted or exchanged pursuant to this Agreement shall be permitted only to those persons of a Party who:

(a) are nationals of either country, unless the originating Party has given its prior written consent otherwise; and

(b) require access to the classified military information for the performance of their official duties; and

(c) have been security cleared to the appropriate classification level.

Article 7

Transmission of Classified Military Information

1. Transmission of classified military information shall be in accordance with the national laws, regulations and procedures of the originating Party. The normal method for transmitting classified military information at the III-KUP BI MIL (군사III급 비밀)/ UK CONFIDENTIAL levels and above shall be via diplomatic government-to-government channels. However, in cases of urgency the Parties may mutually approve other methods for the transmission of classified military information.

2. Classified military information at the DAE WOI BI (군사대외비)/ UK RESTRICTED levels shall be transmitted in accordance with the national laws, regulations and procedures of the originating Party.

3. If required, the originating Party may include a receipt with the classified military information so that the receiving Party may acknowledge receipt of the classified military information.

Article 8

Protection of Intellectual Property Rights

Nothing in this Agreement shall be taken as an authority for, or govern, the release, use, exchange or disclosure of information in which intellectual property rights exist, unless the specific written authorisation of the owner of these rights has first been obtained, whether the owner is one of the Parties or a third party.

Article 9

Exchange of Security Standards

Each Party shall provide the other Party with information about its security standards, procedures and practices for the protection of classified military information. Each Party shall also inform the other Party in writing of any changes to its security standards, procedures, and practices that affect the manner in which classified military information received from the other Party is protected.

Article 10

Compliance and Security Inspection

1. Each Party shall ensure that organisations handling classified military information protect such information in accordance with the provisions of this Agreement.

2. In order to protect classified military information, each Party shall ensure that necessary security inspections are carried out and appropriate security regulations and procedures are complied with.

Article 11
General Principles of Visits

1. Visits by personnel of a Party requiring access to classified military information held by the other Party or access to restricted areas or facilities of the other Party shall be undertaken only with the prior approval of the host Party.

2. Requests for visits shall be submitted through diplomatic or military channels to the authorised body of the host Party in accordance with procedures mutually determined by the authorised bodies. Unless otherwise mutually determined, such requests shall reach the authorised body of the host Party not less than three (3) weeks before the date of the requested visits.

3. Requests for visits shall contain at least the following information:
   (a) the name, date, place of birth, nationality, and passport number of the visitor;
   (b) the official title of the visitor and the name of the organisation represented by the visitor;
   (c) a certification of the level to which the visitor has been security cleared by his/her authorised security body;
   (d) the planned date and time of the visit;
   (e) the names of the organisations or facilities to be visited;
   (f) the names of the persons in the host organisations or facilities to be visited; and
   (g) the purpose of the visit.

4. A Party may request a visit approval from the other Party for intermittent recurring visits to a specified organisation or facility of that other Party, for a period not exceeding twelve (12) months. When it is expected that a particular visit

may not be completed within the approved period or that an extension of the period for intermittent recurring visits is required, the Party of the visitor shall submit a new request for visit approval not less than three (3) weeks prior to the expiration of the current visit approval period.

5. A Party may decline to give permission for a visit by personnel of the other Party.

Article 12

Visits by Security Personnel

1. In order to achieve and maintain comparable standards and procedures of security for the protection of classified military information, each Party may permit authorised security personnel of the other Party to visit organisations, facilities and restricted areas where classified military information is stored, when mutually convenient and in accordance with the procedures set out in Article 11.

2. Each Party shall assist the authorised security personnel of the other Party in the exercise of their functions under paragraph 1 of this Article.

Article 13

Contracts

1. When a Party is proposing to place, or authorising a contractor in its country to place, a contract involving classified military information at the Korean III-KUP BI MIL / II-KUP BI MIL (군사III급 비밀/ 군사II급 비밀) or UK CONFIDENTIAL / SECRET levels with a contractor in the other country, the originating Party shall obtain prior assurance from the authorised body of the other Party that the proposed contractor is security cleared to the appropriate level and also has suitable security safeguards to provide adequate protection for classified military information. Such an assurance shall carry a responsibility on the part of that other Party to ensure that the security conduct of the cleared contractor shall be in accordance with national security rules and regulations and monitored by the authorised body of that other Party.

2. The authorised body shall ensure that contractors that receive contracts placed as a consequence of these pre-contract enquiries are aware of the following provisions:

(a) the definition of the term "classified military information" and of the equivalent levels of security classification of the two Parties in accordance with the provisions of this Agreement;

(b) the names of the contracting authority of each of the two Parties empowered to authorise the release and to co-ordinate the safeguarding of classified military information related to the contract;

(c) the channels to be used for the transfer of the classified military information between the contracting authorities and/or contractors involved;

(d) the procedures and mechanisms for communicating the changes that may arise in respect of classified military information either because of changes in its security classification or because protection is no longer necessary;

(e) the procedures for the approval of visits, access or inspection by personnel of one Party to contractors of the other Party which are covered by the contract;

(f) an obligation that the contractor shall disclose the classified military information only to persons who have previously been security cleared for access, who need to know, and are employed on, or engaged in the carrying out of the contract;

(g) an obligation that the contractor shall not disclose the classified military information or permit it to be disclosed to any person not expressly cleared by its authorised body to have such access; and

(h) an obligation that the contractor shall immediately notify its authorised body of any actual or suspected loss, leak or compromise of the classified military information exchanged or generated under the contract.

3. The authorised body of the originating Party shall provide two copies of the relevant parts of the classified contract to the authorised body of the receiving Party, to allow adequate security monitoring.

4. Each contract shall contain guidance on the security requirements and on the classification of each aspect/element of the contract. In the Republic of Korea this

guidance shall be set out in the "Special Clause on the Protection of Classified Information" under the 'Defense Industry Security Regulation'. In the United Kingdom the guidance shall be contained in specific security clauses and in a Security Aspects Letter (SAL). The guidance shall identify each classified aspect of the contract, or any classified aspect, which is to be generated by the contract, and allocate to it a specific security classification. Changes in the requirements or to the aspects/elements of the contract shall be notified to the contractor and its authorised body as and when necessary and the originating Party shall notify the contractor and its authorised body when all the information has been declassified.

Article 14

Security Assurances

1. Each authorised body shall notify the security status of a facility in its country when so requested by the other authorised body. Each authorised body shall also notify the security clearance status of one of its nationals when so requested. These notifications shall be known as Facility Security Clearance (FSC) and Personnel Security Clearance (PSC) assurances respectively. An FSC or PSC is not required for access to classified military information at the Republic of Korea DAE WOI BI (군사대외비) and UK RESTRICTED levels.

2. When requested, the authorised body shall establish the security clearance status of a facility/individual which is the subject of an enquiry and forward an FSC/PSC assurance if the facility/individual is already cleared. If the facility/individual does not have a security clearance, or if the clearance is at a lower security level than that which has been requested, notification shall be sent that the FSC/PSC assurance cannot be issued immediately, but that action is being taken to process the request.

3. A facility which is deemed by the authorised body in the country in which it is registered, to be under the ownership, control or influence of a third country whose aims are not compatible with those of the host Party is not eligible for an FSC assurance and the requesting authorised body shall be notified.

4. If either authorised body learns of any unfavourable information about an individual for whom a PSC assurance has been issued, it shall notify the other authorised body of the nature of the information and the action it intends to take, or has taken. Either authorised body may request a review of any PSC assurance which had been furnished earlier by the other authorised body, provided that the request is accompanied by a reason. The requesting authorised body shall be notified of the results of the review and any subsequent action.

5. If a Party becomes aware of information that raises doubts about the suitability of a cleared facility to continue to have access to classified military information of the other Party, the details of this information shall be promptly notified to the appropriate authorised body to allow an investigation to be carried out.

6. If either authorised body suspends or takes action to revoke a PSC, or suspends or takes action to revoke access, which is granted to a national of the other country based upon a security clearance, the other Party shall be notified and given the reasons for such an action.

7. Each authorised body may request the other to review any FSC assurance, provided that its request is accompanied by the reasons for seeking the review. Following the review, the requesting authorised body shall be notified of the results and shall be provided with facts supporting any decisions taken.

8. If required by the other Party, each authorised body shall co-operate in reviews and investigations concerning security clearances.

Article 15

Loss or Disclosure of Classified Military Information

1. In case classified military information provided by the originating Party is lost or disclosed while in the possession of the receiving Party, the receiving Party shall immediately inform the originating Party. The receiving Party shall immediately investigate the circumstances of such loss or disclosure and shall promptly inform the originating Party of the findings of the investigation and corrective actions taken or to be taken.

2. The receiving Party, if necessary, may request the assistance of the originating Party either to send specialists on classified military information or request other assistance, in particular to assess the damage caused by the loss or disclosure, which the originating Party can provide in connection with specific investigations. Such requests shall be favourably considered.

Article 16

Costs

Each Party shall be responsible for its own costs incurred in implementing this Agreement. However, each Party shall be free to consult the other Party as regards any respective sharing of costs when considered appropriate.

Article 17

Exception

This Agreement does not cover the exchange of nuclear, biological or chemical (NBC) information relating to equipment generally referred to as "Weapons of Mass Destruction (WMD)".

Article 18

Settlement of Disputes

Any dispute arising from the interpretation or application of this Agreement shall be settled by consultation between the Parties and shall not be referred to any third party for settlement.

Article 19

Entry into Force, Review, Amendment, Duration and Termination

1. This Agreement shall enter into force on the date of the last notification that all legal requirements for its entry into force have been fulfilled.

2. This Agreement shall continue in force for an indefinite period. Either Party may terminate this Agreement by notifying the other Party, in writing through diplomatic channels, of its intention to terminate this Agreement. This Agreement shall be terminated six (6) months after the date of such notification.

3. This Agreement shall be reviewed at the request of either Party and shall only be amended by mutual written consent of the Parties.

4. The existing responsibilities and obligations related to the protection and use of classified military information shall continue to apply notwithstanding the termination of this Agreement.

IN WITNESS WHEREOF, the undersigned, being duly authorised by their respective Governments, have signed this Agreement.

Done in duplicate at London , on 9th July , 2009, in the Korean and English languages, both texts being equally authentic.

FOR THE GOVERNMENT OF THE REPUBLIC OF KOREA	FOR THE GOVERNMENT OF THE UNITED KINGDOM OF GREAT BRITAIN AND NORTHERN IRELAND
	Bill Rammell

[TEXT IN KOREAN – TEXTE EN CORÉEN]

대한민국 정부와 영국 정부 간의
군사비밀정보의 보호에 관한 협정

대한민국 정부와 영국 정부(이하 "당사자"라 한다)는,

주권, 양국의 독립 및 상대방 국내문제의 불간섭에 대한 상호 존중에 입각하여 국방 분야에서 협력하기를 희망하고,

이 협정에 따라 교환되는 군사비밀정보의 보호를 보장하기를 희망하며,

다음과 같이 합의하였다.

제 1 조
목 적

당사자는 자국의 국내법령에 따라 당사자 간 또는 당사자의 계약자 간에 교환되는 군사비밀정보의 보호를 보장한다.

제 2 조
정 의

이 협정의 목적상,

가. "군사비밀정보"라 함은 허가되지 아니한 공개로부터 보호가 요구되고 안보비밀로 분류된 모든 형태의 국방 정보 또는 자료를 말한다.

나. "자료"라 함은 물리적 형태나 구성에 관계없이 정보가 기록·구현·저장된 모든 것과 그것으로부터 정보가 도출될 수 있는 모든 것을 말하며, 문서·서면기록·장비·기구·기계·장치·모형·음향기록·복제품·도화·지도·컴퓨터프로그램·편집물·전자자료저장물 등을 포함하나, 이에 한정되지 아니한다.

다. "제공당사자"라 함은 군사비밀정보를 전달하는 당사자를 말한다.

라. "접수당사자"라 함은 군사비밀정보를 전달받는 당사자를 말한다.

마. "기관"이라 함은 어느 한쪽 당사자의 나라에 위치하여 군사 분야에서 협력하는 모든 실체를 말한다.

바. "시설"이라 함은 군사비밀정보 및 자료가 사용되거나 저장되어 있는 장소를 말한다.

사. "비밀등급"이라 함은 군사비밀정보의 중요도, 누설로 인하여 발생 가능한 손해, 접근제한의 수준 및 당사자가 제공하는 보호 수준을 나타내는 범주를 말한다.

아. "비밀취급인가"라 함은 개인이나 시설이 당사자의 국내법령에 따라 군사비밀정보에 접근하거나 군사비밀정보를 저장할 자격이 있다고 행정적으로 결정된 상태를 말한다.

자. "계약자"란 계약을 체결할 법적 능력을 보유한 개인이나 법인을 말한다.

차. "계약"은 당사자 간 강제력 있는 권리와 의무를 창설하고 정의하는 둘 또는 그 이상의 당사자들 간의 합의를 말한다.

카. "비밀계약"이란 군사비밀정보가 포함되거나 관련된 계약을 말한다.

제 3 조
권한 있는 기관

1. 당사자가 서면으로 달리 통보하지 아니하는 한, 이 협정에 관한 책임을 지는 각 국 당사자의 권한 있는 기관은 다음과 같다.

가. 대한민국 정부의 경우에는,

서울 소재 국방부 전발보안부장

나. 영국 정부의 경우에는,

런던 소재 국방부 국방보안국장

2. 적절한 경우, 권한 있는 기관은 이 협정의 구체적인 이행 사항을 수행할 책임이 있는 산하 기관에 대해 상호 통보한다.

제 4 조
군사비밀정보의 보안표시

1. 접수당사자에 전달하기 전에 제공당사자는 모든 군사비밀정보에 이 조 제2항에 정의된 적절한 비밀분류등급을 지정한다.

2. 접수당사자는 군사비밀정보 및 군사비밀정보를 포함하고 있는 모든 것이 그에 상응하는 국가 비밀분류등급으로 표시되도록 보장한다. 당사자 간에 상응하는 군사비밀정보 분류등급은 다음과 같다.

한국어	영 어
군사II급 비밀	UK SECRET
군사III급 비밀	UK CONFIDENTIAL
대 외 비	UK RESTRICTED

3. 제공당사자는 군사비밀정보에 대한 비밀분류등급의 변경이 있는 경우 접수당사자에게 신속히 서면으로 통보하며, 접수당사자는 제공당사자의 통보에 따라 비밀분류등급을 변경한다.

4. 접수당사자는 제공당사자의 사전 서면동의가 없는 한 제공당사자가 지정한 비밀분류등급을 어떠한 방식으로도 변경하지 아니한다.

5. 다른 쪽 당사자가 제공한 군사비밀정보를 포함하는 문서를 생산하는 당사자는 그 문서가 다른 쪽 당사자가 제공한 군사비밀정보를 포함하는 문서임이 표시되도록 보장한다.

제 5 조
군사비밀정보의 보호 및 사용

1. 당사자는 군사비밀정보의 보호 및 사용에 대하여 다음의 규칙을 적용한다.
   가. 제공당사자는 접수당사자의 군사비밀정보 사용에 관한 제한사항을 서면으로 명시할 수 있다.
   나. 접수당사자는 제공당사자가 명시한 군사비밀정보의 사용 · 누설 · 유출 · 접근에 대한 모든 제한을 준수한다.
   다. 접수당사자는 제공당사자로부터 접수한 군사비밀정보에 대하여 자국의 상응하는 비밀분류등급의 군사비밀정보에 부여하는 보호 수준보다 낮지 아니한 보호수준을 부여한다.
   라. 접수당사자는 제공당사자의 사전 서면동의가 없는 한, 군사비밀정보를 제공된 목적 외의 다른 목적으로 사용하지 아니한다.
   마. 접수당사자는 제공당사자의 사전 서면동의가 없는 한, 제3국 정부, 제3국 국민, 계약자 또는 기관 등 어떠한 제3자에게도 군사비밀정보 또는 군사비밀정보를 포함하고 있는 것을 누설 · 유출하거나, 이에 대한 접근을 제공하지 아니한다.

마. 접수당사자는 국내법령의 범위 내에서 제공당사자에 의하여 제공된 군사비밀정보가 적용 가능한 법령 하에서도 비밀로 유지되고 누설되지 않도록 하기 위하여 이용가능한 모든 조치를 취한다. 이 협정의 규정에 따라 제공된 군사비밀정보를 해제하거나 공개해 달라는 요구가 있는 경우 접수당사자는 즉시 제공당사자에게 통지하여야 한다. 국내법령의 범위 내에서 어떠한 군사비밀정보도 제공당사자의 명시적인 서면동의 없이는 요구에 응하여 공개되지 않을 것으로 기대된다.

사. 당사자는 군사비밀정보의 유포와 그에 대한 접근을 관리하기 위한 확인 및 통제절차를 유지한다.

2. 어떤 군사비밀정보가 제공된 목적상 더 이상 필요하지 아니한 경우, 접수당사자는 다음 각 호의 조치를 취한다.

가. 군사비밀정보를 제공당사자에게 반환할 것, 또는

나. 국내법령에 따라 군사비밀정보를 파기할 것

3. 필요한 경우, 당사자는 군사비밀정보의 보호를 위한 추가적인 요건을 공동으로 정할 수 있다.

제 6 조

군사비밀정보에의 접근

이 협정에 의하여 전달 또는 교환된 군사비밀정보에 대한 접근은 다음 각 호의 요건을 갖춘 당사자의 개인에게만 허용된다.

가. 제공당사자가 달리 사전에 서면 동의하지 않는 한, 어느 한쪽 당사자의 국민일 것

나. 공적 임무의 수행을 위하여 군사비밀정보에의 접근이 필요할 것

다. 적절한 수준의 비밀취급인가를 받을 것

제 7 조

군사비밀정보의 전달

1. 군사비밀정보의 전달은 제공당사자의 국내법령과 절차에 따른다. 군사III급 비밀 이상의 군사비밀정보를 전달하기 위한 통상적인 방식은 정부 간 외교 경

로이다. 그러나 긴급한 경우 당사자는 군사비밀정보의 전달을 위한 다른 방식을 상호 승인할 수 있다.

2. 대외비 등급의 군사비밀정보는 제공당사자의 국내법령 및 절차에 따라 전달된다.

3. 필요한 경우, 제공당사자는 접수당사자가 군사비밀정보에 대한 수령을 통지할 수 있도록 군사비밀정보와 함께 수령증을 포함할 수 있다.

제 8 조
지적재산권의 보호

그 소유자가 어느 한쪽 당사자 또는 제3자인지 여부에 관계없이 먼저 지적재산권 소유자의 구체적인 서면 허가를 획득하지 않은 경우 이 협정의 어떠한 조항도 지적재산권이 존재하는 정보에 대한 유출, 사용, 교환 및 공개에 대한 근거 조항으로서 원용될 수 없으며 그러한 사항을 규율하지 않는다.

제 9 조
보안기준의 교환

각 당사자는 다른 쪽 당사자에게 군사비밀정보의 보호를 위한 자국의 보안기준, 절차 및 관행에 관한 정보를 제공한다. 각 당사자는 또한 다른 쪽 당사자로부터 접수한 군사비밀정보가 보호되는 방식에 영향을 미치는 보안기준, 절차 및 관행의 모든 변경사항을 다른 쪽 당사자에게 서면으로 통보한다.

제 10 조
준수 및 보안감사

1. 각 당사자는 군사비밀정보를 취급하는 기관이 그러한 정보를 이 협정의 규정에 따라 보호하도록 보장한다.

2. 각 당사자는 군사비밀정보를 보호하기 위하여 필요한 보안감사가 수행되고, 적절한 보안규정과 절차가 준수되도록 보장한다.

제 11 조

방문의 일반원칙

1. 다른 쪽 당사자가 보유하는 군사비밀정보와 다른 쪽 당사자의 제한구역 또는 시설에 대한 접근을 필요로 하는 어느 한쪽 당사자의 요원의 방문은 방문지 당사자의 사전 허가를 얻어야만 이루어진다.

2. 방문요청은 각 당사자의 권한 있는 기관들이 상호 결정한 절차에 따라 외교 또는 군사경로를 통하여 방문지 당사자의 권한 있는 기관에 제출된다. 그러한 요청은 상호 달리 결정하지 않는 한 요청된 방문일로부터 3주 전까지 방문지 당사자의 권한 있는 기관에 도달하여야 한다.

3. 방문요청은 적어도 다음 각 호의 정보를 포함하여야 한다.

가. 방문자의 성명 · 출생일 · 출생지 · 국적 및 여권번호

나. 방문자의 공식직함 및 방문자가 대표하는 기관의 명칭

다. 방문자가 방문당사자의 적절한 권한 있는 기관으로부터 받은 비밀취급인가의 등급 확인서

라. 예정된 방문일자 및 시간

마. 방문할 기관 또는 시설의 명칭

바. 방문할 기관 또는 시설 소속 인사의 성명

사. 방문 목적

4. 어느 한쪽 당사자는 12개월을 초과하지 않는 기간 동안 다른 쪽 당사자의 특정 기관이나 시설에의 복수방문을 위해 다른 쪽 당사자의 방문허가를 요청할 수 있다. 특정 방문이 허가된 기간 내에 완료되지 못하거나 복수방문을 위해 기간 연장이 필요하다고 예상되는 경우, 방문 당사자는 현재의 방문허가기간이 만료되기 3주 이전에 방문허가를 위한 새로운 요청을 제출한다.

5. 어느 한쪽 당사자는 다른 쪽 당사자 요원의 방문을 허가하지 않을 수 있다.

제 12 조
보안요원의 방문

1. 군사비밀정보 보호를 위한 동등 수준의 보안기준과 절차를 달성하고 유지하기 위하여, 각 당사자는 제11조에 규정된 절차에 따라 상호 편리한 때에 다른 쪽 당사자의 인가된 보안요원이 군사비밀정보가 저장된 기관·시설 및 제한구역에 방문 하도록 허가할 수 있다.

2. 각 당사자는 다른 쪽 당사자의 인가된 보안요원이 이 조 제1항에 따라 그들의 직무를 수행하는 것을 지원한다.

제 13 조
계 약

1. 어느 한쪽 당사자가 군사비밀정보 Ⅱ급, Ⅲ급 비밀을 포함하고 있는 계약을 다른 쪽 당사자의 계약자와 체결하고자 하는 경우 또는 자국 계약자가 이러한 계약을 체결하도록 허가하는 경우 제공당사자는 다른 쪽 당사자의 권한 있는 기관으로부터 계약자가 적정 수준의 비밀취급 인가를 받았으며 또한 군사비밀정보에 대해 충분한 보호를 제공하기 위한 적절한 안전장치를 가지고 있다는 것에 대해 사전 확인을 얻어야 한다. 그러한 확인을 하는 경우 다른 쪽 당사자는 인가를 받은 계약자의 보안 행위가 국내 보안규정에 따르고 그 당사자의 권한 있는 기관의 감독을 받도록 보장할 책임이 있다.

2. 권한 있는 기관은 이러한 계약 전 조사의 결과로 계약서를 발급받은 계약자 들이 다음 각 호의 규정을 인지하고 있도록 보장한다.

가. "군사비밀정보"의 정의와 이 협정에 따른 양 당사자의 상응하는 비밀분류등급의 정의

나. 계약과 관련된 군사비밀정보의 공개를 승인하고 보호에 협조할 권한을 부여받은 각 당사자의 계약 담당부서의 이름

다. 계약담당 부서 및/또는 관련 계약자들 간 군사비밀정보의 전달을 위해 사용될 경로

라. 비밀등급이 변화되었거나 더 이상 보호가 필요하지 않은 경우 군사비밀정보에 관하여 발생할 지도 모르는 변동사항을 전달하기 위한 절차

마. 계약에 참가하는 다른 쪽 당사자의 계약자에 대한 어느 한쪽 당사자 요원의 방문, 접근 또는 감원의 승인을 위한 절차

바. 계약자가 사전에 비밀취급인가를 취득한 사람, 군사비밀정보를 알 필요가 있는 사람, 계약 상 고용된 사람 또는 계약 이행에 종사하는 사람에게만 군사비밀정보를 공개해야 하는 의무

사. 계약자가 군사비밀정보를 공개하지 않을 의무 또는 권한 있는 기관이 그러한 정보에 접근할 수 있다고 명시적으로 승인하지 않은 모든 사람에게 군사비밀정보가 공개되지 않도록 해야 하는 의무

아. 계약자가 자국의 권한 있는 기관에 계약 하에서 교환되거나 생산된 군사비밀정보의 사실상 또는 의심되는 분실, 누설 또는 훼손에 대해 즉시 통보할 의무

3. 제공당사자의 권한 있는 기관은 적절한 보안감독을 위하여 비밀계약의 관련된 부분의 복사본 2부를 접수당사자의 권한 있는 기관에 제공한다.

4. 모든 계약은 계약의 각 구성요소에 대한 보안요건과 비밀분류에 대한 지침을 포함해야 한다. 대한민국의 경우 이 지침은 "방위산업 보안업무시행규칙"의 "비밀보호특약조항"에 규정되어 있다. 영국의 경우 그 지침은 구체적 보안조항과 보안규정서신(SAL)에 포함되어 있다. 지침은 계약상의 비밀 또는 계약에서 파생되는 비밀부분을 확인하고 그것에 구체적인 보안등급을 부여한다. 계약의 요건 또는 구성요소에 대한 변경은 필요한 경우 계약자 및 권한 있는 기관에 통지되고, 제공당사자는 모든 정보가 비밀에서 해제되는 경우 계약자 및 권한 있는 기관에 통보한다.

제 14 조
보안인증

1. 당사자의 권한 있는 기관은 다른 쪽 당사자의 권한 있는 기관이 요청하는 경우 자국 시설의 보안 상태를 통보한다. 또한 당사자의 권한 있는 기관은 요청받는 경우 자국민에 대한 비밀취급인가 상태를 통보한다. 이러한 통보는 각각 시설보안인가(FSC)와 요원보안인가(PSC)에 대한 인증으로 명명된다. 시설보안인가 또는 요원보안인가는 대한민국과 영국의 대외비 등급의 군사비밀정보에 접근할 경우에는 요구되지 않는다.

2. 요청이 있는 경우 권한 있는 기관은 요청 대상인 시설/개인의 비밀취급인가 상태를 확인하고, 시설/개인이 이미 비밀취급인가를 받은 경우 시설보안인가/요원보안인가 인증을 전송한다. 시설/개인이 비밀취급인가가 없거나, 요구되는 수준보다 낮은 등급의 비밀취급인가를 받은 경우 시설보안인가/요원보안인가 인증이 즉시 발급될 수는 없으나 요청을 처리하기 위한 조치가 취해지고 있다는 사실을 통보해야 한다.

3. 등록된 나라의 권한 있는 기관에 의해서 방문지 당사자와 양립할 수 없는 목적을 가진 제3국의 소유이거나 그 통제 및 영향 하에 있다고 판단되는 시설은 시설보안인가 인증을 받을 자격이 없으며, 그러한 사실은 정보제공을 요청한 권한 있는 기관에 통보되어야 한다.

4. 권한 있는 기관이 요원보안인가 인증이 발급된 개인에 대하여 불리한 정보를 알게 된 경우 그 정보의 성질과 당해 기관이 취하고자 하는 조치 또는 취한 조치를 다른 쪽 권한 있는 기관에 통보하여야 한다. 어느 한쪽의 권한 있는 기관은 그 요청에 이유를 첨부하는 경우 다른 쪽 권한 있는 기관이 이전에 제공한 요원보안인가 인증의 검토를 요청할 수 있다. 이를 요청한 권한 있는 기관은 검토 결과 및 추후 조치사항에 대해 통보받는다.

5. 어느 한쪽 당사자가 시설보안인증을 받은 시설이 다른 쪽 당사자의 군사비밀정보에 대한 접근권한을 계속 보유하는 것이 적절한 것인지에 대하여 의심을 야기할 정보를 인지하는 경우 조사가 수행될 수 있도록 적절한 권한 있는 기관에 이러한 정보의 세부내용을 즉시 통보한다.

6. 어느 한쪽의 권한 있는 기관이 요원보안인가를 중지하거나 취소하기 위해 조치를 취하는 경우 또는 보안인증에 근거하여 다른 쪽 나라의 국민에게 승인된 접근을 중지하거나 취소하기 위해 조치를 취하는 경우 다른 쪽 당사자는 그러한 사실에 대해 통지받고 그러한 조치에 대한 이유를 제시받아야 한다.

7. 각각의 권한 있는 기관은 검토를 요청하는 이유가 첨부되는 경우 시설보안인가 인증에 대한 검토를 다른 쪽의 권한 있는 기관에 요청할 수 있다. 검토 후, 이를 요청한 권한 있는 기관은 결과를 통지받고 취한 조치의 기초가 되는 사실자료를 제공받는다.

8. 다른 쪽 당사자의 요청이 있는 경우 각각의 권한 있는 기관은 비밀취급 인가에 대한 검토와 조사에 협력한다.

제 15 조

군사비밀정보의 분실 또는 누설

1. 제공당사자가 제공한 군사비밀정보가 접수당사자가 보유하는 동안 분실 또는 누설되는 경우, 접수당사자는 이를 제공당사자에게 즉시 통보한다. 접수 당사자는 그러한 분실 또는 누설의 상황을 즉시 조사하고, 제공당사자에게 그 조사의 규명사항과 취하여졌거나 취하여질 시정조치를 신속히 통보한다.

2. 접수당사자는 필요한 경우 제공당사자에게 군사비밀정보 전문가를 파견해 주도록 요청하거나, 특히 분실 또는 누설로부터 발생한 손해의 산정을 위하여 제공당사자가 특정조사와 관련하여 제공할 수 있는 그 밖의 지원을 요청할 수 있다. 그러한 요청은 호의적으로 고려된다.

제 16 조

비 용

각 당사자는 이 협정의 이행에 소요되는 각자의 비용을 부담한다. 그러나 각 당사자는 적절한 경우 개별적인 비용 분담에 관하여 다른 쪽 당사자와 자유롭게 협의한다.

제 17 조

예 외

이 협정은 일반적으로 대량살상무기로 일컬어지는 장비와 관련된 화생방 정보의 교환에는 적용되지 않는다.

제 18 조
분 쟁 해 결

이 협정의 해석이나 적용으로부터 발생하는 분쟁은 당사자 간 협의에 의하여 해결되며, 해결하기 위해 제3자에게 회부되지 아니한다.

제 19 조
발효 · 검토 · 개정 · 유효기간 및 종료

1. 이 협정은 협정발효를 위한 모든 법적 요건이 충족되었음을 통보하는 최종 통보일에 발효한다.

2. 이 협정은 무기한 효력이 있다. 각 당사자는 다른 쪽 당사자에게 외교경로를 통하여 서면으로 이 협정의 종료 의사를 통보함으로써 이 협정을 종료할 수 있다. 이 협정은 그러한 통보일로부터 6월 후에 종료된다.

3. 이 협정은 어느 한쪽 당사자의 요청에 의하여 검토되며, 당사자 간 서면 합의에 의해서만 개정될 수 있다.

4. 군사비밀정보의 보호 및 사용에 관해 이미 발생한 책임과 의무는 이 협정의 종료에도 불구하고 계속 적용된다.

이상의 증거로, 아래 서명자들은 그들 각자의 정부로부터 정당하게 권한을 위임 받아 이 협정에 서명하였다.

2009년 7 월 9 일 런던 에서 동등하게 정본인 한국어 및 영어로 각 2부씩 작성하였다.

대한민국 정부를 대표하여	영국 정부를 대표하여
[signature]	[signature]

[TRANSLATION – TRADUCTION]

ACCORD ENTRE LE GOUVERNEMENT DE LA RÉPUBLIQUE DE CORÉE ET LE GOUVERNEMENT DU ROYAUME-UNI DE GRANDE-BRETAGNE ET D'IRLANDE DU NORD RELATIF À LA PROTECTION DES INFORMATIONS MILITAIRES CLASSIFIÉES

Le Gouvernement de la République de Corée et le Gouvernement du Royaume-Uni de Grande-Bretagne et d'Irlande du Nord (ci-après dénommés « Parties »),

Désireux de coopérer dans le domaine de la défense, sur la base du respect mutuel de la souveraineté, de l'indépendance des deux pays et de la non-ingérence dans leurs affaires intérieures respectives,

Souhaitant garantir la protection des informations militaires classifiées échangées au titre du présent Accord,

Sont convenus de ce qui suit :

Article premier. Objet

Les Parties garantissent, conformément à leurs lois et réglementations nationales respectives, la protection des informations militaires classifiées échangées entre elles ou entre des contractants des Parties.

Article 2. Définitions

Aux fins du présent Accord :

a) L'expression « information militaire classifiée » désigne toute information ou tout matériel de nature militaire, sous quelque forme que ce soit, qui doit être protégé contre toute divulgation non autorisée et qui a ainsi été marqué d'une classification de sécurité ;

b) Le terme « matériel » désigne tout support sur lequel des informations sont enregistrées, transposées ou conservées et tout élément dont des informations peuvent être extraites, quelles qu'en soient la forme physique ou la composition, y compris, sans toutefois s'y limiter, les documents, les actes écrits, les équipements, les instruments, les machines, les dispositifs, les modèles, les enregistrements sonores, les reproductions, les représentations, les documents cartographiques, les programmes informatiques, les compilations et les supports électroniques de diffusion ;

c) L'expression « Partie d'origine » désigne la Partie qui transmet des informations militaires classifiées ;

d) L'expression « Partie destinataire » désigne la Partie à laquelle des informations militaires classifiées sont transmises ;

e) Le terme « organisation » désigne toute entité située dans le pays de l'une des Parties qui coopère dans le domaine militaire ;

f) Le terme « installations » désigne les locaux dans lesquels des informations militaires classifiées et des matériels sont utilisés ou stockés ;

g) L'expression « niveau de classification » désigne la catégorie qui caractérise le niveau d'importance de l'information militaire classifiée, les dommages éventuels causés par sa compromission, le niveau de restriction d'accès à cette information et le niveau de protection qui lui est accordé par les Parties ;

h) L'expression « habilitation de sécurité » désigne la situation dans laquelle il a été établi administrativement qu'une personne ou une installation peut, conformément aux lois et réglementations nationales d'une Partie, avoir accès à des informations militaires classifiées ou les stocker ;

i) Le terme « contractant » désigne toute personne physique ou entité juridique possédant la capacité juridique de conclure des contrats ;

j) Le terme « contrat » désigne un accord entre deux ou plusieurs parties, qui crée et définit des droits et des obligations exécutoires entre elles ; et

k) L'expression « contrat classifié » désigne un contrat qui contient ou implique des informations militaires classifiées.

Article 3. Organismes autorisés

1. Sauf instruction contraire par écrit d'une Partie, les organismes autorisés pour les Parties dans chaque pays et responsables du présent Accord sont les suivants :

a. Pour le Gouvernement de la République de Corée :
Le Directeur du développement des forces et de la sécurité
Ministère de la défense nationale, Séoul ;

b. Pour le Gouvernement du Royaume-Uni de Grande-Bretagne et d'Irlande du Nord :
Le Directeur de la sécurité de la défense
Ministère de la défense, Londres.

2. Le cas échéant, les organismes autorisés s'informent mutuellement de tout organisme subordonné chargé d'entreprendre tout aspect spécifique de la mise en œuvre du présent Accord.

Article 4. Marquage des informations militaires classifiées

1. Avant leur transmission à la Partie destinataire, la Partie d'origine attribue à toutes les informations militaires classifiées un niveau de classification approprié tel que défini au paragraphe 2 du présent article.

2. La Partie destinataire veille à ce que les informations militaires classifiées et tout ce qui contient des informations militaires classifiées soient marqués du niveau de classification national équivalent. Les niveaux de classification correspondants des Parties pour les informations militaires classifiées sont les suivants :

Coréen	Anglais	Traduction française
II-KUP BI MIL (군사Ⅱ급 비밀)	UK SECRET	SECRET DÉFENSE
III-KUP BI MIL (군사Ⅲ급 비밀)	UK CONFIDENTIAL	CONFIDENTIEL
DAE WOI BI (군사대외비)	UK RESTRICTED	DIFFUSION RESTREINTE

3. La Partie d'origine notifie sans délai et par écrit à la Partie destinataire tout changement de niveau de classification des informations militaires classifiées et la Partie destinataire modifie le niveau de classification en conséquence dès réception de la notification de la Partie d'origine.

4. La Partie destinataire ne peut en aucune façon modifier le niveau de classification attribué par la Partie d'origine sans le consentement préalable écrit de cette dernière.

5. La Partie qui génère des documents contenant des informations militaires classifiées communiquées par l'autre Partie doit veiller à ce que ces documents soient marqués comme des documents qui contiennent des informations militaires classifiées fournies par l'autre Partie.

Article 5. Protection et utilisation des informations militaires classifiées

1. Les Parties appliquent les règles suivantes pour la protection et l'utilisation des informations militaires classifiées :

a) La Partie d'origine peut notifier par écrit toutes restrictions concernant l'utilisation d'informations militaires classifiées par la Partie destinataire ;

b) La Partie destinataire observe toute restriction que lui notifie la Partie d'origine concernant l'utilisation, la divulgation, la diffusion et l'accès aux informations militaires classifiées ;

c) La Partie destinataire accorde aux informations militaires classifiées qu'elle reçoit de la Partie d'origine un niveau de protection au moins équivalent à celui qu'elle accorde à ses propres informations militaires classifiées appartenant à la catégorie de classification équivalente ;

d) La Partie destinataire n'utilise pas les informations militaires classifiées à d'autres fins que celles pour lesquelles elles ont été communiquées sans l'accord préalable écrit de la Partie d'origine ;

e) La Partie destinataire ne peut divulguer, publier ou donner accès à des informations militaires classifiées ou à tout élément intégrant les informations militaires classifiées à un tiers, y compris au gouvernement d'un pays tiers, à un ressortissant d'un pays tiers, un contractant ou une organisation, sans le consentement écrit préalable de la Partie d'origine ;

f) Dans le cadre de ses lois et réglementations nationales, la Partie destinataire prend toutes les mesures dont elle dispose pour que les informations militaires classifiées qui lui sont transmises par la Partie d'origine restent confidentielles et ne soient pas divulguées en vertu des lois et réglementations applicables. En cas de demande de déclassification ou de divulgation d'informations militaires classifiées transmises en vertu des dispositions du présent Accord, la Partie destinataire en informe immédiatement la Partie d'origine. Il est prévu, dans le cadre de ses lois et réglementations nationales, qu'aucune information militaire classifiée ne soit communiquée en réponse à une demande sans le consentement écrit exprès de la Partie d'origine ; et

g) Les Parties maintiennent restent responsables et contrôlent les procédures concernant la gestion de la diffusion et l'accès aux informations militaires classifiées.

2. Lorsque des informations militaires classifiées ne sont plus nécessaires aux fins pour lesquelles elles ont été fournies, la Partie destinataire :

a) Restitue les informations militaires classifiées à la Partie d'origine ; ou

b) Détruit les informations militaires classifiées conformément à ses lois et réglementations nationales.

3. Si nécessaire, les Parties établissent conjointement des exigences supplémentaires pour la protection des informations militaires classifiées.

Article 6. Accès aux informations militaires classifiées

L'accès aux informations militaires classifiées qui ont été transmises ou échangées en vertu du présent Accord n'est autorisé qu'aux personnes d'une Partie qui :

a) Sont des ressortissants de l'un ou l'autre pays, sauf si la Partie d'origine donne son accord préalable écrit pour déroger à ce critère ; et

b) Ont besoin d'avoir accès aux informations militaires classifiées dans le cadre de l'exécution de leurs tâches officielles ; et

c) Ont obtenu une habilitation de sécurité au niveau de classification approprié.

Article 7. Transmission des informations militaires classifiées

1. La transmission d'informations militaires classifiées se fait conformément aux lois, réglementations et procédures nationales de la Partie d'origine. La procédure habituelle de transmission d'informations militaires classifiées de niveau III-KUP BI MIL (군사Ⅲ급 비밀) / UK CONFIDENTIAL (confidentiel) et supérieur est de les transmettre entre gouvernements par la voie diplomatique. Toutefois, en cas d'urgence, les Parties peuvent approuver mutuellement d'autres méthodes de transmission des informations militaires classifiées.

2. Les informations militaires classifiées de niveaux DAE WOI BI (군사대외비)/ UK RESTRICTED (diffusion restreinte) sont transmises conformément aux lois, réglementations et procédures nationales de la Partie d'origine.

3. Si nécessaire, la Partie d'origine peut joindre aux informations militaires classifiées un accusé de réception afin que la Partie destinataire puisse accuser réception de ces informations.

Article 8. Protection des droits de propriété intellectuelle

Aucune des dispositions du présent Accord n'est considérée comme autorisant ou régissant la communication, l'utilisation, l'échange ou la divulgation d'informations sur lesquelles il existe des droits de propriété intellectuelle, sans l'autorisation préalable et spécifique, donnée par écrit, du propriétaire de ces droits, que ledit propriétaire soit l'une des Parties ou une tierce partie.

Article 9. Échange de normes de sécurité

Chaque Partie fournit à l'autre Partie des renseignements concernant les normes de sécurité, les procédures et les pratiques de protection des informations militaires classifiées qu'elle applique. Chaque Partie informe également par écrit l'autre Partie de toute modification apportée à ses normes, procédures et pratiques de sécurité ayant une incidence sur la manière dont les informations militaires classifiées transmises par l'autre Partie sont protégées.

Article 10. Conformité et inspection de sécurité

1. Chaque Partie veille à ce que les organisations qui manipulent des informations militaires classifiées protègent ces informations conformément aux dispositions du présent Accord.

2. Afin de protéger les informations militaires classifiées, chaque Partie s'assure que les inspections de sécurité nécessaires sont effectuées et que les règles et procédures de sécurité appropriées sont respectées.

Article 11. Principes généraux des visites

1. Les visites par des membres du personnel d'une Partie nécessitant l'accès à des informations militaires classifiées détenues par l'autre Partie ou nécessitant l'accès à des zones ou à des installations réservées ne peuvent avoir lieu qu'avec le consentement préalable de la Partie hôte.

2. Les demandes de visite sont présentées à l'organisme autorisé de la Partie hôte par la voie diplomatique ou militaire, conformément aux procédures mutuellement déterminées par les organismes autorisés. Sauf convention contraire, les demandes de visite sont communiquées à l'organisme autorisé de la Partie hôte au moins trois semaines avant la date des visites demandées.

3. Les demandes de visite contiennent au moins les renseignements suivants :

   a) Le nom, la date, le lieu de naissance, la nationalité et le numéro de passeport du visiteur ;

   b) Le titre officiel du visiteur et le nom de l'organisation qu'il représente ;

   c) Une certification du niveau d'habilitation de sécurité du visiteur par son organisme de sécurité agréé ;

   d) La date et l'heure prévues de la visite ;

   e) Les noms des organisations ou des installations à visiter ;

   f) Les noms des personnes des organisations ou installations d'accueil à visiter ; et

   g) L'objet de la visite.

4. Une Partie peut demander une autorisation de visite à l'autre Partie pour des visites récurrentes intermittentes à une organisation ou à une installation spécifique de cette autre Partie, pour une période n'excédant pas 12 mois. Lorsqu'il est prévu qu'une visite particulière ne soit pas terminée au cours de la période approuvée ou qu'une prolongation de la période pour les visites

récurrentes intermittentes est nécessaire, la Partie du visiteur soumet une nouvelle demande d'approbation de visite au moins trois semaines avant l'expiration de la période d'approbation de la visite en cours.

5. Une Partie peut refuser d'accorder une autorisation de visite du personnel de l'autre Partie.

Article 12. Visites par des membres du personnel de sécurité

1. Afin d'atteindre et de maintenir des normes et des procédures de sécurité comparables pour la protection des informations militaires classifiées, chaque Partie peut autoriser le personnel de sécurité de l'autre Partie à visiter des organisations, installations et zones à accès restreint où sont stockées des informations militaires classifiées, lorsque cela convient aux deux Parties et conformément aux procédures visées à l'article 11.

2. Chaque Partie assiste le personnel de sécurité autorisé de l'autre Partie dans l'exercice de ses fonctions en vertu du paragraphe 1 du présent article.

Article 13. Contrats

1. Lorsqu'une Partie propose de confier ou d'autoriser un contractant de son pays à confier un contrat contenant des informations militaires classifiées à des niveaux III-KUP BI MIL (군사Ⅲ급 비밀) / II-KUP BI MIL (군사Ⅱ급 비밀) ou UK CONFIDENTIAL / SECRET (confidentiel/secret) à un contractant de l'autre pays, la Partie d'origine obtient au préalable la garantie de l'organisme autorisé de l'autre Partie que le contractant proposé possède l'habilitation de sécurité permettant l'accès au niveau de classification de sécurité approprié et dispose en outre des garanties de sécurité nécessaires pour fournir une protection adéquate aux informations militaires classifiées. Cette garantie implique également la responsabilité pour l'autre Partie de veiller à ce que la conduite en matière de sécurité du contractant possédant l'habilitation de sécurité soit conforme aux règles et règlements de sécurité nationale et soit contrôlée par l'organe autorisé de cette autre Partie.

2. L'organisme autorisé veille à ce que les contractants qui obtiennent des contrats à la suite de ces enquêtes précontractuelles soient informés des éléments suivants :

   a. La définition de l'expression « information militaire classifiée » et les niveaux équivalents de classification de sécurité des deux Parties, conformément aux dispositions du présent Accord ;
   b. Des noms de l'autorité contractante de chacune des deux Parties habilitée à autoriser la communication des informations militaires classifiées liées au contrat ainsi qu'à coordonner leur sauvegarde ;
   c. Les voies de communication à utiliser pour le transfert des informations militaires classifiées entre les autorités contractantes ou les contractants concernés ;
   d. Les procédures et mécanismes pour la communication des changements qui peuvent survenir en ce qui concerne les informations militaires classifiées, soit du fait de modifications de leur niveau de classification de sécurité, soit parce que la protection n'est plus nécessaire ;

e. Les procédures d'approbation des visites, de l'accès ou de l'inspection par le personnel d'une Partie des contractants de l'autre Partie qui sont couverts par le contrat ;

f. L'obligation, pour le contractant, de ne divulguer les informations militaires classifiées qu'aux personnes qui sont habilitées à y accéder, qui ont besoin d'en connaître ou qui sont employées pour l'exécution du contrat classifié ou impliquées dans celle-ci ;

g. L'obligation, pour le contractant, de ne pas divulguer les informations militaires classifiées ou de ne pas autoriser leur divulgation à toute personne qui n'aurait pas été expressément habilitée par son organisme autorisé à y accéder ; et

h. L'obligation, pour le contractant, de notifier immédiatement son organisme autorisé de toute perte, fuite ou compromission constatée ou présumée d'informations militaires classifiées échangées ou produites en vertu du contrat.

3. L'organisme autorisé de la Partie d'origine fournit deux copies des sections pertinentes du contrat classifié à l'organisme autorisé de la Partie destinataire, pour permettre une surveillance adéquate en matière de sécurité.

4. Chaque contrat contient des directives relatives aux exigences de sécurité et à la classification de chaque aspect ou élément de ce contrat. En République de Corée, ces directives sont énoncées dans la « Clause spéciale sur la protection des informations classifiées » du « Règlement sur la sécurité de l'industrie de la défense ». Au Royaume-Uni, les directives sont contenues dans des clauses de sécurité spécifiques et dans une lettre sur les aspects liés à la sécurité. Les directives doivent recenser chaque aspect classifié du contrat, ou tout aspect classifié, qui doit être généré par le contrat, et lui attribuer une classification de sécurité spécifique. Les changements apportés aux exigences ou aux aspects ou éléments du contrat sont notifiés au contractant et à son organisme autorisé dès que nécessaire, et la Partie d'origine notifie le contractant et son organisme autorisé lorsque toutes les informations ont été déclassifiées.

Article 14. Garanties de sécurité

1. Chaque organisme autorisé notifie le statut de sécurité d'une installation dans son pays lorsque l'autre organisme autorisé le demande. Chaque organisme autorisé notifie également le statut d'habilitation de sécurité d'un de ses ressortissants lorsque cela est demandé. Ces notifications sont connues sous le nom d'habilitation de sécurité d'installation et d'habilitation de sécurité individuelle, respectivement. Une habilitation de sécurité d'installation ou une habilitation de sécurité individuelle n'est pas nécessaire pour accéder à des informations militaires de la République de Corée classifiées DAE WOI BI (군사대외비) et UK RESTRICTED.

2. Sur demande, l'organisme autorisé établit le statut d'habilitation de sécurité d'une installation ou d'un individu faisant l'objet d'une enquête et transmet l'habilitation de sécurité d'installation ou individuelle si l'installation ou l'individu est déjà habilité. Si l'installation ou l'individu n'a pas d'habilitation de sécurité, ou si l'habilitation est d'un niveau de sécurité inférieur à celui qui a été demandé, une notification doit être envoyée pour indiquer que l'habilitation de sécurité d'installation ou individuelle ne peut être délivrée immédiatement, mais que des mesures sont prises pour traiter la demande.

3. Une installation qui est considérée par l'organisme autorisé du pays dans lequel elle est enregistrée comme étant sous la propriété, le contrôle ou l'influence d'un pays tiers dont les

objectifs ne sont pas compatibles avec ceux de la Partie hôte ne peut obtenir une habilitation de sécurité d'installation et l'organisme autorisé demandeur en est informé.

4. Si l'un des organismes autorisés prend connaissance d'informations défavorables concernant un individu pour lequel une habilitation de sécurité individuelle a été délivrée, il notifie à l'autre organisme autorisé la nature de ces informations et les mesures qu'il entend prendre ou qu'il a prises. L'un ou l'autre organisme autorisé peut demander un réexamen de toute habilitation de sécurité individuelle qui avait été fournie précédemment par l'autre organisme autorisé, à condition que la demande soit motivée. L'organisme autorisé demandeur est informé des résultats de l'examen et de toute action ultérieure.

5. Si une Partie prend connaissance d'informations qui soulèvent des doutes quant à l'opportunité, pour une installation habilitée, de continuer à avoir accès à des informations militaires classifiées de l'autre Partie, les détails de ces informations sont rapidement notifiés à l'organisme autorisé approprié afin qu'une enquête soit menée.

6. Si l'un ou l'autre des organismes autorisés suspend une habilitation de sécurité individuelle ou prend des mesures en vue de la révoquer, ou suspend l'accès accordé à un ressortissant de l'autre pays bénéficiant d'une habilitation de sécurité ou prend des mesures pour révoquer cet accès, l'autre Partie est informée des mesures prises et des raisons pour lesquelles elles ont été prises.

7. Chaque organisme autorisé peut demander à l'autre d'examiner une habilitation de sécurité d'installation, à condition que sa demande soit accompagnée des raisons pour lesquelles il souhaite cet examen. À l'issue de l'examen, l'organisme autorisé demandeur est informé des résultats et reçoit les faits à l'appui de la décision prise.

8. Si l'autre Partie le demande, chaque organisme autorisé coopère aux examens et aux enquêtes concernant les habilitations de sécurité.

Article 15. Perte ou divulgation d'informations militaires classifiées

1. Si des informations militaires classifiées fournies par la Partie d'origine sont perdues ou divulguées alors qu'elles sont en la possession de la Partie destinataire, cette dernière en informe immédiatement la Partie d'origine. La Partie destinataire enquête immédiatement sur les circonstances qui ont entouré la perte ou la divulgation et informe sans délai la Partie d'origine des conclusions de son enquête et des mesures correctives prises ou envisagées.

2. La Partie destinataire, si nécessaire, peut demander l'assistance de la Partie d'origine, qu'il s'agisse d'envoyer des spécialistes en matière d'informations militaires classifiées ou de toute autre assistance, notamment pour évaluer le préjudice causé par la perte ou par la divulgation, que la Partie d'origine peut fournir dans le cadre d'enquêtes spécifiques. Ces demandes sont examinées favorablement.

Article 16. Coûts

Chaque Partie prend en charge les frais qu'elle expose dans le cadre de la mise en œuvre du présent Accord. Toutefois, chaque Partie est libre de consulter l'autre Partie en ce qui concerne tout partage respectif des coûts lorsqu'elle le juge approprié.

Article 17. Exception

Le présent Accord ne couvre pas l'échange d'informations nucléaires, biologiques ou chimiques (NBC) relatives aux équipements généralement appelés « armes de destruction massive (ADM) ».

Article 18. Règlement des différends

Tout différend concernant l'interprétation ou l'application du présent Accord est réglé par voie de consultations entre les Parties et n'est pas renvoyé à une tierce partie aux fins de son règlement.

Article 19. Entrée en vigueur, révision, modification, durée et dénonciation

1. Le présent Accord entre en vigueur à la date de la dernière des notifications indiquant que toutes les formalités juridiques requises pour l'entrée en vigueur du présent Accord ont été accomplies.

2. Le présent Accord reste en vigueur pour une période indéterminée. Chaque Partie peut dénoncer le présent Accord en notifiant à l'autre Partie, par écrit et par la voie diplomatique, son intention de le dénoncer. Le présent Accord cesse de produire ses effets six mois après la date de ladite notification.

3. Le présent Accord est révisé à la demande de l'une ou l'autre des Parties et n'est modifié qu'avec le consentement écrit des deux Parties.

4. Les responsabilités et les obligations existantes en matière de protection et d'utilisation des informations militaires classifiées subsistent après la dénonciation du présent Accord.

EN FOI DE QUOI, les soussignés, à ce dûment autorisés par leurs Gouvernements respectifs, ont signé le présent Accord.

FAIT à Londres, le 9 juillet 2009, en double exemplaire en langues coréenne et anglaise, les deux textes faisant également foi.

Pour le Gouvernement de la République de Corée :
[CHUN YUNG-WOO]

Pour le Gouvernement du Royaume-Uni de Grande-Bretagne et Irlande du Nord :
[BILL RAMMELL]

No. 54037

Republic of Korea
and
Uruguay

Agreement between the Government of the Republic of Korea and the Government of the Oriental Republic of Uruguay for the promotion and protection of investments (with annex). Montevideo, 1 October 2009

Entry into force: *8 December 2011, in accordance with article 16*

Authentic texts: *English, Korean and Spanish*

Registration with the Secretariat of the United Nations: *Republic of Korea, 10 November 2016*

République de Corée
et
Uruguay

Accord entre le Gouvernement de la République de Corée et le Gouvernement de la République orientale de l'Uruguay relatif à la promotion et à la protection des investissements (avec annexe). Montevideo, 1er octobre 2009

Entrée en vigueur : *8 décembre 2011, conformément à l'article 16*

Textes authentiques : *anglais, coréen et espagnol*

Enregistrement auprès du Secrétariat de l'Organisation des Nations Unies : *République de Corée, 10 novembre 2016*

[TEXT IN ENGLISH – TEXTE EN ANGLAIS]

AGREEMENT BETWEEN
THE GOVERNMENT OF THE REPUBLIC OF KOREA AND
THE GOVERNMENT OF THE ORIENTAL REPUBLIC OF
URUGUAY
FOR THE PROMOTION AND PROTECTION OF INVESTMENTS

The Government of the Republic of Korea and the Government of the Oriental Republic of Uruguay (hereinafter referred to as "the Contracting Parties"),

Desiring to create favourable conditions for greater investments by investors of one Contracting Party in the territory of the other Contracting Party, based on the principles of equality and mutual benefit,

Recognizing that the promotion and protection of investments on the basis of this Agreement will be conducive to the stimulation of individual business initiatives and will increase prosperity in both States,

Desiring to achieve these objectives in a manner consistent with the protection of health, safety, and the environment and the promotion of consumer protection and internationally recognized labour rights,

Have agreed as follows:

Article 1
Definitions

For the purposes of this Agreement:

1. "investment" means every kind of asset in the territory of one Contracting Party, owned or controlled directly or indirectly, by an investor of the other Contracting Party, provided that the investment has been made in accordance with the laws and regulations of the former Contracting Party, including, though not exclusively:

(a) an enterprise (being a legal person or any other entity constituted or organised under the applicable law of the host Contracting Party, whether or not for profit, and whether private or government owned or controlled, and includes a corporation, trust, partnership, sole proprietorship, branch, joint venture, association or organisation);

(b) any other tangible, intangible, movable or immovable property, and any related property rights, such as mortgages, liens, leases or pledges;

(c) shares, stocks and other forms of equitable participation in a company, or any business enterprise, and the rights or interest derived therefrom;
(d) bonds, debentures, loans and other forms of debt, and rights or interests derived therefrom;
(e) claims to money or to any performance under a contract having an economic value;
(f) intellectual property rights including rights with respect to copyright, patents, trademarks, trade names, industrial designs, technical processes, trade secrets and know-how, and goodwill;
(g) any rights under a contract, including turn-key, construction, management, production, or revenue-sharing contracts; and
(h) business concessions having an economic value conferred by law or under a contract, including concessions to search for, cultivate, extract or exploit natural resources.

For greater certainty, in order to qualify as an investment, an asset must have the characteristics of an investment, such as the commitment of capital or other resources, the expectation of gain or profit, or the assumption of risk. Market share, market access, expected gains, and opportunities for profit-making are not, by themselves, investments.

2. "returns" means the amounts yielded by investments and, in particular, though not exclusively, includes profit, interest, capital gains, dividends, royalties and all kinds of fees.

3. "investor" means any natural or juridical persons of one Contracting Party who invest in the territory of the other Contracting Party:
(a) the term "natural persons" means natural persons having the nationality of the former Contracting Party in accordance with its laws, provided, however, that a natural person who is a dual national shall be deemed to be exclusively a national of the State of his or her dominant and effective nationality; and
(b) the term "juridical persons" means any entity such as companies, public institutions, authorities, foundations, partnerships, firms, establishments, organizations, corporations or associations incorporated or constituted in accordance with the laws and regulations of the former Contracting Party.

4. "territory" means the territory of the Republic of Korea or the territory of the Oriental Republic of Uruguay respectively, as well as those maritime areas, including the seabed and subsoil adjacent to the outer limit of the territorial sea over which the State concerned exercises, in accordance with international law, sovereign rights or jurisdiction for the purpose of exploration and exploitation of the natural resources of such areas; and

5. "freely usable currency" means currencies that the International Monetary Fund determines, from time to time, as freely usable currencies in accordance with the Articles of Agreement of the International Monetary Fund and Amendments thereafter.

Article 2

Promotion and Protection of Investment

1. Each Contracting Party shall encourage and create favourable conditions for investors of the other Contracting Party to make investments in its territory and shall admit such investments in accordance with its laws and regulations.

2. Each Contracting Party shall accord to investments of an investor of the other Contracting Party treatment in accordance with customary international law, including fair and equitable treatment and full protection and security.

3. For greater certainty, paragraph 2 prescribes the customary international law minimum standard of treatment of aliens as the minimum standard of treatment to be afforded to investments of an investor of the other Contracting Party. The concepts of "fair and equitable treatment" and "full protection and security" do not require treatment in addition to or beyond that which is required by that standard, and do not create additional substantive rights. The obligation in paragraph 2 to provide:

(a) "fair and equitable treatment" includes the obligation not to deny justice in criminal, civil, or administrative adjudicatory proceedings in accordance with the principle of due process embodied in the principal legal systems of the world; and

(b) "full protection and security" requires each Party to provide the level of police protection required under customary international law.

4. A determination that there has been a breach of another provision of this Agreement, or of a separate international agreement, does not establish that there has been a breach of this Article.

5. Neither Contracting Party shall take any unreasonable or discriminatory measures against the management, maintenance, use, enjoyment and disposal of the investments by the investors of the other Contracting Party, nor impose unreasonable or discriminatory measures on investments by investors of the other Contracting Party concerning local content, technology transfer or export performance requirements.

Article 3

Treatment of Investment

1. Each Contracting Party shall accord in its territory to investments made in accordance with its laws and regulations by investors of the other Contracting Party as regards the management, maintenance, use, enjoyment or disposal of their investments, treatment no less favourable than that which it accords in like circumstances to investments of its own investors (hereinafter referred to as "national treatment") or to investments of investors of any third State (hereinafter referred to as "most-favoured-nation treatment"), whichever is more favourable.

2. Each Contracting Party shall in its territory accord, to investors of the other Contracting Party as regards the management, maintenance, use, enjoyment or disposal of their investments, treatment no less favourable than that which it accords in like circumstances to its own investors (national treatment) or to investors of any third State (most-favoured-nation treatment), whichever is more favourable.

3. The standard of national treatment as provided for in paragraphs 1 and 2 means, with respect to a sub-national government, treatment no less favourable than the most favourable treatment accorded in like circumstances by that sub-national government to investors, and to investments of investors, of the Party of which it forms a part.

4. The national treatment and most-favoured-nation treatment as provided for in paragraphs 1 and 2 do not apply to:

(a) government procurement;

(b) subsidies or grants provided by a Party, including government- supported loans, guarantees, and insurance; or

(c) taxation measures.

5. The most-favoured-nation treatment as provided for in paragraphs 1 and 2 shall not relate to privileges which either Contracting Party accords to investors of third States on account of its present or future membership of, or association with a customs or economic union, a common market or a free trade area or a similar international agreement.

Article 4

Compensation for losses

1. Investors of one Contracting Party whose investments suffer losses owing to war or other armed conflict, a state of national emergency, revolt, insurrection, riot or other similar situation in the territory of the other Contracting Party, shall be accorded by the latter Contracting Party, as regards restitution, indemnification, compensation or other forms of settlement, treatment no less favourable than that which the latter Contracting Party accords to its own investors or to investors of any third State.

2. Without prejudice to paragraph 1 of this Article, investors of one Contracting Party who, in any situations referred to in that paragraph, suffer losses in the territory of the other Contracting Party resulting from:

(a) requisitioning of their property by the latter Contracting Party's forces or authorities; or

(b) destruction of their property by the latter Contracting Party's forces or authorities which was not caused in combat action or was not required by the necessity of the situation;

shall be accorded restitution, compensation, or both, as appropriate, for such loss. Any compensation shall be prompt, adequate, and effective in accordance to Article 5, mutatis mutandis.

Article 5

Expropriation[1)]

1. Investments of an investor of one Contracting Party shall not be nationalized, expropriated (hereinafter referred to as "direct expropriation") or otherwise subjected to any other actions having an effect equivalent to nationalization or expropriation (hereinafter referred to as "indirect expropriation") in the territory of the other Contracting Party except for public purposes and against prompt, adequate and effective compensation. An action or a series of actions by a Party cannot constitute an expropriation unless it interferes with a tangible or intangible property right in an investment. The expropriation shall be carried out on a non-discriminatory basis and in accordance with due process of law.

2. Such compensation shall amount to the fair market value of the expropriated investments immediately before the expropriation was taken or before the impending expropriation became public knowledge, whichever is the earlier, shall include interest at the applicable commercial rate from the date of expropriation until the date of payment, and shall be made without undue delay. It shall be effectively realizable and freely transferable and shall be freely convertible into the currency of the Contracting Party of the investors concerned, and into freely usable currencies as defined in the Articles of Agreement of the International Monetary Fund, at the market exchange rate prevailing on the date of expropriation.

1) Article 5 shall be interpreted in accordance with Annex.

3. Investors of one Contracting Party affected by expropriation shall have a right to prompt review by a judicial or other independent authority of the other Contracting Party of their case and of the valuation of their investments in accordance with the principles set out in this Article.

Article 6
Transfers

1. Each Contracting Party shall guarantee to an investor of the other Contracting Party the free transfer of all payments relating to an investment into and out of its territory. Such transfers shall include, in particular, though not exclusively:
   (a) the initial capital and additional amounts to maintain or increase an investment;
   (b) returns;
   (c) payments made under a contract including a loan agreement;
   (d) proceeds from the sale or liquidation of all or any part of an investment;
   (e) payments made pursuant to Article 4 and 5;
   (f) payments arising out of the settlement of a dispute; and
   (g) earnings and other remuneration of personnel engaged from abroad in connection with an investment.

2. All transfers under this Agreement shall be made in a freely usable currency, without undue restriction or delay, at the market exchange rate prevailing on the date of the transfer.

3. Notwithstanding Articles 6.1 and 6.2 above, a Contracting Party may delay or prevent a transfer, through the equitable, non-discriminatory and good faith application of its measures and laws relating to:
   (a) bankruptcy, insolvency or the protection of the rights of creditors;
   (b) issuing, trading, or dealing in securities;
   (c) criminal or penal offences;
   (d) financial reporting or record keeping of transfers when necessary to assist law enforcement or financial regulatory authorities; or

(e) ensuring compliance with orders or judgements in judicatory proceedings.

4. A Contracting Party may adopt or maintain measures inconsistent with Article 6.1 and 6.2

(a) in the event of serious balance-of-payments and external financial difficulties or threat thereof; or

(b) in cases where, in exceptional circumstances, movements of capital cause or threaten to cause serious difficulties for macroeconomic management, in particular, monetary and exchange rate policies.

5. Measures referred to in paragraph 4 of this Article:

(a) shall be consistent with the Articles of the Agreement of the International Monetary Fund;

(b) shall be non-discriminatory;

(c) shall not exceed those necessary to deal with the circumstances set out in paragraph 4 of this Article;

(d) shall be temporary and shall be eliminated as soon as conditions permit; and

(e) shall be promptly notified to the other Contracting Party.

Article 7

Subrogation

If a Contracting Party or its designated agency makes a payment under an indemnity, guarantee or contract of insurance given in respect of an investment of an investor in the territory of the other Contracting Party, the other Contracting Party shall recognize:

(a) the assignment of any right or claim of such investor to the former Contracting Party or its designated agency; and

(b) the right of the former Contracting Party or its designated agency to exercise by virtue of subrogation any such right and claim to the same extent as its predecessor in title.

Article 8

Transparency

1. Each Contracting Party shall promptly publish, or otherwise make publicly available, its laws, regulations, procedures and administrative rulings and judicial decisions of general application as well as international agreements which may affect the operation of this Agreement. Where a Contracting Party establishes a policy which is not expressed in laws or regulations or by any other means listed in this paragraph but which may affect the operation of this Agreement, that Contracting Party shall promptly publish them or otherwise make them publicly available.

2. Each Contracting Party shall promptly respond to specific questions and provide, upon request, information to the other Contracting Party on matters referred to in Article 8.1.

3. Nothing in this Agreement shall prevent one Contracting Party from requiring an investor of another Contracting Party, or its investment, to provide routine information concerning that investment solely for informative or statistical purposes. Nothing in this Agreement requires a Contracting Party to furnish or allow access to:

(a) information relating to the financial affairs and accounts of individual customers of particular investors or investment; or

(b) any confidential or proprietary information, including information concerning particular investors or investments, the disclosure of which would impede law enforcement or be contrary to its laws protecting confidentiality or prejudice legitimate commercial interests of particular enterprise.

Article 9

Entry and sojourn of personnel

Subject to its laws and regulations regarding the entry and sojourn of aliens, a Contracting Party shall permit natural persons who are investors of the other

Contracting Party and personnel employed by companies of that other Contracting Party to enter and remain in its territory for the purpose of engaging in activities connected with investments.

Article 10

Settlement of Disputes between Contracting Parties

1. Disputes between the Contracting Parties concerning the interpretation or application of this Agreement shall, if possible, be settled through consultations or diplomatic channels.

2. If any dispute cannot be settled within six (6) months, it shall, at the request of either Contracting Party, be submitted to an ad hoc Arbitral Tribunal in accordance with the provisions of this Article.

3. Such an Arbitral Tribunal shall be constituted for each individual case in the following way: Within two (2) months from the date of receipt of the request for arbitration, each Contracting Party shall appoint one member of the Tribunal. These two members shall then select a national of a third State, who on approval of the two Contracting Parties shall be appointed Chairman of the Tribunal. The Chairman shall be appointed within two (2) months from the date of appointment of the other two members.

4. If the necessary appointments have not been made within the periods specified in paragraph 3 of this Article, a request may be made by either Contracting Party to the President of the International Court of Justice to make such appointments. If the President is a national of either Contracting Party or otherwise prevented from discharging the said function, the Vice-President shall be invited to make the appointments. If the Vice-President is also a national of either Contracting Party or prevented from discharging the said function, the member, next in seniority, of the International Court of Justice who is not a national of either Contracting Party shall be invited to make the appointments.

5. The Arbitral Tribunal shall reach its decision by a majority of votes. Such decision shall be binding on both Contracting Parties.

6. The Arbitral Tribunal shall determine its own procedure.

7. Each Contracting Party shall bear the costs of its own arbitrator and its representation in the arbitral proceedings. The costs of the Chairman and any remaining costs shall be borne in equal parts by both Contracting Parties. The Arbitral Tribunal shall determine its own procedure. The Tribunal may, however, in its decision direct that a higher proportion of costs shall be borne by one of the two Contracting Parties.

Article 11

Settlement of Investment Disputes between a Contracting Party and an Investor of the other Contracting Party

1. This Article applies to disputes between a Contracting Party and an investor of the other Contracting Party concerning an alleged breach of an obligation of the former Contracting Party under this Agreement which causes loss or damage to the investor or its investment.

2. Such a dispute should, if possible, be settled by negotiation or consultation. If it is not so settled within six (6) months from the date on which the dispute has been raised by either party, the investor may choose to submit it for resolution:

(a) to any competent court or administrative tribunal of the Contracting Party to the dispute;

(b) in accordance with any dispute settlement procedure agreed upon prior to the dispute arising;

(c) by arbitration in accordance with this Article under:

(i) the Convention on the Settlement of Investment Disputes between States and Nationals of other States (the "ICSID Convention"), if the ICSID Convention is available;

(ii) the Additional Facility Rules of the Center for Settlement of Investment Disputes ("ICSID Additional Facility"), if the ICSID Additional Facility is available;

(iii) the Arbitration Rules of the United Nations Commission on International Trade Law ("UNCITRAL"); or

(iv) if agreed by both parties to the dispute, any other arbitration institution or any other arbitration rules.

3. Each Contracting Party hereby consents to the submission of a dispute to international arbitration in accordance with the procedures set out in this Agreement. The consent and the submission of a claim to arbitration under this Article shall satisfy the requirements of:

(a) Chapter II of the ICSID Convention (Jurisdiction of the Center) and the ICSID Additional Facility Rules with regards to the written consent of the parties to the dispute; and

(b) Article II of the New York Convention for an "agreement in writing."

4. The consent under paragraph 3 only applies on the condition that:

(a) the investor waives in writing the right to initiate any other dispute settlement procedure with respect to the same dispute and withdraws from any such procedure in progress before its conclusion, if the investor submits the claim to arbitration on its own behalf; or

(b) the investor and the investment waive in writing the right to initiate any other dispute settlement procedure with respect to the same dispute and withdraw from any such procedure in progress before its conclusion, if the investor submits the claim to arbitration on behalf of a juridical person of the Contracting Party in dispute that the investor owns or controls directly or indirectly.

5. The seeking of interim relief not involving the payment of damages, from judicial or administrative tribunals, by a party to a dispute submitted to arbitration under this Article, for the preservation of its rights and interests pending resolution of the dispute, is not deemed a submission of the dispute for resolution for purposes of a Contracting Party's limitation of consent under paragraph 4, and is permissible in arbitration under any of the provisions of paragraph 2(c).

6. A dispute may be submitted to arbitration ninety(90) days after the date on which notice of intent to do so was received by the Contracting Party in dispute, but no later than three years from the date the investor first acquired or should have acquired knowledge of the events which gave rise to the dispute. Notice of intent shall specify:

(a) the name and address of the disputing investor and the investment;

(b) the provisions of this Agreement alleged to have been breached and any other relating provisions;

(c) the issues and the factual basis for the claim; and

(d) the relief sought, including the approximate amount of any damages claimed.

7. Unless the disputing parties otherwise agree, the tribunal shall comprise three arbitrators, one arbitrator appointed by each of the disputing parties and the third, who shall be the presiding arbitrator, appointed by agreement of the disputing parties. If a tribunal has not been constituted within 75 days from the date a claim is submitted to arbitration under this Article, the Secretary General of ICSID, on the request of a disputing party, shall appoint, in his or her discretion, the arbitrator or arbitrators not yet appointed. The Secretary General of ICSID shall not appoint a national of either Party as the presiding arbitrator.

8. The disputing parties may agree on the legal place of any arbitration under the arbitral rules applicable under paragraph 2(c). If the disputing parties fail to reach an agreement, the tribunal shall determine the place in accordance with the applicable arbitral rules, provided that the place shall be in the territory of a State that is a party to the New York Convention.

9. A Contracting Party shall not assert as a defence, counter-claim, right of set-off or for any other reason, that indemnification or other compensation for all or part of the alleged damages has been received or will be received pursuant to an indemnity, guarantee or insurance contract.

10. The arbitral tribunal, in its award shall set out its findings of law and fact, together with the reasons for its ruling and may, at the request of a party, provide the following forms of relief:

(a) a declaration that the Contracting Party has failed to comply with its obligations under this Agreement;

(b) pecuniary compensation, which shall include interest from the time the loss or damage was incurred until the payment was made;

(c) restitution in kind in appropriate cases, provided that the Contracting Party may pay pecuniary compensation in lieu thereof where restitution is not practicable; and

(d) with the agreement of the parties to the dispute, any other form of relief.

11. Arbitration awards shall be final and binding upon the parties to the dispute. Each Contracting Party shall, in its territory, make provision for the effective enforcement of awards made pursuant to this Article and shall carry out without delay any such award issued in a proceeding to which it is a party.

Article 12

Application of Other Rules

1. If the laws and regulations of either Contracting Party or obligations under international law existing at present or established hereafter between the Contracting Parties in addition to this Agreement contain provisions, whether general or specific, entitling investments by investors of the other Contracting Party to a treatment more favourable than is provided for by this Agreement, such provisions shall to the extent it is more favourable prevail over this Agreement.

2. Each Contracting Party shall observe the provisions of this Agreement as well as any specific investment agreement between an authority at the central level of government of a Party and investors of the other Contracting Party that may have entered into force.

Article 13

Application of the Agreement

1. This Agreement applies to the existing investment at the date of the entry into force of this Agreement, as well as to the investment made or acquired after this date.

2. The Agreement shall not apply to claims arising out of events which occurred, or to claims which had been settled, prior to its entry into force.

Article 14

Denial of Benefits

1. A Party may deny the benefits of this Agreement to an investor of the other Party that is a juridical person of such other Party and to investments of such investor if persons of a non-Party own or control the juridical person and the denying Party adopts or maintains measures with respect to the non-Party or a person of the non-Party that prohibit transactions with the juridical person or that would be violated or circumvented if the benefits of this Agreement were accorded to the juridical person or its investments.

2. Subject to prior notification and consultation, a Party may deny the benefits of this Agreement to an investor of the other Party that is a juridical person of such other Party and to investments of such investor if the juridical person has no substantial business activities in the territory of the other Party and persons of a non-Party, or of the denying Party, own or control the juridical person.

Article 15

Security Exception

Nothing in this Agreement shall be construed:

(a) to require a Party to furnish any information, the disclosure of which it considers contrary to its essential security interests;

(b) to prevent a Party from taking any actions which it considers necessary for the protection of its essential security interests; or

(c) to prevent a Party from taking any action in pursuance of its obligations under the United Nations Charter for the maintenance of international peace and security.

Article 16

Entry into force, Duration and Termination

1. This Agreement shall enter into force thirty (30) days after the date on which the Contracting Parties have notified each other in writing that their respective legal requirements for the entry into force of this Agreement have been fulfilled.

2. This Agreement shall remain in force for a period of ten (10) years and shall remain in force thereafter indefinitely unless either Contracting Party notifies the other Contracting Party in writing one year in advance of its intention to terminate this Agreement.

3. In respect of investments made prior to the termination of this Agreement, the provisions of Articles 1 to 15 of this Agreement shall remain in force for a further period of ten (10) years from the date of the termination.

4. The Agreement may be revised by mutual consent of the Contracting Parties. Any revision or termination of this Agreement shall be effected without prejudice to any rights or obligations accruing or incurred under this Agreement prior to the effective date of such revision or termination.

IN WITNESS WHEREOF, the undersigned, duly authorized thereto by their respective Governments, have signed this Agreement.

DONE in duplicate at Montevideo on the first day of October 2009, in the Korean, Spanish and English languages, all texts being equally authentic. In case of any divergence of interpretation, the English text shall prevail.

FOR THE GOVERNMENT OF THE REPUBLIC OF KOREA	FOR THE GOVERNMENT OF THE ORIENTAL REPUBLIC OF URUGUAY

Annex

Expropriation

The Parties confirm their shared understanding that:

1. An action or a series of actions by a Party cannot constitute an expropriation unless it interferes with a tangible or intangible property right in an investment.

2. Article 5 addresses two situations. The first is direct expropriation, where an investment is nationalized or otherwise directly expropriated through formal transfer of title or outright seizure.

3. The second situation addressed by Article 5 is indirect expropriation, where an action or a series of actions by a Party has an effect equivalent to direct expropriation without formal transfer of title or outright seizure.

(a) The determination of whether an action or a series of actions by a Party, in a specific fact situation, constitutes an indirect expropriation, requires a case-by-case, fact-based inquiry that considers all relevant factors relating to the investment, including:

(i) the economic impact of the government action, although the fact that an action or a series of actions by a Party has an adverse effect on the economic value of an investment, standing alone, does not establish that an indirect expropriation has occurred;

(ii) the extent to which the government action interferes with distinct, reasonable investment-backed expectations[2)]; and

(iii) the character of the government action, including its objectives and context. Relevant considerations could include whether the government action imposes a special sacrifice on the particular investor or investment that exceeds what the investor or investment should be expected to endure for the public interest.

2) For greater certainty, whether an investor's investment-backed expectations are reasonable depends in part on the nature and extent of governmental regulation in the relevant sector. For example, an investor's expectations that regulations will not change are less likely to be reasonable in a heavily regulated sector than in a less heavily regulated sector.

(b) Except in rare circumstances, such as, for example, when an action or a series of actions is extremely severe or disproportionate in light of its purpose or effect, non-discriminatory regulatory actions by a Party that are designed and applied to protect legitimate public welfare objectives, such as public health, safety, the environment, and real estate price stabilization (through, for example, measures to improve the housing conditions for low-income households), do not constitute indirect expropriations[3].

3) For greater certainty, the list of "legitimate public welfare objectives" in subparagraph (b) is not exhaustive.

[TEXT IN KOREAN – TEXTE EN CORÉEN]

대한민국 정부와 우루과이 동방공화국 정부 간의
투자의 증진 및 보호에 관한 협정

대한민국 정부와 우루과이 동방공화국 정부(이하 "체약당사자"라 한다)는,

평등과 호혜의 기초 위에서 일방 체약당사자의 투자자에 의한 타방 체약당사자의 영역에서의 투자 확대를 위한 유리한 여건이 조성되기를 희망하며,

이 협정에 기초한 투자의 증진 및 보호가 개별기업의 투자활동을 촉진하고 양국의 번영을 증진시킬 것임을 인식하며,

이러한 목적들이 건강, 안전, 환경의 보호, 소비자 보호의 증진, 그리고 국제적으로 인정되는 노동권의 증진에 부합하는 방식으로 달성될 수 있기를 희망하면서,

다음과 같이 합의하였다.

제 1 조
정 의

이 협정의 목적상,

1. "투자"란 일방 체약당사자의 영역 내에서 타방 체약당사자의 투자자에 의해 직접적 또는 간접적으로 소유되거나 통제되고 있는 모든 종류의 자산으로서, 일방 체약당사자의 법규에 따라 이뤄진 투자를 의미한다. 이러한 투자는 특히 다음 각 목의 자산을 포함하나 이에 한정되지 아니한다.

   가. 기업(영리를 목적으로 하는지의 여부나 민간 또는 정부가 소유 · 통제하는지의 여부에 관계없이 유치 체약당사자의 적용 가능한 법령에 따라 설립 · 조직된 법인이나 그 밖의 실체로서 주식회사, 트러스트, 합명회사, 개인기업, 지점, 합작투자, 협회 또는 기관을 포함한다.)

   나. 그 밖의 유·무형의 동산·부동산과 저당권·유치권·리스·질권 등 그와 관련된 재산권

   다. 지분, 주식 및 그 밖의 형태의 회사 또는 사업을 영위하는 기업에의 공평한 참여 및 그로부터 파생되는 권리 또는 이익

라. 채권, 회사채, 대여금 및 그 밖의 형태의 부채와 그로부터 파생되는 권리 또는 이익

마. 경제적 가치가 있는 계약에 따른 지급청구권 및 이행청구권

바. 저작권, 특허권, 상표권, 상호권, 의장, 기술적 공정, 영업비밀 및 노하우를 포함하는 지식재산권 및 영업신용

사. 완성품 인도, 건설, 경영, 생산 또는 수익공유계약을 포함한 계약에 따른 모든 권리

아. 천연자원의 탐사·개간·추출 또는 개발을 위한 양허권을 포함하여 법률이나 계약에 의하여 경제적 가치가 부여된 사업 양허권

보다 명확히 하기 위하여, 이 협정에서 어떤 자산이 투자로 인정받기 위해서는 자산이 자본 및 여타 자원의 투입, 이득이나 이윤에 대한 기대, 위험의 감수와 같은 투자의 성격을 지니고 있어야 한다. 시장점유율, 시장접근, 기대이득 및 이윤획득의 기회는 그 자체만으로는 투자가 아니다.

2. "수익"이란 투자에 의하여 발생한 금액을 말하며, 특히 이윤·이자·자본이득·배당·사용료 및 모든 종류의 수수료를 포함하나 이에 한정되지 않는다.

3. "투자자"란 타방 체약당사자의 영역 내에 투자하는 일방 체약당사자의 자연인 또는 법인을 말한다.

가. "자연인"이란 일방 체약당사자의 법령에 따라 그 체약당사자의 국적을 가진 자연인을 뜻한다. 그러나 이중국적자인 자연인은 그의 또는 그녀의 지배적이고 유효한 국적국의 국민으로만 간주한다.

나. "법인"이란 일방 체약당사자의 법규에 따라 법인화되거나 설립된 회사·공공기관·정부기관·재단·합명회사·상사·단체·기관·주식회사 또는 협회와 같은 실체를 말한다.

4. "영역"이란 대한민국의 영토 또는 우루과이 동방공화국의 영토 및 관련 국가가 국제법에 따라 천연자원을 탐사·개발할 목적으로 주권적 권리 또는 관할권을 행사하는 영해의 외측한계선에 인접한 해저 및 하층토를 포함하는 해역을 말한다.

5. "자유사용통화"란 국제통화기금(IMF)이 수시로 국제통화기금 협정 및 추후 개정된 규정에 따라 자유사용통화로서 규정한 통화를 말한다.

제 2 조
투자의 증진과 보호

1. 각 체약당사자는 타방 체약당사자의 투자자가 자국의 영역 안에서 투자를 하는 데 유리한 여건을 장려하고 조성하며, 자국의 법규에 따라 그러한 투자를 허용한다.

2. 각 체약당사자는 타방 체약당사자 투자자의 투자에 국제관습법에 따라 공정하고 공평한 대우와 완전한 보호 및 안전을 포함한 대우를 부여한다.

3. 보다 명확히 하기 위하여, 제2항은 외국인의 대우에 대한 국제관습법상 최소기준을 타방 체약당사자 투자자의 투자에 부여해야 할 대우의 최소기준으로 규정한다. "공정하고 공평한 대우"와 "완전한 보호 및 안전"이라는 개념은 그러한 기준이 요구하는 것에 추가적인 또는 이를 초과한 대우를 요구하지 않으며, 추가적인 실질적인 권리를 창설하지 않는다.

가. 제2항의 "공정하고 공평한 대우"를 제공할 의무는 세계의 주요 법률체계에 구현된 적법절차의 원칙에 따라 형사·민사 또는 행정적 심판절차에 있어서의 정의를 부인하지 않을 의무를 포함한다. 그리고

나. 제2항의 "완전한 보호 및 안전"을 제공할 의무는 각 체약당사자가 국제관습법에 따라 요구되는 수준의 경찰보호를 제공하도록 요구한다.

4. 이 협정의 다른 규정 또는 별도의 국제협정에 대한 위반이 있었다는 결정이 이 조에 대한 위반이 있었다는 것을 입증하지는 않는다.

5. 일방 체약당사자는 타방 체약당사자 투자자가 투자를 관리·유지·사용·향유 또는 처분하는 것에 대해 그 어떤 비합리적이거나 차별적인 조치도 취하지 않는다. 또한 일방 체약당사자는 국내산 사용, 기술이전 또는 수출이행 의무에 관하여 타방 체약당사자 투자자의 투자에 대해 그 어떤 비합리적이거나 차별적인 조치도 취하지 않는다.

제 3 조
투자의 대우

1. 각 체약당사자는 자국의 영역 안에서 자국의 법규에 따라 이루어진 타방 체약당사자의 투자자의 투자에 투자의 유지, 관리, 사용, 향유 혹은 처분과 관련하여 유사한 상황에서 자국 투자자의 투자에 부여하는 대우보다 불리한 대우를 부여해서는 아니 되고(이하 "내국민대우"라 한다), 유사한 상황에서 제3국 투자자의 투자에 부여하는 대우보다 불리한 대우를 부여해서는 아니 되며(이하 "최혜국대우"라 한다), 내국민대우와 최혜국대우 중 더 유리한 대우를 부여한다.

2. 각 체약당사자는 자국의 영역 안에서 타방 체약당사자의 투자자에게 그들 투자의 관리·유지·사용·향유 또는 처분과 관련하여 유사한 상황에서 자국의 투자자에게 부여하는 대우보다 불리한 대우를 부여해서는 아니 되고(내국민대우), 유사한 상황에서 제3국의 투자자에게 부여하는 대우보다 불리한 대우를 부여해서는 아니 되며(최혜국대우), 내국민대우와 최혜국대우 중 더 유리한 대우를 부여한다.

3. 제1항 및 제2항에서 규정한 내국민대우의 기준은 지방정부에 관련하여, 유사한 상황에서 그 지방정부가 일부를 구성하는 당사자의 투자자와 투자자의 투자에 부여하는 가장 유리한 대우보다 불리하지 않은 대우를 말한다.

4. 제1항 및 제2항에서 규정한 내국민 대우와 최혜국대우는 다음 각 호에 대해서는 적용되지 아니한다.

가. 정부조달,

나. 정부지원 융자, 보증 및 보험을 포함하여 당사국이 제공하는 보조금 또는 무상 교부, 또는

다. 조세조치

5. 제1항 및 제2항에서 규정한 최혜국대우는 일방 체약당사자가 기존의 또는 미래의 관세동맹이나 경제동맹, 공동시장, 자유무역지대 또는 이와 유사한 국제협정을 이유로 제3국의 투자자에게 부여하는 특혜와 관련되지 아니한다.

제 4 조
손실보상

1. 자신이 행한 투자가 타방 체약당사자의 영역 안에서 전쟁이나 그 밖의 무력충돌 · 국가비상사태 · 폭동 · 반란 · 소요 또는 그 밖의 유사한 상황으로 인해 손실을 입은 일방 체약당사자의 투자자는 그 손실에 대한 원상회복 · 배상 · 보상 또는 그 밖의 형태의 변제에 관하여, 그 타방 체약당사자가 자국의 투자자 또는 제3국의 투자자에 부여하는 것보다 불리하지 않은 대우를 타방 체약당사자로부터 부여받는다.

2. 제1항을 저해함이 없이, 일방 체약당사자의 투자자가 제1항에 언급된 상황에서 다음 각 목의 사항으로 발생하는 손실을 타방 체약당사자의 영역 안에서 입은 경우에는 그 손실에 대하여 적절한 원상회복, 보상 또는 양자 모두가 부여된다. 보상은 제5조에 따라 적절한 변경을 가하여 신속하고, 충분하고, 유효하게 지급된다.

가. 타방 체약당사자의 군대 또는 당국에 의한 투자자 재산의 징발, 또는

나. 전투행위에 기인하지 않거나 그 상황의 필요성에 의하여 요구되지 않았던 것으로서 타방 체약당사자의 군대 또는 당국에 의한 투자자 재산의 파괴

제 5 조
수 용[1)]

1. 일방 체약당사자의 투자자의 투자는 공공의 목적을 위하여 신속 · 충분 · 유효한 보상을 대가로 하는 경우를 제외하고, 타방 체약당사자의 영역 안에서 국유화되거나, 수용당하거나(이하 "직접적 수용"이라 한다) 또는 국유화 또는 수용에 상응하는 효과를 가지는 그 밖의 다른 조치(이후 "간접적 수용"이라 한다)의 대상이 되지 않는다. 어느 체약당사자의 조치나 일련의 조치들이 투자와 관련된 유형 · 무형의 재산을 손상하지 않는다면 그 조치들은 수용을 구성하지 않는다. 수용은 비차별적 기초 위에서 적법한 절차에 따라 실행된다.

1)제 5조는 부속서에 따라 해석된다.

2. 그러한 보상은 수용이 이뤄지기 직전 또는 수용이 임박하였음이 공공연하게 알려지기 직전 중 보다 이른 시기의 수용된 투자의 공정한 시장가치에 상당하고, 수용일로부터 지급일까지의 적용가능한 시중이자율에 의한 이자를 포함하며, 그리고 부당한 지체 없이 지급된다. 보상은 효과적으로 실현가능하고, 자유롭게 송금될 수 있으며, 수용당일의 우세한 시장 환율에 따라 관련 투자자의 국적통화 및 「국제통화기금협정」의 조항에 정의된 자유롭게 사용가능한 통화로 자유롭게 태환되어야 한다.

3. 수용에 의하여 영향을 받은 일방 체약당사자의 투자자는 이 조에 규정된 원칙에 따라 자신의 사안 및 자신의 투자가치 산정에 대해 타방 체약당사자의 사법당국 또는 그 밖의 독립된 당국에 의한 신속한 심사를 받을 권리를 가진다.

제 6 조
송 금

1. 각 체약당사자는 타방 체약당사자의 투자자에게 투자와 관련된 모든 지급의 국내외로의 자유로운 송금을 보장한다. 그러한 송금은 특히 다음 각 목의 사항을 포함하나 이에 한정되지 않는다.

가. 초기의 자본 및 투자의 유지와 확대를 위한 추가 자금

나. 수익

다. 대부 계약 등 계약에 따라 이뤄진 지불

라. 투자의 매각 또는 전면적·부분적 청산으로부터 발생한 대금

마. 제4조 및 제5조에 따라 이뤄진 지불

바. 분쟁해결에 따라 이뤄진 지불

사. 투자와 관련하여 고용된 외국 근로 인력의 임금 및 여타 보수

2. 이 협정에 따른 모든 송금은 자유사용통화로 부당한 제한이나 지체 없이 송금당일에 우세한 시장 환율에 따라 이루어진다.

3. 위 제1항 및 제2항에도 불구하고, 체약당사자는 다음에 관한 자국의 조치 및 법규의 공평하고 비차별적이고 선의에 입각한 적용을 통하여 송금을 연기하거나 금지할 수 있다.

가. 파산, 지급불능 또는 채권자의 권리보호

나. 유가증권의 발행, 유통 또는 거래

다. 형사범죄

라. 법집행 또는 금융규제당국을 지원하기 위하여 필요한 때에 재무보고 또는 송금에 대한 기록보존, 또는

마. 사법절차에서의 명령 또는 판결의 준수 보장

4. 일방 체약당사자는 다음의 경우에 제1항 및 제2항에 부합하지 않는 조치를 채택하거나 유지할 수 있다.

가. 중대한 국제수지 및 대외적 금융상의 어려움에 처하거나 처할 우려가 있는 경우

나. 예외적인 상황에서, 자본이동이 거시경제의 운영, 특히 통화・환율 정책에 중대한 어려움을 초래하거나 초래할 우려가 있는 경우

5. 제4항에서 언급된 조치는

가. 「국제통화기금협정」의 조항에 부합해야 하고,

나. 비차별적이어야 하고,

다. 제4항에 규정된 상황에 대처하기 위해 필요한 정도를 초과해서는 안되며,

라. 일시적이며 상황이 허락하는 즉시 철폐되며,

마. 타방 체약당사자에게 신속하게 통지된다.

제 7 조

대위변제

일방 체약당사자 또는 그 지정기관이 타방 체약당사자의 영역에 있는 투자자의 투자와 관련하여 부여된 보장, 보증, 또는 보험계약에 따라 변제한 경우, 타방 체약당사자는 다음 각 목의 사항을 승인한다.

가. 투자자의 권리 또는 청구권을 그 일방 체약당사자나 그 지정기관에 양도하는 것

나. 그 일방 체약당사자 또는 그 지정기관이 대위변제에 의하여 그러한 권리와 청구권을 투자자와 동일한 정도로 행사할 권리

제 8 조
투명성

1. 각 체약당사자는 이 협정의 적용에 영향을 미칠 수 있는 국제협정과 자국 법·규정·절차·행정결정 및 일반적으로 적용되는 사법결정을 즉시 공표하거나 일반적으로 알 수 있도록 한다. 체약당사자가 법률, 규칙 또는 이 항에 나타난 다른 수단으로써 표현하지 않았으나 이 협정 적용에 영향을 미칠 정책을 수립한 경우 그 체약당사자는 신속히 이를 공표하거나 다른 방법으로 공개한다.

2. 각 체약당사자는 특정한 질문에 대해 신속히 응답하며 타방 체약당사자의 요청이 있을 경우, 제1항에서 언급된 사항에 관한 정보를 타방 체약당사자에 제공한다.

3. 이 협정의 어떠한 규정도 일방 체약당사자가 단지 정보 수집 혹은 통계에 사용할 의도로, 타방 체약당사자의 투자자 또는 투자자의 투자에 투자와 관련된 통상적인 정보를 제공하여 줄 것을 요구하는 것을 금지하지 못한다. 이 협정의 어떠한 규정도 어느 체약당사자에게 다음 사항의 정보를 제공하거나 접근을 허락할 것을 요구하지 못한다.

가. 특정한 투자자 또는 투자의 개인 고객의 재정 문제 및 회계와 관련된 정보

나. 공개로 인해 법률 집행을 방해 혹은 비밀 보호에 관한 법률에 위배되거나 특정 기업의 정당한 상업적 이익을 해하는 특정 투자자 또는 투자에 관한 정보를 포함한 모든 비밀 또는 소유권에 대한 정보

제 9 조
인력의 입국 및 체류

외국인의 입국 및 체류에 관한 자국의 법규 하에서, 일방 체약당사자는 타방 체약당사자의 투자자인 자연인 및 타방 체약당사자의 회사가 고용한 인력이 투자와 연관된 활동에 종사할 목적으로 자국의 영역에 입국하고 체류하도록 허용한다.

제 10 조

체약당사자간 분쟁의 해결

1. 이 협정의 해석 또는 적용에 관한 체약당사자간의 분쟁은 가능한 한 협의나 외교적 경로를 통해 해결되어야 한다.

2. 분쟁이 6개월 이내에 해결되지 못하는 경우, 그 분쟁은 일방 체약당사자의 요청에 의하여 이 조의 규정에 따라 임시 중재판정부에 회부된다.

3. 이러한 중재판정부는 다음의 방법으로 사안별로 구성된다. 각 체약당사자는 중재판정을 위한 요청의 접수일로부터 2개월 이내에 1명의 중재인을 임명한다. 이러한 2명의 중재인은 제3국의 국민인 1명을 선정하고, 그는 양 체약당사자의 동의를 얻어 중재판정부의 장으로 임명된다. 중재판정부의 장은 다른 2명의 중재인의 임명일로부터 2개월 이내에 임명된다.

4. 제3항에 명시된 기간 내에 필요한 임명이 이뤄지지 않은 경우, 일방 체약당사자는 국제사법재판소 소장에게 그러한 임명을 요청할 수 있다. 국제사법재판소 소장이 일방 체약당사자의 국민이거나 달리 위의 임무를 수행할 수 없을 경우에는 국제사법재판소 부소장에게 그러한 임명을 요청한다. 국제사법재판소 부소장도 일방 체약당사자의 국민이거나 위의 임무를 수행할 수 없는 경우에는 일방 체약당사자의 국민이 아닌 자로서 국제사법재판소의 그 다음 서열의 재판관에게 그러한 임명을 요청한다.

5. 중재판정부는 다수결에 의하여 결정을 내린다. 그러한 결정은 구속력을 가진다.

6. 중재판정부는 그 자체의 절차를 결정한다.

7. 각 체약당사자는 자국의 중재인에 대한 비용과 중재절차에서 자국을 대리하는 데 대한 비용을 부담한다. 중재판정부의 장에 대한 비용 및 그 밖의 비용은 양 체약당사자가 균등하게 부담한다. 중재판정부는 그 자체의 절차를 결정한다. 다만, 중재판정부는 결정으로써 양 체약당사자 중 일방이 보다 높은 비율의 비용을 부담하도록 명할 수 있다.

제 11 조
일방 체약당사자와 타방 체약당사자의 투자자간의 투자분쟁해결

1. 이 조항은 일방 체약당사자와 타방 체약당사자의 투자자간의 분쟁으로서, 일방 체약당사자가 협정상의 의무를 위반한 것으로 주장되고 이러한 위무 위반으로 투자자 또는 투자자의 투자에 손실 또는 손해를 초래한 분쟁에 적용된다.

2. 이러한 분쟁은 가급적 협상과 협의를 통해 해결되어야 한다. 분쟁이 일방 분쟁당사자가 제기한 일자로부터 6개월 이내에 협상과 협의를 통해 해결되지 못한 경우, 투자자는 투자자의 선택에 의해 분쟁을 해결을 위해 다음 각 목에 회부할 수 있다.

가. 분쟁당사국의 관할 법원이나 행정재판소

나. 분쟁발생 이전에 합의된 분쟁해결절차

다. 이 조에 따라 다음의 중재 절차

1) 「국가와 타방국가 국민간의 투자분쟁의 해결에 관한 협약」이 적용 가능할 경우, 「국가와 타방국가 국민간의 투자분쟁의 해결에 관한 협약」

2) 「투자분쟁해결을 위한 국제본부의 추가적 장치에 대한 규칙」이 적용 가능할 경우, 「투자분쟁해결을 위한 국제본부의 추가적 장치에 대한 규칙」

3) 「유엔국제무역법위원회 중재규칙」

4) 분쟁당사자간의 합의에 따른 여타 중재 기구 또는 여타 중재규칙

3. 각 체약당사자는 이 협정에서 규정된 절차에 따라 분쟁을 국제 중재에 회부하는 것에 동의한다. 이 조항에서 분쟁의 중재 회부와 이에 관한 동의는 다음과 같은 요건을 만족한다.

가. 「투자분쟁해결을 위한 국제본부 협약」의 제2장(센터의 관할권)과 분쟁당사자의 서면동의에 관한 「투자분쟁해결을 위한 국제본부의 추가적 장치에 대한 규칙」

나. 서면동의에 관한 「뉴욕협약」 제2조

4. 제3항의 동의는 다음 상황일 경우에만 적용된다.

가. 투자자가 자기 자신을 위하여 중재를 청구하는 경우, 투자자는 동일한 분쟁에 관하여 다른 분쟁해결절차를 제기할 권리를 서면으로 포기하며, 진행중이나 결정되기 전의 절차로부터 철회한다.

나. 투자자가 자신이 소유하거나 직·간접적으로 통제하는 분쟁당사국의 법인을 대신하여 중재를 청구하는 경우, 투자자와 그 투자는 동일한 분쟁에 관하여 다른 분쟁해결절차를 제기할 권리를 서면으로 포기하며, 진행중이나 결정되기 전의 절차로부터 철회한다.

5. 중재에 회부된 분쟁의 당사자가 분쟁이 해결될 때까지 권리와 이익을 보전할 목적으로 사법 또는 행정재판소로부터 손해배상의 지급을 수반하지 않는 잠정적인 구제조치를 구하는 것은 체약당사자의 제4항에 따른 동의를 제한하려는 목적상, 해결을 위한 중재에 회부한 것으로 간주되지 않으며 제2항다목의 어떠한 중재 절차 하에서도 허용된다.

6. 분쟁은 분쟁당사자인 체약당사자가 중재의향서를 접수한 날부터 90일이 경과되고, 투자자가 분쟁을 야기한 사건을 최초로 인지하거나 인지하였어야 할 일자로부터 3년이 경과되지 않은 경우에 중재에 회부될 수 있다. 중재의향서는 다음과 같은 사항을 명시한다.

가. 분쟁당사자인 투자자와 투자의 이름과 주소

나. 위반된 것으로 주장되는 협정의 조항과 여타 관련 조항

다. 청구의 논점과 사실적 근거

라. 청구하는 손해배상의 대략적 금액을 포함한 청구하는 구제조치

7. 분쟁당사자가 달리 합의하지 않는 이상 중재판정부는 3명의 중재인으로 구성되며, 각 분쟁당사자가 각 1명의 중재인을 임명하고 의장이 되는 세 번째 중재인은 분쟁당사자간의 합의에 의해 임명된다. 청구가 이 조항에 따른 중재에 회부된 일자로부터 75일 이내에 중재판정부가 구성되지 않은 경우, 투자분쟁해결을 위한 국제본부의 사무총장은 일방 분쟁당사자의 요청이 있는 경우 자신의 재량 하에 아직 임명되지 못한 중재인을 임명한다. 투자분쟁해결을 위한 국제본부 사무총장은 일방 당사자의 국민을 의장 중재인으로 임명해서는 아니된다.

8. 분쟁당사자들은 제2항다목에 따라 적용 가능한 중재규칙에 따라 법적 중재지에 대해 합의할 수 있다. 분쟁당사자들이 합의에 도달하지 못하는 경우, 중재판정부가 적용 가능한 중재규칙에 따라 중재지를 결정한다. 단 중재지는 「뉴욕 협약」의 회원국인 국가의 영역이어야 한다.

9. 일방 체약당사자는 청구인이 보장, 보증 또는 보험계약에 따라 주장되는 보상금의 전체 또는 일부에 대해 배상 또는 그 밖의 보상을 받았거나 받을 것이라는 점을 항변·반소·상계권 또는 그 밖의 어떠한 사유로도 주장할 수 없다.

10. 중재판정부는 판정에서 법과 사실, 그리고 결정에 대한 사유를 명시하며, 일방 분쟁당사자의 요청이 있는 경우 다음과 같은 형태의 구제를 제시할 수 있다.

가. 체약당사자가 이 협정상의 의무들을 준수하지 못했다는 선언

나. 손실 또는 손해가 발생한 일자로부터 보상 지급일까지의 이자가 포함된 금전적 배상

다. 적절한 상황에서의 원상회복. 단, 체약당사자는 원상회복이 실행불가능한 경우, 원상회복에 대신하여 금전적 배상을 할 수 있다.

라. 분쟁당사자간의 합의에 의한 여타 형태의 구제조치

11. 중재 판정은 해당 분쟁당사자에 대해 최종적이며 구속력을 지닌다. 각 체약당사자는 자국의 영역 내에서 이 조항에 의해 이뤄진 중재판정의 실효적 집행을 위한 조치를 취하며, 분쟁당사자로 참가한 소송에서 내려진 판정을 지체 없이 집행한다.

제 12 조
다른 규칙의 적용

1. 각 체약당사자의 법규 또는 이 협정 외에 양 체약당사자 간에 현재 존재하거나 향후 채택될 국제법상에서의 의무가 일반적 또는 구체적이든 간에 타방 체약당사자의 투자자의 투자에 대해 이 협정에서 규정된 것 이상으로 유리한 대우를 부여하는 규정을 포함하는 경우, 그러한 규정은 보다 유리한 정도까지 이 협정에 우선한다.

2. 각 체약당사자는 일방 체약당사자의 중앙정부당국과 타방 체약당사자 간에 발효된 특정한 투자협정뿐만 아니라 이 협정의 규정을 준수한다.

제 13 조
협정의 적용

1. 이 협정은 발효일 이후 이뤄지거나 취득된 투자뿐만 아니라, 발효 당시 존재하는 투자에 대해 적용된다.

2. 이 협정은 협정 발효일 이전에 발생된 사건으로부터 제기된 주장 또는 해결된 각 주장에 대해서는 적용되지 않는다.

제 14 조
이익 제공 거부

1. 일방 체약 당사자는 비체약당사자의 인이 타방 당사자의 법인을 소유하거나 통제할 경우, 타방 체약당사자의 투자자 즉, 타방 체약당사자의 법인과 그러한 투자자의 투자에 이 협정상의 이익 제공을 거부하며, 이러한 제공 거부 체약당사자는 비체약당사자 또는 비체약당사자의 인과 관련, 그 법인과의 거래를 금지하는 조치 혹은 만약 이 협정 이익이 그러한 법인 또는 투자에게 부여된다면, 이익 거부 체약당사자가 위반하거나 회피하게 되는 조치를 채택, 유지한다.

2. 사전 통보와 협의에 따라 체약당사자는 타방 체약당사자의 법인이 일방 체약당사자의 영역 내에서 실질적인 사업 활동을 수행하지 않으며 비체약당사자 또는 이익 제공 거부 당사자의 자연인이 그러한 법인을 소유 또는 통제할 경우, 타방 체약당사자의 법인인 타방 당사자의 투자자와 그러한 투자자의 투자에 이 협정상의 이익을 제공하지 않을 수 있다.

제 15 조
안보 예외

이 협정의 어떠한 규정도 다음과 같이 해석되지 않는다.

가. 당사자에게 필수안보이익에 반하는 것으로 여겨지는 정보의 제공 또는 공개를 요구할 수 있다.

나. 당사자가 필수안보이익을 보호하기 위하여 필요하다고 여겨지는 조치를 취하는 것을 금지할 수 있다.

다. 체약당사자가 국제평화와 안보를 유지하기 위한 「국제연합헌장」에 따른 의무를 수행하는 데에 있어서 어떤 조치를 취하는 것을 금지할 수 있다.

제 16 조
발효·유효기간 및 종료

1. 이 협정은 양 체약당사자가 이 협정의 발효를 위한 각국의 국내법적 요건이 충족되었음을 서면을 통해 서로 통지한 일자로부터 30일 후에 발효된다.

2. 이 협정은 10년의 기간 동안 유효하며, 그 이후에는 일방 체약당사자가 타방 체약당사자에게 이 협정의 종료의사를 1년 전에 서면으로 통지하지 않는 한 무기한 연장된다.

3. 이 협정의 제1조부터 제15조까지의 규정은 이 협정이 종료되기 전에 행해진 투자에 대해 이 협정의 종료일부터 10년의 기간 동안 더 유효하다.

4. 이 협정은 양 체약당사자간의 상호 합의에 의해 개정될 수 있다. 이 협정의 어떠한 개정이나 종료도 이러한 개정이나 종료의 발효일 이전에 이 협정하에서 취득하거나 부과된 어떠한 권리나 의무를 침해함이 없이 실행된다.

이상의 증거로, 아래 서명자는 그들 각자의 정부로부터 정당하게 권한을 위임받아 이 협정에 서명하였다.

2009년 10 월 1 일 몬테비데오에서 동등하게 정본인 한국어, 스페인어 및 영어로 각 2부씩 작성하였다. 해석상의 차이가 있을 경우에는 영어본이 우선한다.

대한민국 정부를 대표하여	우루과이 동방공화국 정부를 대표하여

부 속 서
수 용

양 당사국은 다음에 대한 공유된 양해를 확인한다.

1. 당사국의 행위 또는 일련의 행위는, 그것이 투자내에서의 유형 또는 무형의 재산권을 침해하지 아니하는 한, 수용을 구성할 수 없다.

2. 제5조는 두 가지 상황을 다룬다. 첫 번째는 직접수용으로서, 명의의 공식적 이전 또는 명백한 몰수를 통하여 투자가 국유화되거나 달리 직접적으로 수용되는 경우이다.

3. 제5조에 다루어진 두 번째 상황은 간접수용으로서, 당사국의 행위 또는 일련의 행위가 명의의 공식적 이전 또는 명백한 몰수 없이 직접수용에 동등한 효과를 가지는 경우이다.

가. 당사국의 행위 또는 일련의 행위가 특정의 사실 상황 하에서 간접수용을 구성하는지 여부의 결정은 다음을 포함하여 그 투자에 관한 모든 관련 요소를 고려하는 사안별, 사실에 기초한 조사를 필요로 한다.

1) 정부 행위의 경제적 영향. 그러나, 당사국의 행위 또는 일련의 행위가 투자의 경제적 가치에 부정적인 효과를 미친다는 사실 그 자체만으로는 간접수용이 발생하였음을 입증하는 것은 아니다.

2) 정부 행위가 투자에 근거한 분명하고 합리적인 기대[2]를 침해하는 정도, 그리고

3) 그 목적 및 맥락을 포함한 정부행위의 성격. 관련 고려사항은 정부행위가 공익을 위하여 투자자 또는 투자가 감수해야 할 것으로 기대되는 것을 넘어선 특별한 희생을 특정 투자자 또는 투자에게 부과하는지 여부를 포함할 수 있을 것이다.

나. 예컨대, 행위 또는 일련의 행위가 그 목적 또는 효과에 비추어 극히 심하거나 불균형적인 때와 같은 드문 상황을 제외하고는, 공중보건, 안전, 환경 및 부동산 가격안정화(예컨대, 저소득층 가계의 주거여건을 개선하기 위한 조치를 통한)와 같은 정당한 공공복지 목적을 보호하기 위하여 고안되고 적용되는 당사국의 비차별적인 규제 행위는 간접수용을 구성하지 아니한다[3].

---

2) 보다 명확히 하기 위하여, 투자자의 투자에 근거한 기대가 합리적인지 여부는 관련 부문에 있어 정부 규제의 성격 및 정도에 부분적으로 의존한다. 예컨대, 규제가 변경되지 아니할 것이라는 투자자의 기대는 규제가 덜 한 부문보다는 규제가 심한 부문에서 합리적일 가능성이 더욱 낮다.

3) 보다 명확히 하기 위하여, 제2항의 "정당한 공공복지 목적" 목록은 한정적이지 아니하다.

[TEXT IN SPANISH – TEXTE EN ESPAGNOL]

ACUERDO
ENTRE
EL GOBIERNO DE LA REPÚBLICA DE COREA
Y
EL GOBIERNO DE LA REPUBLICA ORIENTAL DEL URUGUAY EN MATERIA DE PROMOCIÓN Y PROTECCIÓN DE INVERSIONES

El Gobierno de la República de Corea y el Gobierno de la República Oriental del Uruguay (en adelante las "Partes Contratantes"),

Deseando crear condiciones favorables para incrementar las inversiones de inversores de una Parte Contratante en el territorio de la otra Parte Contratante, sobre la base de principios de igualdad y beneficio mutuo,

Reconociendo que la promoción y protección de inversiones basadas en el presente Acuerdo contribuirán a estimular las iniciativas comerciales individuales e incrementar la prosperidad de ambos Estados,

Deseando lograr estos objetivos de forma consistente con la protección de la salud, seguridad y medio ambiente y la promoción de la protección al consumidor y de los derechos laborales reconocidos internacionalmente,

Han acordado lo siguiente:

Artículo 1
Definiciones

A los efectos del presente Acuerdo:

1. "inversiones" significa todo tipo de activo en el territorio de una Parte Contratante, de propiedad de o controlado en forma directa o indirecta por un inversor de la otra Parte Contratante, en el entendido de que dicha inversión haya sido realizada de acuerdo con las leyes y reglamentaciones de la primera Parte Contratante, y en particular, aunque no de forma exclusiva, incluirá lo siguiente:

(a) una empresa (persona jurídica o de otro tipo constituida u organizada al amparo de las leyes aplicables de la Parte Contratante receptora, con o sin fines de lucro, privada, de propiedad gubernamental o controlada por el gobierno, e incluye compañías, fideicomisos, sociedades, unipersonales, sucursales, joint-ventures, asociaciones u organizaciones);

(b) cualquier otro bien tangible, intangible, mueble o inmueble, y cualquier derecho vinculado a la propiedad, tales como hipotecas, garantías reales, arrendamientos o prendas;

(c) participación, acciones y otras formas de participación equitativa en una sociedad, o cualquier empresa comercial, y los derechos o intereses resultantes de las mismas;

(d) títulos de deuda, obligaciones, préstamos y otras formas de deuda, y derechos o intereses resultantes de los mismos;

(e) reclamos por concepto de dinero o de cualquier otra obligación contractual con valor económico;

(f) derechos de propiedad intelectual incluidos los derechos relacionados con autoría, patentes, marcas registradas, nombres registrados, diseños industriales, procesos técnicos, secretos comerciales y conocimientos técnicos (know-how), y derechos de llave;

(g) cualquier derecho contractual incluidos los contratos de derecho de llave, construcción, administración, producción o de ganancias compartidas;

(h) concesiones comerciales con valor económico conferidas por ley o por contrato, incluidas las concesiones para buscar, cultivar, extraer o explotar recursos naturales.

Para mayor certeza, a los efectos de ser considerado inversión, un activo debe reunir las características de una inversión, tales como el compromiso de capital u otros recursos, la esperanza de o resultados, o la asunción de riesgo. La participación en el mercado, los beneficios esperados y las oportunidades de obtener ganancias, en sí mismos, no son inversiones.

2. "ganancias" significa los montos producidos por inversiones y, específicamente, aunque no con carácter excluyente, ganancias, intereses, ganancias de capital, dividendos, regalías y todo tipo de pago;

3. "inversor" significa toda persona física o jurídica de una de las Partes Contratantes que invierte en el territorio de la otra Parte Contratante,

(a) "personas físicas" significa personas físicas nacionales de la Parte Contratante mencionada en primer lugar, conforme a sus leyes, en el entendido de que una persona física con doble nacionalidad se considerará exclusivamente nacional del Estado de su nacionalidad efectiva y predominante ,y

(b) "personas jurídicas" significa cualquier entidad tal como compañías, instituciones públicas, autoridades, fundaciones, asociaciones, empresas, establecimientos, organizaciones, corporaciones o asociaciones creadas o constituidas de acuerdo con las leyes y reglamentaciones de la Parte Contratante mencionada en primer lugar;

4. "territorio" significa el territorio de la República de Corea o el territorio de la República Oriental del Uruguay, respectivamente, así como las áreas marítimas, incluidos el lecho marino y el subsuelo adyacente al límite exterior del mar territorial sobre el cual el Estado de que se trate ejerce, de conformidad con las leyes internacionales, sus derechos soberanos o jurisdicción con el propósito de explorar y explotar los recursos naturales de tales áreas; y

5. "moneda de libre circulación" significa las monedas que el Fondo Monetario Internacional de tanto en tanto determine que son de libre circulación, de conformidad con los Estatutos de dicha institución, y sus enmiendas posteriores.

Artículo 2
Promoción y protección de inversiones

1. Cada Parte Contratante fomentará y creará las condiciones favorables para que los inversores de la otra Parte Contratante realicen inversiones en su territorio y aceptará tales inversiones de acuerdo con sus propias leyes y reglamentaciones.

2. Cada Parte Contratante otorgará a las inversiones de un inversor de la otra Parte Contratante un trato conforme al derecho internacional consuetudinario, el que incluirá un trato justo y equitativo y total protección y seguridad.

3. Para mayor certeza, el párrafo 2 establece un nivel mínimo de trato conforme al derecho consuetudinario internacional a ser otorgado a los extranjeros así como un nivel mínimo de trato a ser otorgado a las inversiones de un inversor de la otra Parte Contratante. . Los conceptos de "trato justo y equitativo" y "total protección y seguridad" no requieren un trato adicional o superior al requerido para dicho nivel, y no crean derechos sustantivos adicionales. La obligación establecida en el párrafo 2 de otorgar:

(a) "trato justo y equitativo" incluye la obligación de no denegar justicia en procesos penales, civiles o administrativos de conformidad con el principio del proceso debido incorporado en los principales sistemas legales del mundo; y

(b) "total protección y seguridad" requiere a cada Parte proporcionar el nivel de protección policial requerido por el derecho internacional consuetudinario.

4. La determinación de que se ha violado otra disposición del presente Acuerdo , o de un convenio internacional, no significa que se ha violado el presente Artículo

5. Ninguna de las Partes Contratantes tomará medidas irrazonables o discriminatorias contra la gestión, mantenimiento, uso, goce y disposición de las inversiones por parte de los inversores de la otra Parte Contratante, ni impondrá medidas irrazonables o discriminatoriaa sobre las inversiones de los inversores de la otra Parte Contratante relativas a contenido local, transferencia de tecnología o requisitos para la exportación.

Artículo 3
Tratamiento de las inversiones

1. Dentro de su territorio, cada Parte Contratante otorgará a las inversiones realizadas de conformidad con sus leyes y reglamentaciones por inversores de la otra Parte Contratante en lo que refiere a la gestión, mantenimiento, uso, goce o disposición de sus inversiones, un trato no menos favorable que el que otorga en similares circunstancias a las inversiones de sus propios inversores (en adelante "trato nacional") o a las inversiones realizadas por inversores de terceros países (en adelante trato de nación más favorecida) , el que sea más favorable.

2. Dentro de su territorio, cada Parte Contratante otorgará a los inversores de la otra Parte Contratante, en lo que refiere a la gestión, mantenimiento, uso, goce o disposición de sus inversiones, un tratamiento no menos favorable que el que otorga en similares circunstancias a sus propios inversores (trato nacional) o a inversores de terceros países (trato de nación más favorecida) , el que sea más favorable.

3. El grado de trato nacional previsto por los párrafos 1 y 2 del presente Artículo significa, con respecto a un gobierno subnacional, un trato no menos favorable que el trato más favorable otorgado en iguales circunstancias por dicho gobierno subnacional a los inversores, y a las inversiones de los inversores, de la Parte de la cual sea integrante.

4. El trato nacional y el trato de nación más favorecida previstos por los párrafos 1 y 2 que anteceden no se aplicarán a:

(a) compras gubernamentales; o

(b) subsidios o concesiones otorgados por una Parte, incluidos garantías, seguros y préstamos con respaldo gubernamental ; o

(c) medidas impositivas

5. El tratamiento de nación más favorecida previsto por los párrafos 1 y 2 no guarda relación con los privilegios que cualquiera de las Partes Contratantes otorgue a los inversores de terceros Estados, en virtud de su participación o asociación actual o futura con uniones aduaneras o económicas, mercados comunes o áreas de libre comercio, o acuerdos internacionales similares.

Artículo 4
Compensaciones por pérdidas

1. Los inversores de una de las Partes Contratantes cuyas inversiones sufran pérdidas debido a situaciones de guerra u otros conflictos armados, así como a estados de emergencia nacional, revueltas, actos de insurrección, motines u otras situaciones similares dentro del territorio de la otra Parte Contratante, recibirán, de la última Parte Contratante, en lo que refiere a la restitución, indemnización, compensación u otras formas de liquidación, un tratamiento no menos favorable que el que dicha Parte Contratante otorga a sus propios inversores o a los inversores de terceros Estados.

2. Sin perjuicio de lo establecido en el párrafo 1 del presente Artículo, los inversores de una Parte Contratante que, en cualquiera de las situaciones mencionadas en dicho párrafo, sufran pérdidas dentro del territorio de la otra Parte Contratante como consecuencia de:

(a) la requisa de sus bienes por parte de las fuerzas o autoridades de la Parte Contratante mencionada en último lugar, o
(b) la destrucción de sus bienes por parte de las fuerzas o autoridades de la Parte Contratante mencionada en ultimo lugar, no como consecuencia de acciones de combate ni por las necesidades de la situación,

tendrán derecho a la restitución o compensación, o ambas, según corresponda, por concepto de dicha pérdida. Tales compensaciones se realizarán de forma inmediata, adecuada y efectiva de acuerdo con lo dispuesto por el Artículo 5, mutatis mutandi.

Artículo 5

Expropiación [1]

1. Las inversiones de inversores de una Parte Contratante no serán nacionalizadas, expropiadas (en adelante "expropiación directa") o sujetas de otro modo a ninguna otra medida con efecto equivalente a la nacionalización o expropiación (en adelante "expropiación indirecta") en el territorio de la otra Parte Contratante, salvo cuando se trate de fines públicos y contra compensación inmediata, adecuada y efectiva. Una acción o serie de acciones no constituirá una expropiación a menos que interfiera con un derecho de propiedad tangible o intangible. La expropiación deberá realizarse sin discriminación y conforme al debido proceso legal

2. Tales compensaciones ascenderán al justo valor de mercado de las inversiones expropiadas correspondiente a la primera de las siguientes instancias: el momento inmediatamente anterior a la expropiación, o el momento inmediatamente anterior a que la inminente expropiación sea de conocimiento público. Dichas compensaciones incluirán intereses a la tasa comercial aplicable a partir de la fecha de expropiación hasta la fecha de pago, y se realizarán sin demora injustificada. Asimismo serán efectivamente realizables y libremente transferibles y libremente convertibles en la moneda de libre circulación de los inversores involucrados, y en monedas de libre uso conforme la definición dada en los Estatutos del Fondo Monetario Internacional

3. Los inversores de una Parte Contratante quienes hayan sufrido expropiación tendrán derecho a una pronta revisión de su caso por parte de autoridades judiciales u otras autoridades independientes de la otra Parte Contratante, y a la tasación de sus inversiones conforme a los principios establecidos en el presente Artículo.

Artículo 6

Transferencias

1. Cada una de las Partes Contratantes garantizará a los inversores de la otra Parte Contratante la libre transferencia de todos los pagos relacionadas con las inversiones dentro y fuera de su territorio. Tales transferencias incluirán, específicamente, entre otros:

(a) el capital inicial y los montos adicionales para mantener o aumentar la inversión;

(b) ganancias;

(c) pagos efectuados en virtud de un contrato, incluidos contratos de préstamo;

---

[1] El Artículo 5 se interpretará de conformidad con el Anexo.

(d) el producido de la venta o la liquidación total o parcial de las inversiones;

(e) pagos efectuados conforme a los Artículos 4 y 5;

(f) pagos resultantes de la solución de una controversia; y

(g) ingresos y otras remuneraciones del personal contratado del exterior vinculado con una inversión.

2. Todas las transferencias que se realicen conforme al presente Acuerdo se efectuarán en moneda de libre circulación, sin restricciones o retrasos injustificados, a la tasa de cambio del mercado prevalente a la fecha de la transferencia.

3. Sin perjuicio de lo dispuesto en los párrafos 6.1 y 6.2 que anteceden, las Partes Contratantes podrán retrasar o impedir una transferencia mediante la aplicación equitativa, no discriminatoria y de buena fe de sus propias medidas y leyes relativas a:

(a) bancarrota, insolvencia o protección de derechos de acreedores;

(b) emisión, comercialización o negociación de valores;

(c) delitos fraudulentos o penales;

(d) reporte financiero o contabilización de transferencias en casos en que sea nec esario para colaborar con el cumplimiento de las leyes o con las autoridades de regulación financiera; o

(e) garantía de cumplimiento de órdenes o fallos de procesos judiciales o administrativos.

4. Las Partes Contratantes podrán adoptar o mantener medidas que se adecuen a los Artículos 6.1 y 6.2:

(a) en el caso de dificultades serias en la balanza de pagos y dificultades financieras externas o amenaza de las mismas; o

(b) en los casos en que, en circunstancias especiales los movimientos de capital ocasionen o exista la amenaza de que ocasionen serias dificultades para la administración macroeconómica, en particular políticas monetarias y de tipo de cambio.

5. Las medidas mencionadas en el párrafo 4 del presente Artículo:

(a) deberán ajustarse a las disposiciones de los Estatutos del Fondo Monetario Internacional;

(b) no serán discriminatorias;

(c) no excederán las medidas necesarias para atender las necesidades previstas en el párrafo 4 del presente Artículo;

(d) serán provisorias y se eliminarán tan pronto como lo permitan las circunstancias; y

(e) serán notificadas de inmediato a la otra Parte Contratante.

Artículo 7
Subrogación

Si una de las Partes Contratantes o sus representantes realizan pagos en virtud de un contrato de indemnización, garantía o seguros en relación a inversiones de un inversor en el territorio de la otra Parte Contratante, la otra Parte aceptará:

(a) la cesión de cualquier derecho o reclamo de dicho inversor a favor de la primera Parte Contratante o sus representantes; y

(b) la facultad de la primera Parte Contratante o de sus representantes a ejercer, en virtud de la subrogación, cualquiera de tales derechos o reclamos en la misma medida que los titulares anteriores.

Artículo 8
Transparencia

1. Las Partes Contratantes de inmediato publicarán, o de otra forma pondrán a conocimiento público sus leyes, reglamentaciones, procedimientos y normas administrativas y fallos judiciales de aplicación general así como convenios internacionales que puedan afectar el cumplimiento del presente Acuerdo. Cuando una Parte Contratante establece una política no prevista en forma expresa por las leyes o normas o por ningún otro medio mencionado en el presente párrafo pero que pueda afectar el cumplimiento del presente Acuerdo, la Parte Contratante las publicará o de otra forma las pondrá a conocimiento público de inmediato.

2. Las Partes Contratantes responderán de inmediato las consultas específicas y proporcionarán, cuando así se les solicite, la información a las demás Partes Contratantes relacionadas con los asuntos previstos por el Artículo 8.1

3. Nada de lo dispuesto en el presente Acuerdo impedirá a ninguna de las Partes Contratantes solicitar a un inversor de otra Parte Contratante, o a sus inversiones, que proporcionen información de rutina relacionada con dicha inversión únicamente a efectos informativos o estadísticos. Nada de lo dispuesto en el presente Acuerdo requiere que una de las Partes Contratantes proporcione o autorice el acceso a:

a) información relacionada con asuntos financieros y cuentas de clientes individuales de inversores o inversiones particulares, o

b) información confidencial o patentada, incluida la información relativa a inversores o inversiones particulares, cuya divulgación púdiera impedir el cumplimiento de la ley o ser contraria a las leyes que protegen la confidencialidad o perjudicar los intereses comerciales legítimos de una empresa privada.

Artículo 9
Ingreso y estadía del personal

Sujeto a sus leyes y reglamentaciones relacionadas con el ingreso y estadía de extranjeros, una Parte Contratante permitirá que personas físicas inversoras de la otra Parte Contratante y el personal contratado por compañías de dicha otra Parte Contratante ingresen y permanezcan en su territorio a los efectos de realizar actividades relacionadas con inversiones.

Artículo 10
Solución de Controversias entre las Partes Contratantes

1. Las controversias entre las Partes Contratantes relacionadas con la interpretación o aplicación del presente Acuerdo, se resolverán, siempre que sea posible, mediante consultas a través de la vía diplomática.

2. En caso que alguna controversia no pueda ser resuelta en un plazo de seis (6) meses, a solicitud de cualquiera de las Partes Contratantes, la misma será sometida ante un Tribunal Arbitral ad hoc de conformidad con las disposiciones del presente Artículo.

3. Dicho Tribunal Arbitral se constituirá para cada caso en particular de la siguiente forma: dentro de los dos (2) meses a partir de la fecha de la recepción de la solicitud para el arbitraje, cada Parte Contratante designará un miembro del Tribunal. Estos dos miembros elegirán un nacional de un tercer Estado, quien con la aprobación de las dos Partes Contratantes serán designado Presidente del Tribunal. El Presidente del Tribunal será designado dentro de los dos (2) meses siguientes a la fecha de la designación de los otros dos miembros.

4. Si las designaciones necesarias no se hubieren realizado dentro de los períodos establecidos en el párrafo 3 que antecede, cualquiera de las Partes Contratantes podrá solicitar al Presidente de la Corte Internacional de Justicia que realice tales designaciones. Si dicho Presiente fuera un nacional de cualquiera de las Partes Contratantes, o estuviere impedido de ejercer tal función por algún otro motivo, se solicitará al Vicepresidente que efectúe tales designaciones. Si el Vicepresidente también fuera nacional de cualquiera de las Partes Contratantes, o estuviere impedido

de ejercer tal función por algún otro motivo, se solicitará al integrante de la Corte Internacional de Justicia que le siga en jerarquía y que no sea nacional de ninguna de las Partes Contratantes que realice las designaciones.

5. El Tribunal Arbitral tomará las decisiones por mayoría de votos. Dicha decisión será obligatoria para ambas Partes Contratantes.

6. El Tribunal Arbitral determinará su propio procedimiento.

7. Cada Parte Contratante correrá con los costos de su propio árbitro y los originados por su representación en las actuaciones arbitrales. Los costos correspondientes al Presidente del Tribunal Arbitral y cualquier otro gasto resultante serán compartidos en partes iguales por ambas Partes Contratantes. El Tribunal Arbitral determinará su propio procedimiento. No obstante, el Tribunal podrá en su fallo disponer que una mayor proporción de los costos sea de cargo de una de las dos Partes Contratantes.

Artículo 11
Solución de Controversias en Materia de Inversiones entre una Parte Contratante y un Inversor de la otra Parte Contratante.

1. El presente Artículo se aplica a las controversias entre una Parte Contratante y un inversor de la otra Parte Contratante relacionadas con el presunto incumplimiento de una obligación de la primera Parte Contratante del presente Acuerdo que ocasiona daños o pérdidas al inversor o a la inversión.

2. Dicha diferencia debería ser resuelta, dentro de lo posible, mediante negociaciones o consultas. En caso que no se resuelva dentro de los seis (6) meses siguientes a la fecha en la cual fuera presentada por cualquiera de las Partes, el inversor podrá optar por someterla a resolución:

(a) ante cualquier corte o tribunal administrativo competente de la Parte Contratante del diferendo;

(b) de acuerdo con cualquier procedimiento de solución de controversias convenido con anterioridad al surgimiento de la misma;

(c) mediante arbitraje de conformidad con el presente Artículo al amparo de:

i) Convenio sobre Solución de Controversias Relativas a Inversiones entre Estados y Nacionales de otros Estados (Convenio CIADI), si dicho Convenio está disponible;

ii) las Reglamentaciones del Servicio Adicional del Centro para Solución de Controversias en materia de Inversiones ("Centro Adicional CIADI"), si el mismo está disponible;

iii) el Reglamento de Arbitraje de UNCITRAL (Comisión de las Naciones Unidas para el Derecho Mercantil Internacional), o

iv) de ser acordado por ambas partes del diferendo, de cualquier otro instituto de arbitraje o conforme a cualquier otra reglamentación arbitral.

3. Por el presente, las Partes Contratantes aceptan someter una controversia a arbitraje internacional de acuerdo con los procedimientos establecidos en el presente Acuerdo. El consentimiento y el sometimiento de una demanda a arbitraje conforme al presente artículo cumplirá con los requisitos previstos en los siguientes documentos:

(a) el Capítulo II del Convenio CIADI (Jurisdicción del Centro) y las Normas del Servicio Adicional del CIADI respecto del consentimiento escrito de las Partes del diferendo; y

(b) Artículo II de la Convención de Nueva York para un "acuerdo por escrito".

4. El consentimiento previsto por el párrafo 3 se aplicará únicamente si:

(a) el inversor renuncia por escrito al derecho de iniciar otra acción tendiente a la solución de controversias respecto al mismo diferendo y desiste de cualquiera de tales acciones ya iniciadas antes de su conclusión, si el inversor presenta el reclamo a arbitraje por sí mismo.

(b) el inversor y la inversión renuncian por escrito al derecho de iniciar cualquier otra acción tendiente a la solución de controversias con relación a la misma controversia, y desisten de cualquiera de tales acciones ya iniciadas antes de su conclusión, si el inversor presenta el reclamo a arbitraje mediante una persona jurídica de la Parte Contratante del diferendo cuya propiedad, control directo o indirecto correspondan al inversor.

5. La solicitud efectuada por una de las partes del diferendo sometido a arbitraje conforme al presente Artículo con el fin de obtener una compensación provisoria que no incluya el pago de daños y perjuicios, de parte de los tribunales judiciales o administrativos, a los efectos de preservar sus derechos e intereses en tanto se resuelve dicha controversia, no signifca que se esté ante el caso previsto por el párrafo 4, en cuanto se refiere a la limitación del consentimiento de una Parte Contrantante, y la causa podrá ser sometida a arbitraje conforme a las disposiciones del párrafo 2(c).

6. Las controversias podrán ser sometidas a arbitraje noventa días después de la fecha en que la notificación correspondiente es recibida por la Parte Contratante del diferendo, pero no después de transcurridos tres años de la fecha en que el inversor tomó

conocimiento por primera vez o debió tomar conocimiento de los hechos que dieron origen a la disputa. La notificación mencionada especificará:

(a) el nombre y la dirección del inversor e inversión que participan del diferendo.

(b) las disposiciones del presente acuerdo supuestamente violadas y cualquier otra disposición relacionada;

(c) los asuntos y fundamentos del reclamo;

(d) la reparación solicitada, incluido el monto aproximado de cualquiera de los daños reclamados.

7. A menos que las partes del diferendo acuerden lo contrario, el tribunal estará integrado por tres árbitros, cada parte designará un árbitro y el tercero, quien presidirá el tribunal, será designado por ambas partes de común acuerdo. Si el tribunal no fuera constituido dentro de los 75 días siguientes a la fecha en que la demanda es sometida al arbitraje conforme al presente Artículo, el Secretario General del CIADI , a solicitud de una de las partes, designará, a su discreción, el o los árbitros que no hayan sido nombrados. El Secretario General del CIADI no designará un nacional de ninguna de las Partes en calidad de presidente.

8. Las partes del diferendo podrán acordar la sede del arbitraje de conformidad con las normas de arbitraje aplicables previstas por el párrafo 2 (c). Si no llegaran a un acuerdo, el tribunal determinará el lugar de conformidad con las normas de arbitraje aplicables, en el entendido de que los lugares deben estar ubicados en el territorio de un Estado parte de la Convención de Nueva York.

9. Las Partes Contratantes no afirmarán como defensa, reconvención, derecho de compensación ni por cualquier otro motivo, que la indemnización u otra compensación por la totalidad o parte de los presuntos daños ha sido recibida o será recibida conforme a un contrato de garantía, indemnización o seguro.

10. El laudo del Tribunal Arbitral establecerá los argumentos de hecho y de derecho junto con las razones que motivan su decisión y el Tribunal podrá, a solicitud de una de las partes, establecer las siguientes formas de reparación:

(a) una declaración de que la Parte Contratante no ha cumplido con sus obligaciones previstas en el presente Acuerdo;

(b) una compensación pecuniaria, con los intereses devengados desde el momento en que se produce la pérdida o daño hasta que se efectúa el pago;

(c) restitución en especie cuando corresponda, en el entendido de que la Parte Contratante puede abonar una compensación pecuniaria en lugar de la restitución en especie cuando ésta no es posible de realizar; y

(d) cualquier otra forma de reparación, determinada de común acuerdo entre las Partes.

11. Los laudos arbitrales serán definitivos y vinculantes para las partes del diferendo. Cada Parte Contratante, en su territorio, tomará las medidas necesarias para el acatamiento del laudo conforme al presente Artículo y cumplirá sin demora lo dispuesto en el laudo resultante del procedimiento del cual sea parte.

Artículo 12
Aplicación de otras Normas

1. Si las leyes y reglamentaciones de cualquiera de las Partes Contratantes o las obligaciones que emanan del derecho internacional vigentes actualmente o a ser establecidas en el futuro entre las partes Contratantes además del presente Acuerdo contienen disposiciones, tanto generales como específicas, que otorgan a las inversiones por parte de inversores de la otra Parte Contratante un trato más favorable que el conferido por el presente Acuerdo, tales disposiciones, en la medida en que sean más favorables, prevalecerán sobre el mismo.

2. Las Partes Contratantes observrán las disposiciones del presente Acuerdo así como las de cualquier otro acuerdo específico de inversiones vigente celebrado entre una autoridad gubernamental a nivel central de una de las Partes y los inversores de la otra Parte Contratante.

Artículo 13
Aplicación del Acuerdo

1. El Acuerdo se aplicará a todas las inversiones existentes a la fecha de entrada en vigor del mismo así como a las inversiones efectuadas o adquiridas en fecha posterior.

2. El Acuerdo no se aplicará a los reclamos que resulten de hechos que hayan tenido lugar o que hayan sido liquidados previo a la entrada en vigor del mismo-

Artículo 14
Denegación de Beneficios

1. Una Parte podrá denegar los beneficios del presente Acuerdo a un inversor de la otra Parte que sea una persona jurídica de la misma y a las inversiones de dicho inversor si dicha persona jurídica es de propiedad o está bajo el control de terceras partes y la Parte que deniega los beneficios adopta o mantiene medidas relacionadas

con dichos terceros o una persona de los mismos que prohiben la realización de transacciones con la persona jurídica o que pudieran ser violadas o interpretadas a su propia conveniencia si los beneficios del presente Acuerdo fueran atribuidos a la persona jurídica o a sus inversiones.

2. Sujeto a la previa notificación y consulta, una Parte puede denegar los beneficios del presente Acuerdo a un inversor de la otra Parte que sea una persona jurídica de la misma y a las Inversiones de dicho inversor si la persona jurídica no tiene actividades comerciales significativas en el territorio de la otra Parte y las personas de terceras partes, o de la parte que deniega los beneficios tienen la propiedad o el control de la persona jurídica.

Artículo 15
Excepciones por razones de Seguridad

No se entenderá que ninguna de las disposiciones del presente Acuerdo:

(a) requiere a una Parte suministrar información, cuya divulgación es considerada por dicha parte esencial a los efectos de seguridad; o

(b) impide a una Parte tomar las medidas que considere necesarias a los efectos de proteger sus intereses de seguridad esenciales; o

(c) impide a una Parte actuar de conformidad con sus obligaciones previstas por la Carta de las Naciones Unidas para el mantenimiento de la paz y seguridad internacionales.

Artículo 16
Vigencia, Duración y Finalización

1. El presente Acuerdo entrará en vigor treinta (30) después de la fecha en que cada una de las Partes Contratantes notifique a la otra, por escrito, que se han cumplido los requisitos legales respectivos en relación con la entrada en vigencia del presente Acuerdo.

2. El presente Acuerdo permanecerá en vigor durante diez (10) años y a partir de entonces, seguirá vigente en forma indefinida, a menos que alguna de las Partes Contratantes notifique a la otra, por escrito con un año de antelación su intención de rescindirlo.

3. En lo que respecta a las inversiones realizadas con antelación a la rescisión del presente Acuerdo, las disposiciones de los Artículos 1 a 15 continuarán en vigencia por un período adicional de diez (10) años a partir de la fecha de rescisión.

4. El Acuerdo podrá ser revisado con el mutuo consentimiento de las Partes Contratantes. Toda revisión o terminación del mismo se realizará sin perjuicio de los derechos u obligaciones devengados o asumidos en virtud del presente Acuerdo, con anterioridad a la fecha de vigencia de la revisión o terminación .

EN FE DE ELLO, los abajo firmantes, debidamente autorizados por sus Gobiernos respectivos, suscriben el presente Acuerdo.

OTORGADO en duplicado en Montevideo el primer día del mes de octubre de 2009, en idiomas coreano, español e inglés, siendo todos los textos igualmente auténticos. En caso de discrepancia en la interpretación, prevalecerá la versión redactada en idioma inglés.

Por el Gobierno de la
República de Corea

Por el Gobierno de la
República Oriental del Uruguay

ANEXO

EXPROPIACIÓN

Las Partes confirman que comparten los siguientes criterios:

1. Una acción o serie de acciones realizadas por una Parte no constituye una expropiación a menos que interfiera con un derecho de propiedad tangible o intangible respecto de una inversión.
2. El Artículo 5 se refiere a dos situaciones. La primera es la expropiación directa, donde una inversión es nacionalizada o de otra forma expropiada directamente mediante la transferencia del título o confiscación total.
3. La segunda situación a la que refiere el Artículo 5 es la expropiación indirecta, donde una acción o serie de acciones de una Parte tiene un efecto equivalente a la expropiación directa sin la transferencia formal del título o confiscación total.

   (a) La determinación de si una acción o serie de acciones, en una situación en particular, constituye una expropiación indirecta, requiere una análisis caso a caso, en base a hechos concretos donde se consideren todos los factores relevantes relacionados con la inversión, incluidos los siguientes:

   (i) el impacto económico de la acción gubernamental, aun cuando el hecho que una acción o serie de acciones de una Parte tenga un efecto negativo sobre el valor económico de la inversión, por sí solo, no determina que ha ocurrido una expropiación indirecta.

   (ii) la medida en la cual la acción gubernamental interfiere con las espectativas razonables y particulares de la inversión [2]; y

   (iii) el carácter de la acción gubernamental, incluidos los objetivos y el contexto. Las consideraciones pertinentes podrían incluir si la acción gubernamental impone un sacrificio especial a un inversor o inversión en particular que exceda lo que se debería esperar que un inversor o una inversión soporten en bien del interés público.

   (b) Salvo en casos especiales, tales como, por ejemplo, cuandl una acción o serie de acciones resultan extremadamente serveras o desporporcionadas a las luz de su objetivo o efecto, las acciones regulatorias no discriminatorias de una Parte diseñadas o aplicadas para proteger los objetivos legítimos del bien público, tales como salud pública, seguridad, el medio ambiente, estabilización de los precios de bienes inmuebles (a través, por ejemplo de medidas que mejoren las

[2] Para mayor certeza, si las expectativas de la inversión del inversor son razonables depende en parte de la naturaleza y alcance de la reglamentación gubernamental en el sector correspondiente. Por ejemplo, las expectativas de un inversor de que las reglamentacions no serán modificadas parecerían menos razonables en un sector más rígidamente reglamentado que en uno menos rígidamente reglamentado.

inmuebles (a través, por ejemplo de medidas que mejoren las condiciones de vivienda para los hogares de bajos ingresos) no constituyen expropiaciones indirectas[3]

[3] Para mayor certeza, la lista de "objetivos legítimos del bien público" en el literal (b) no es exhaustiva.

[TRANSLATION – TRADUCTION]

ACCORD ENTRE LE GOUVERNEMENT DE LA RÉPUBLIQUE DE CORÉE ET LE GOUVERNEMENT DE LA RÉPUBLIQUE ORIENTALE DE L'URUGUAY RELATIF À LA PROMOTION ET À LA PROTECTION DES INVESTISSEMENTS

Le Gouvernement de la République de Corée et le Gouvernement de la République orientale de l'Uruguay (ci-après dénommés « Parties contractantes »),

Désireux de créer des conditions favorables à l'accroissement des investissements effectués par des investisseurs d'une Partie contractante sur le territoire de l'autre Partie contractante, fondées sur les principes d'égalité et d'avantage mutuel,

Reconnaissant que la promotion et la protection de ces investissements, sur la base du présent Accord, sont de nature à stimuler les initiatives commerciales individuelles et à accroître la prospérité dans les deux États,

Désireux d'atteindre ces objectifs d'une manière compatible avec la protection de la santé, de la sécurité et de l'environnement, ainsi qu'avec la promotion de la protection des consommateurs et des droits du travail internationalement reconnus,

Sont convenus de ce qui suit :

Article premier. Définitions

Aux fins du présent Accord :

1. Le terme « investissement » désigne tout type d'actifs sur le territoire d'une Partie contractante, détenu ou contrôlé directement ou indirectement, par un investisseur de l'autre Partie contractante, à condition que l'investissement ait été effectué conformément aux lois et règlements de la première Partie contractante, y compris, sans toutefois s'y limiter :

a) Une entreprise (qu'il s'agisse d'une personne morale ou de toute autre entité constituée ou organisée en vertu du droit applicable de la Partie contractante d'accueil, qu'elle soit ou non à but lucratif et qu'elle soit détenue ou contrôlée par le secteur privé ou le secteur public, y compris les sociétés, fiducies, partenariats, entreprises individuelles, succursales, coentreprises, associations ou organisations) ;

b) Tout autre bien corporel, incorporel, meuble ou immeuble, ainsi que tous les droits de propriété connexes tels que les hypothèques, les droits de préférence, les baux ou les nantissements ;

c) Les actions, titres et autres formes de participation au capital de sociétés et les droits ou intérêts qui en découlent ;

d) Les obligations garanties ou non garanties, les prêts et autres formes de dettes, ainsi que les droits ou intérêts qui en découlent ;

e) Les créances pécuniaires ou relatives à toute prestation contractuelle ayant une valeur économique ;

f) Les droits de propriété intellectuelle, y compris les droits relatifs aux droits d'auteur, aux brevets, aux marques de fabrique, aux marques commerciales, aux dessins industriels, aux procédés techniques, aux secrets commerciaux, au savoir-faire et à la survaleur ;

g) Tout droit découlant d'un contrat, y compris les contrats clés en main, les contrats de construction, de gestion, de production ou de partage des recettes ; et

h) Les concessions commerciales ayant une valeur économique accordées par la loi ou au titre d'un contrat, y compris les concessions relatives à la prospection, à la culture, à l'extraction ou à l'exploitation de ressources naturelles.

Il est entendu que pour être qualifié d'investissement, un actif doit présenter les caractéristiques d'un investissement, telles que l'engagement de capitaux ou d'autres ressources, l'attente d'un gain ou d'un profit, ou l'acceptation des risques. Les parts de marché, l'accès aux marchés, les gains escomptés et les possibilités de faire des bénéfices ne sont pas, en soi, des investissements ;

2. Le terme « rendement » désigne les montants provenant des investissements et notamment, sans toutefois s'y limiter, les bénéfices, les intérêts, les gains en capital, les dividendes, les redevances et les commissions de tous types ;

3. Le terme « investisseur » désigne toute personne physique ou morale relevant d'une Partie contractante qui effectue des investissements sur le territoire de l'autre Partie contractante :

a) L'expression « personne physique » désigne les personnes physiques possédant la nationalité de la première Partie contractante conformément à la législation de celle-ci, à condition toutefois qu'une personne physique possédant une double nationalité soit considérée exclusivement comme un ressortissant de l'État de sa nationalité dominante et effective ; et

b) L'expression « personne morale » désigne toute entité, telle que les sociétés, institutions publiques, autorités, fondations, sociétés de personnes, firmes, établissements, organisations, sociétés ou associations, établie ou constituée conformément aux lois et règlements de la première Partie contractante ;

4. Le terme « territoire » désigne respectivement le territoire de la République de Corée ou le territoire de la République orientale de l'Uruguay, ainsi que les zones maritimes, y compris les fonds marins et leur sous-sol, adjacentes à la limite extérieure des eaux territoriales, sur lesquelles l'État concerné exerce, conformément au droit international, des droits souverains ou sa juridiction à des fins d'exploration et d'exploitation des ressources naturelles de ces zones ; et

5. L'expression « monnaie librement utilisable » désigne les monnaies que le Fonds monétaire international détermine, de temps à autre, comme étant des monnaies librement utilisables conformément aux Statuts du Fonds monétaire international et à leurs modifications ultérieures.

Article 2. Promotion et protection des investissements

1. Chaque Partie contractante encourage les investisseurs de l'autre Partie contractante à effectuer des investissements sur son territoire, crée les conditions favorables à cet effet et admet ces investissements conformément à ses lois et règlements.

2. Chaque Partie contractante accorde aux investissements d'un investisseur de l'autre Partie contractante un traitement conforme au droit international coutumier, y compris un traitement juste et équitable et une pleine sécurité et protection.

3. Il est entendu que le paragraphe 2 prescrit la norme minimale de traitement des étrangers prévue par le droit international coutumier comme norme minimale de traitement à accorder aux investissements d'un investisseur de l'autre Partie contractante. Les concepts de « traitement juste et équitable » et de « pleine sécurité et protection » n'exigent pas un traitement supplémentaire à, ou allant au-delà de celui requis par cette norme, et ne créent pas de droits substantiels supplémentaires. L'obligation prévue au paragraphe 2 de fournir :

a) Un « traitement juste et équitable » comprend l'obligation de ne pas refuser de rendre justice dans les procédures juridictionnelles pénales, civiles ou administratives, conformément au principe de garantie d'une procédure régulière consacré par les principaux systèmes juridiques du monde ; et

b) La « pleine sécurité et protection » exige que chaque Partie fournisse le niveau de protection policière requis par le droit international coutumier.

4. L'établissement de la violation d'une autre disposition du présent Accord ou d'un accord international distinct n'établit pas qu'il y a eu violation du présent article.

5. Aucune des Parties contractantes ne prend de mesures déraisonnables ou discriminatoires contraires à la gestion, à la conservation, à l'utilisation, à la jouissance et à la cession des investissements par les investisseurs de l'autre Partie contractante, ni n'impose de mesures déraisonnables ou discriminatoires aux investissements des investisseurs de l'autre Partie contractante concernant la teneur en éléments d'origine locale, le transfert de technologie ou les exigences en matière de résultats à l'exportation.

Article 3. Traitement de l'investissement

1. Chaque Partie contractante accorde sur son territoire aux investissements effectués conformément à ses lois et règlements par des investisseurs de l'autre Partie contractante, en ce qui concerne la gestion, la conservation, l'usage, la jouissance ou la cession de leurs investissements, un traitement non moins favorable que celui qu'elle accorde dans des circonstances analogues aux investissements de ses propres investisseurs (ci-après dénommé « traitement national ») ou aux investissements des investisseurs d'un État tiers (ci-après dénommé « régime de la nation la plus favorisée »), le traitement le plus favorable étant retenu.

2. Chaque Partie contractante accorde sur son territoire aux investisseurs de l'autre Partie contractante, en ce qui concerne la gestion, la conservation, l'usage, la jouissance ou la cession de leurs investissements, un traitement non moins favorable que celui qu'elle accorde dans des circonstances analogues à ses propres investisseurs (traitement national) ou aux investisseurs d'un État tiers (régime de la nation la plus favorisée), le traitement le plus favorable étant retenu.

3. La norme du traitement national prévue aux paragraphes 1 et 2 signifie, à l'égard d'un gouvernement infranational, un traitement non moins favorable que le traitement le plus favorable accordé dans des circonstances analogues par le gouvernement infranational de la Partie contractante dont il fait partie, aux investisseurs ainsi qu'à leurs investissements.

4. Le traitement national et le régime de la nation la plus favorisée prévus aux paragraphes 1 et 2 ne s'appliquent pas :

a) Aux marchés publics ;

b) Aux subventions ou aux dons fournis par une Partie contractante, y compris les prêts, les garanties et les assurances bénéficiant d'un soutien public ; ou

c) Aux mesures fiscales.

5. Le régime de la nation la plus favorisée prévu aux paragraphes 1 et 2 ne concerne pas les privilèges que l'une des Parties contractantes accorde aux investisseurs d'États tiers en raison de son appartenance ou de son association, actuelle ou future, à une union douanière ou économique, à un marché commun ou à une zone de libre-échange ou à un accord international similaire.

Article 4. Indemnisation des pertes

1. Les investisseurs d'une Partie contractante dont les investissements subissent des pertes du fait d'une guerre ou d'un autre conflit armé, d'un état d'urgence national, d'une révolte, d'une insurrection, d'une émeute ou d'une situation analogue sur le territoire de l'autre Partie contractante se voient accorder par cette autre Partie contractante un traitement non moins favorable que celui qu'elle accorde à ses propres investisseurs ou à ceux d'un État tiers, en ce qui concerne la restitution, l'indemnisation, la réparation ou tout autre règlement.

2. Sans préjudice des dispositions du paragraphe 1 du présent article, les investisseurs d'une Partie contractante qui, dans l'une des situations visées audit paragraphe, subissent, sur le territoire de l'autre Partie contractante, des pertes causées par :

a) La réquisition de leurs biens par les forces ou les autorités de cette dernière Partie contractante ; ou

b) La destruction de leurs biens par les forces ou autorités de cette dernière Partie contractante ne résultant pas de combats ou non justifiée par la situation ;

se voient accorder une restitution, une indemnisation, ou les deux, selon le cas, pour cette perte. Toute indemnisation est prompte, adéquate et effective, conformément à l'article 5, mutatis mutandis.

Article 5. Expropriation[1]

1. Les investissements réalisés par un investisseur d'une Partie contractante ne peuvent être nationalisés, expropriés (ci-après dénommés « expropriation directe ») ou soumis à d'autres mesures ayant un effet équivalant à une nationalisation ou une expropriation (ci-après dénommées « expropriation indirecte ») sur le territoire de l'autre Partie contractante, sauf pour des raisons d'utilité publique et contre une indemnisation prompte, adéquate et effective. Une mesure ou une série de mesures d'une Partie contractante ne peuvent constituer une expropriation, à moins qu'elle ne porte atteinte à un droit de propriété corporel ou incorporel à l'égard d'un investissement. L'expropriation est effectuée sur une base non discriminatoire et dans le respect des procédures régulières.

2. L'indemnisation correspond à la juste valeur marchande qu'avaient ces investissements immédiatement avant la mesure d'expropriation ou avant la date à laquelle celle-ci a été rendue publique, selon l'événement qui survient en premier lieu ; comprend des intérêts au taux commercial applicable à partir de la date d'expropriation jusqu'à la date du paiement, et est payée sans retard injustifié. L'indemnisation est effectivement réalisable et librement transférable et elle est librement convertible dans la monnaie de la Partie contractante des investisseurs concernés,

[1] L'article 5 est interprété conformément à l'annexe.

ainsi que dans des monnaies librement utilisables telles que définies dans les Statuts du Fonds monétaire international, au taux de change du marché en vigueur à la date de l'expropriation.

3. Les investisseurs d'une Partie contractante affectés par des mesures d'expropriation ont le droit à un examen rapide de leur affaire par un organe judiciaire ou toute autre autorité indépendante de l'autre Partie contractante et à l'évaluation de leurs investissements conformément aux principes énoncés dans le présent article.

Article 6. Transferts

1. Chaque Partie contractante garantit aux investisseurs de l'autre Partie contractante le libre transfert de tous les paiements relatifs à un investissement en provenance ou à destination de son territoire. Ces transferts comprennent notamment, sans toutefois s'y limiter :

a) Le capital initial et les montants supplémentaires nécessaires au maintien ou à l'augmentation de l'investissement ;

b) Les rendements ;

c) Les paiements effectués en vertu d'un contrat, y compris un accord de prêt ;

d) Le produit de la vente ou de la liquidation de tout ou partie d'un investissement ;

e) Les paiements effectués en application des dispositions des articles 4 et 5 ;

f) Les paiements résultant du règlement d'un différend ; et

g) Les gains et autres rémunérations perçus par le personnel engagé à l'étranger en lien avec un investissement.

2. Tous les transferts réalisés en vertu du présent Accord sont effectués dans une monnaie librement utilisable, sans restrictions ni retards injustifiés, au taux de change du marché en vigueur à la date des transferts.

3. Nonobstant les dispositions des paragraphes 1 et 2 de l'article 6, une Partie contractante peut retarder ou empêcher un transfert, par l'application équitable, non discriminatoire et de bonne foi de ses mesures et lois relatives à :

a) La faillite, l'insolvabilité ou la protection des droits des créanciers ;

b) L'émission, la négociation ou le commerce des valeurs mobilières ;

c) Les infractions pénales ;

d) L'information financière ou l'inscription dans les registres des transferts lorsque cela est nécessaire pour aider les autorités chargées de l'application de la loi ou de la réglementation financière ; ou

e) L'application des ordonnances ou des jugements dans le cadre de procédures juridictionnelles.

4. Une Partie contractante peut adopter ou conserver des mesures incompatibles avec les dispositions des paragraphes 1 et 2 de l'article 6 :

a) En cas de graves difficultés au niveau de la balance des paiements, de difficultés financières extérieures ou de menace de telles difficultés ; ou

b) Dans les cas où, dans des circonstances exceptionnelles, les mouvements de capitaux causent ou risquent de causer de graves difficultés pour la gestion macroéconomique, notamment pour les politiques monétaires et les politiques de taux de change.

5. Les dispositions visées au paragraphe 4 du présent article :

a) Sont conformes aux Statuts du Fonds monétaire international ;

b) Ne sont pas discriminatoires ;

c) Ne vont pas au-delà de ce qui est nécessaire pour faire face aux circonstances décrites au paragraphe 4 du présent article ;

d) Sont temporaires et sont levées dès que les conditions le permettent ; et

e) Sont notifiées sans délai à l'autre Partie contractante.

Article 7. Subrogation

Si une Partie contractante ou son organisme désigné effectue un paiement au titre d'une indemnité, d'une garantie ou d'un contrat d'assurance accordé par rapport à un investissement d'un investisseur sur le territoire de l'autre Partie contractante, cette dernière reconnaît :

a) La cession de tout droit ou de toute créance de cet investisseur en faveur de la première Partie contractante ou de son organisme désigné ; et

b) Le droit de la première Partie contractante ou de son organisme désigné d'exercer ces droits ou de faire valoir ces créances par subrogation dans la même mesure que son prédécesseur en titre.

Article 8. Transparence

1. Chacune des Parties contractantes publie ou met à la disposition du public sans délai ses lois, règlements, procédures, décisions administratives et judiciaires d'application générale, ainsi que les accords internationaux susceptibles d'avoir une incidence sur l'exécution du présent Accord. Lorsqu'une Partie contractante établit une politique qui n'est pas exprimée dans des lois ou des règlements ou n'est pas énumérée dans le présent paragraphe, mais qui est susceptible d'avoir une incidence sur l'exécution du présent Accord, elle les publie sans délai ou les met à la disposition du public de toute autre manière.

2. Chaque Partie contractante répond rapidement aux questions spécifiques et fournit des renseignements à l'autre Partie contractante, si celle-ci en fait la demande, sur les questions visées au paragraphe 1 de l'article 8.

3. Aucune disposition du présent Accord n'empêche une Partie contractante de demander à un investisseur de l'autre Partie contractante, ou à son investissement, de fournir des renseignements courants sur cet investissement, uniquement à des fins informatives ou statistiques. Aucune disposition du présent Accord n'oblige une Partie contractante à fournir ou à permettre l'accès à :

a) Des renseignements relatifs aux affaires et aux comptes financiers de clients individuels d'investisseurs ou d'investissements particuliers ; ou

b) Des renseignements confidentiels ou exclusifs, y compris des renseignements concernant des investisseurs ou des investissements particuliers dont la divulgation ferait obstacle à l'application de la loi, serait contraire à ses lois en matière de protection de la confidentialité ou porterait préjudice aux intérêts commerciaux légitimes d'une entreprise particulière.

Article 9. Entrée et séjour du personnel

Sous réserve de ses lois et règlements relatifs à l'entrée et au séjour des étrangers, une Partie contractante permet aux personnes physiques qui sont des investisseurs de l'autre Partie contractante et au personnel employé par des sociétés de cette autre Partie contractante d'entrer sur son territoire et d'y séjourner afin d'y exercer des activités liées aux investissements.

Article 10. Règlement des différends entre les Parties contractantes

1. Les différends entre les Parties contractantes au sujet de l'interprétation ou de l'application du présent Accord sont réglés, dans la mesure du possible, par voie de consultations ou par la voie diplomatique.

2. Si un différend ne peut être ainsi réglé dans un délai de six mois, il est, à la demande de l'une ou l'autre des Parties contractantes, porté devant un tribunal arbitral spécial conformément aux dispositions du présent article.

3. Ce tribunal arbitral est constitué dans chaque cas de la manière suivante : dans les deux mois suivant la date de réception de la demande d'arbitrage, chacune des Parties contractantes nomme un membre du tribunal. Les deux membres ainsi nommés procèdent à la sélection d'un ressortissant d'un État tiers qui, après approbation des deux Parties contractantes, est nommé Président du tribunal. Le Président est nommé dans les deux mois à compter de la date de nomination des deux autres membres.

4. Si les nominations nécessaires n'ont pas eu lieu dans les délais prévus au paragraphe 3 du présent article, l'une ou l'autre des Parties contractantes peut demander au Président de la Cour internationale de Justice de procéder à ces nominations. Si le Président est un ressortissant de l'une ou l'autre des Parties contractantes ou si toute autre raison l'empêche de s'acquitter de cette fonction, il appartient au Vice-Président de procéder aux nominations nécessaires. Si le Vice-Président est un ressortissant de l'une ou l'autre des Parties contractantes ou s'il ne peut remplir cette fonction, le membre de la Cour ayant le plus d'ancienneté et qui n'est ressortissant d'aucune des deux Parties contractantes est invité à procéder aux nominations nécessaires.

5. Le tribunal arbitral statue à la majorité des voix. Ses décisions sont contraignantes pour les deux Parties contractantes.

6. Le tribunal arbitral arrête sa propre procédure.

7. Chaque Partie contractante prend à sa charge les frais de son membre du tribunal et ses frais de représentation dans les procédures arbitrales. Les frais du Président et les autres frais sont répartis également entre les Parties contractantes. Le tribunal arbitral arrête sa propre procédure. Le tribunal peut toutefois, dans sa décision, ordonner que l'une des deux Parties contractantes prenne en charge une proportion plus élevée des frais.

Article 11. Règlement des différends entre une Partie contractante et un investisseur de l'autre Partie contractante

1. Le présent article s'applique aux différends entre une Partie contractante et un investisseur de l'autre Partie contractante concernant un manquement présumé à une obligation de la première Partie contractante en vertu du présent Accord, qui cause une perte ou un dommage à l'investisseur ou à son investissement.

2. Ce différend devrait, dans la mesure du possible, être réglé par voie de négociations ou de consultations. Si le différend n'est pas ainsi réglé dans un délai de six mois à compter de la date à laquelle il a été soulevé par l'une ou l'autre des parties, l'investisseur peut choisir de le soumettre en vue de son règlement :

a) À une juridiction ou à un tribunal administratif compétent de la Partie contractante qui est partie au différend ;

b) Conformément à toute procédure de règlement des différends convenue avant que le différend ne soit soulevé ;

c) Par arbitrage conformément au présent article selon les dispositions des instruments suivants :

i) La Convention pour le règlement des différends relatifs aux investissements entre États et ressortissants d'autres États (« Convention CIRDI »), si la Convention CIRDI est disponible ;

ii) Le Règlement du Mécanisme supplémentaire du Centre international pour le règlement des différends relatifs aux investissements (« Mécanisme supplémentaire du CIRDI »), si le Mécanisme supplémentaire du CIRDI est disponible ;

iii) Le Règlement d'arbitrage de la Commission des Nations Unies pour le droit commercial international (CNUDCI) ; ou

iv) Si les deux parties au différend en conviennent, à toute autre institution d'arbitrage ou tout autre règlement d'arbitrage.

3. Chaque Partie contractante donne son consentement à ce qu'un différend soit soumis à un arbitrage international conformément aux procédures énoncées dans le présent Accord. Le consentement à une demande d'arbitrage et sa soumission en vertu du présent article satisfont aux exigences :

a) Du chapitre II de la Convention CIRDI (De la compétence du Centre) et du Règlement du Mécanisme supplémentaire du CIRDI en ce qui concerne le consentement écrit des parties au différend ; et

b) De l'article II de la Convention de New York pour un « accord par écrit ».

4. Le consentement visé au paragraphe 3 ne s'applique qu'à la condition que :

a) L'investisseur renonce par écrit au droit d'engager toute autre procédure de règlement des différends concernant le même différend et se retire de toute procédure de ce type en cours avant sa conclusion, s'il soumet la réclamation à l'arbitrage pour son propre compte ; ou

b) L'investisseur et l'investissement renoncent par écrit au droit d'engager toute autre procédure de règlement des différends concernant le même différend et se retirent de toute procédure de ce type en cours avant sa conclusion, si l'investisseur soumet la réclamation à l'arbitrage pour le compte d'une personne morale de la Partie contractante partie au différend que l'investisseur possède ou contrôle directement ou indirectement.

5. La demande d'indemnité provisoire n'impliquant pas le paiement de dommages-intérêts, auprès de tribunaux judiciaires ou administratifs, par une partie à un différend soumis à l'arbitrage en vertu du présent article, pour la préservation de ses droits et intérêts en attendant le règlement du différend, n'est pas considérée comme une soumission du différend à un règlement aux fins de

la limitation du consentement d'une Partie contractante en vertu du paragraphe 4, et est autorisée dans le cadre de l'arbitrage en vertu de l'une des dispositions de l'alinéa c) du paragraphe 2.

6. Un différend peut être soumis à l'arbitrage 90 jours après la date à laquelle la Partie contractante qui est partie au différend a reçu un avis d'intention à cet effet, et au plus tard trois ans après la date à laquelle l'investisseur a eu ou aurait dû avoir connaissance des événements qui ont donné lieu au différend. L'avis d'intention précise :

a) Le nom et l'adresse de l'investisseur partie au différend et de l'investissement ;

b) Les dispositions du présent Accord qui sont présumées avoir été violées et toute autre disposition connexe ;

c) Les problèmes soulevés et le fondement factuel de la réclamation ; et

d) La réparation demandée, y compris le montant approximatif des dommages-intérêts réclamés.

7. À moins que les parties au différend n'en conviennent autrement, le tribunal comprend trois arbitres, un arbitre nommé par chacune des parties au différend et le troisième, qui sera arbitre et président du tribunal, nommé d'un commun accord par les parties au différend. Si un tribunal n'est pas constitué dans un délai de 75 jours à compter de la date à laquelle une réclamation est soumise à l'arbitrage en vertu du présent article, le Secrétaire général du CIRDI, à la demande d'une partie au différend, nomme, à sa discrétion, l'arbitre ou les arbitres qui n'ont pas encore été nommés. Le Secrétaire général du CIRDI ne peut pas nommer un ressortissant de l'une ou l'autre des Parties comme Président du tribunal arbitral.

8. Les parties au différend peuvent convenir du lieu juridique d'un arbitrage conformément aux règles d'arbitrage applicables énoncées à l'alinéa c) du paragraphe 2. À défaut d'accord, le tribunal détermine le lieu conformément aux règles d'arbitrage applicables, étant entendu que ce lieu se trouve sur le territoire d'un État qui est partie à la Convention de New York.

9. Une Partie contractante ne peut invoquer pour sa défense, aux fins d'une demande reconventionnelle ou d'un droit de compensation ou pour toute autre raison, que l'indemnisation ou toute autre compensation pour tout ou partie du dommage allégué a été reçue ou sera reçue au titre d'une indemnisation, d'une garantie ou d'un contrat d'assurance.

10. Le tribunal arbitral, dans sa décision, expose ses conclusions de droit et de fait, ainsi que les motifs de sa décision et peut, à la demande d'une partie, accorder les formes de réparation suivantes :

a) Une déclaration selon laquelle la Partie contractante n'a pas respecté les obligations qui lui incombent en vertu du présent Accord ;

b) Un dédommagement, qui comprend les intérêts à compter du moment où la perte ou le dommage a été subi jusqu'à ce que le paiement ait été effectué ;

c) La restitution en nature dans les cas qui s'y prêtent, pour autant que la Partie contractante puisse verser une réparation pécuniaire en lieu et place de celle-ci lorsque la restitution n'est pas possible ; et

d) Toute autre forme de réparation, si les parties au différend en conviennent.

11. Les décisions arbitrales sont définitives et contraignantes pour les parties au différend. Chaque Partie contractante prend, sur son territoire, les dispositions nécessaires à l'exécution effective des sentences rendues en application du présent article et exécute sans délai toute sentence rendue dans une procédure à laquelle elle est partie.

Article 12. Application d'autres règles

1. Si les lois et règlements de l'une ou l'autre des Parties contractantes ou les obligations découlant du droit international en vigueur actuellement ou établies ultérieurement entre les Parties contractantes, en plus du présent Accord, contiennent des dispositions, générales ou spécifiques, qui octroient un traitement plus favorable que celui prévu par le présent Accord aux investissements réalisés par des investisseurs de l'autre Partie Contractante, ces dispositions prévalent sur le présent Accord, dans la mesure où elles sont plus favorables.

2. Chaque Partie contractante respecte les dispositions du présent Accord ainsi que tout accord d'investissement spécifique conclu entre une autorité au niveau central du Gouvernement d'une Partie contractante et des investisseurs de l'autre Partie contractante.

Article 13. Application de l'Accord

1. Le présent Accord s'applique aux investissements existant à la date d'entrée en vigueur du présent Accord, ainsi qu'à ceux réalisés ou acquis après cette date.

2. L'Accord ne s'applique pas aux réclamations découlant d'événements qui se sont produits, ou aux réclamations qui ont été réglées, avant son entrée en vigueur.

Article 14. Refus d'accorder des avantages

1. Une Partie contractante peut refuser d'accorder les avantages du présent Accord à un investisseur de l'autre Partie contractante qui est une personne morale de cette autre Partie contractante et aux investissements de cet investisseur, si des personnes d'un pays tiers possèdent ou contrôlent la personne morale, et si la Partie contractante qui refuse d'accorder les avantages adopte ou maintient des mesures à l'égard du pays tiers ou d'une personne du pays tiers qui interdisent les transactions avec la personne morale, ou qui seraient enfreintes ou contournées si les avantages du présent Accord étaient accordés à la personne morale ou à ses investissements.

2. Sous réserve d'une notification et d'une consultation préalable, une Partie contractante peut refuser d'octroyer les avantages du présent Accord à un investisseur de l'autre Partie qui est une personne morale de cette autre Partie et aux investissements de cet investisseur, si la personne morale n'exerce pas d'activités commerciales significatives sur le territoire de l'autre Partie et que des personnes d'un pays tiers, ou de la Partie contractante qui refuse d'accorder les avantages possèdent ou contrôlent la personne morale.

Article 15. Exception de sécurité

Aucune disposition du présent Accord ne peut être interprétée comme :

a) Obligeant une Partie à fournir des renseignements dont la divulgation serait, à son avis, contraire aux intérêts essentiels de sa sécurité ;

b) Empêchant une Partie contractante de prendre toutes les mesures qu'elle estime nécessaires à la protection des intérêts essentiels de sa sécurité ;

c) Empêchant une Partie contractante de prendre des mesures en application de ses engagements au titre de la Charte des Nations Unies en vue du maintien de la paix et de la sécurité internationales.

Article 16. Entrée en vigueur, durée et dénonciation

1. Le présent Accord entre en vigueur 30 jours après la date à laquelle les Parties contractantes se sont notifié par écrit l'accomplissement de leurs formalités juridiques respectives requises pour l'entrée en vigueur du présent Accord.

2. Le présent Accord reste en vigueur pendant 10 ans et reste ensuite en vigueur pendant une durée indéterminée, à moins que l'une ou l'autre Partie contractante ne notifie par écrit à l'autre Partie contractante, un an à l'avance, son intention de le dénoncer.

3. En ce qui concerne les investissements effectués avant la dénonciation du présent Accord, les dispositions des articles 1 à 15 du présent Accord restent en vigueur pendant une autre période de 10 ans à compter de la date de sa dénonciation.

4. Le présent Accord peut être révisé par consentement mutuel écrit des Parties contractantes. Toute révision ou dénonciation du présent Accord s'effectue sans préjudice des droits ou obligations découlant du présent Accord avant la date d'entrée en vigueur de ladite révision ou dénonciation.

EN FOI DE QUOI, les soussignés, à ce dûment autorisés par leurs Gouvernements respectifs, ont signé le présent Accord.

FAIT à Montevideo, le 1er octobre 2009, en double exemplaire en langues coréenne, espagnole et anglaise, tous les textes faisant également foi. En cas de divergence d'interprétation, le texte anglais prévaut.

Pour le Gouvernement de la République de Corée :

[LEE KIE-CHEON]

Pour le Gouvernement de la République orientale de l'Uruguay :

[PEDRO VAZ]

ANNEXE

EXPROPRIATION

Les Parties contractantes confirment leur compréhension commune des points suivants :

1. Une mesure ou une série de mesures d'une Partie contractante ne peut constituer une expropriation à moins qu'elle n'interfère avec un droit de propriété corporel ou incorporel sur un investissement.

2. L'article 5 traite de deux situations. La première est l'expropriation directe, lorsqu'un investissement est nationalisé ou autrement exproprié directement par un transfert formel de titre ou une saisie exécutoire pure et simple.

3. La deuxième situation visée par l'article 5 est l'expropriation indirecte, lorsqu'une mesure ou une série de mesures d'une Partie a un effet équivalant à une expropriation directe sans transfert formel de titre ou saisie exécutoire pure et simple.

   a) Pour déterminer si une mesure ou une série de mesures d'une Partie, dans une situation de fait spécifique, constitue une expropriation indirecte, il faut procéder à une enquête au cas par cas, fondée sur les faits, qui prend en compte tous les facteurs pertinents relatifs à l'investissement, notamment :

      i) L'impact économique de la mesure gouvernementale, bien que le fait qu'une mesure ou une série de mesures d'une Partie ait un effet négatif sur la valeur économique d'un investissement n'établisse pas, à lui seul, qu'il y a eu une expropriation indirecte ;

      ii) La mesure dans laquelle la mesure gouvernementale interfère avec des attentes distinctes raisonnables fondées sur les investissements[1] ; et

      iii) Le caractère de la mesure gouvernementale, y compris ses objectifs et son contexte. Les considérations pertinentes peuvent inclure le fait de savoir si la mesure gouvernementale impose un sacrifice spécial à l'investisseur ou à l'investissement particulier qui dépasse ce que l'investisseur ou l'investissement devrait être censé endurer pour l'intérêt public ;

   b) Sauf dans de rares circonstances, comme, par exemple, lorsqu'une mesure ou une série de mesures est extrêmement grave ou disproportionnée au regard de son objet ou de son effet, les mesures de réglementation non discriminatoires d'une Partie qui sont conçues et appliquées pour protéger des objectifs légitimes de bien-être public, tels que la santé publique, la sécurité, l'environnement et la stabilisation des prix de l'immobilier (par le biais, par exemple, de mesures visant à améliorer les conditions

[1] Il est entendu que la question de savoir si les attentes d'un investisseur à l'égard d'un investissement sont raisonnables dépend en partie de la nature et de l'étendue de la réglementation gouvernementale dans le secteur concerné. Par exemple, les attentes d'un investisseur selon lesquelles la réglementation ne changera pas sont moins susceptibles d'être raisonnables dans un secteur fortement réglementé que dans un secteur moins fortement réglementé.

de logement des ménages à faible revenu), ne constituent pas des expropriations indirectes[1].

[1] Il est entendu que la liste des « objectifs légitimes de bien-être public » de l'alinéa b) n'est pas exhaustive.

No. 54038

Republic of Korea
and
Russian Federation

Agreement between the Government of the Republic of Korea and the Government of the Russian Federation on temporary labor activities of citizens of one State in the territory of the other State (with annexes). Seoul, 10 November 2010

Entry into force: *1 January 2012, in accordance with article 14*

Authentic texts: *English, Korean and Russian*

Registration with the Secretariat of the United Nations: *Republic of Korea, 10 November 2016*

République de Corée
et
Fédération de Russie

Accord entre le Gouvernement de la République de Corée et le Gouvernement de la Fédération de Russie relatif à l'emploi temporaire des citoyens d'un État sur le territoire de l'autre État (avec annexes). Séoul, 10 novembre 2010

Entrée en vigueur : *1er janvier 2012, conformément à l'article 14*

Textes authentiques : *anglais, coréen et russe*

Enregistrement auprès du Secrétariat de l'Organisation des Nations Unies : *République de Corée, 10 novembre 2016*

[TEXT IN ENGLISH – TEXTE EN ANGLAIS]

AGREEMENT BETWEEN THE GOVERNMENT OF THE REPUBLIC OF KOREA AND THE GOVERNMENT OF THE RUSSIAN FEDERATION ON TEMPORARY LABOR ACTIVITIES OF CITIZENS OF ONE STATE IN THE TERRITORY OF THE OTHER STATE

The Government of the Republic of Korea and the Government of the Russian Federation (hereinafter referred to as the Parties),

guided by mutual desire to strengthen and develop economic ties between the two States,

considering temporary labor activities of citizens of one State in the territory of the other State as an important area of cooperation,

based on mutual interest in regulation of external labor migration processes in the Republic of Korea and the Russian Federation,

have agreed as follows:

Article 1

1. This Agreement governs issues of labor activities of citizens of the Republic of Korea temporarily working in the territory of the Russian Federation and citizens of the Russian Federation temporarily working in the territory of the Republic of Korea with the purpose of facilitating their labor activities.

2. This Agreement shall be applied to the entire state territory of the two States, apart from those areas, organizations or facilities, which are to be entered by foreign citizens only with special permission.

Article 2

This Agreement covers following categories of citizens of the States of the Parties:

1) employees of representative offices: citizens of the State of one Party temporarily working in representative offices of legal entities situated in the state territory of the other Party, whose number shall be determined by a competent authority of that other Party's State at the time of accreditation of such representative offices;

2) employees of one group of companies (one group of companies shall mean a group with a head company and companies directly or indirectly controlled by such head company in accordance with its foundation (statutory) documents):
   - citizens of the State of one Party who have entered into a labor contract with a legal entity situated in the territory of the State of such Party and are working at an enterprise or an entity of the same group of companies situated in the state territory of the other Party;
   - citizens of the State of one Party who have entered into a labor contract with an enterprise or an entity situated in the state territory of the other Party and being a part of the same group of companies.
3) heads of enterprises: citizens of the State of one Party who, due to legislation provisions of the State of such Party or foundation (statutory) documents of an entity, exercise control or management of such entity in the state territory of the other Party;
4) family members : spouses and minor children accompanying the citizens specified in this Article, apart from the categories of citizens specified in the second paragraph of this Article (2).

Article 3

The competent authorities responsible for implementation of this Agreement (hereinafter referred to as the competent authorities) are:

for the Republic of Korea - the Ministry of Foreign Affairs and Trade of the Republic of Korea, the Ministry of Justice of the Republic of Korea;

for the Russian Federation - the Federal Migration Service, the Ministry of Health Care and Social Development of the Russian Federation and the Ministry of Foreign Affairs of the Russian Federation.

The competent authorities of the Parties shall establish a working group for solving issues related to implementation of this Agreement.

The working group, where necessary, shall hold joint meetings alternately in the Republic of Korea and the Russian Federation.

Article 4

A visa for labor activities shall be issued to citizens of the States of the Parties specified in Article 2 hereof on the basis of an invitation for entry.

An invitation for entry for citizens of the State of one Party shall be issued by the competent state authority of the other Party on the basis of the documents specified in Annex No. 1.

Article 5

1. Diplomatic missions and consular offices of the State of one Party shall issue to the citizens of the State of the other Party specified in Article 2, except for those specified in Article 2 (4), a multiple-entry visa, valid for up to one year, granting the right of entry and continuous residence in the state territory of that Party for the purpose of carrying out labor activities. Upon expiration of the term of the said visa, the residence of the abovementioned persons may be extended without the necessity to leave the territory of host state for the term of the labor contract, but each time for the term not exceeding three (3) years, except for the persons specified in the second paragraph of Article 2 (2) hereof, whose visa may be extended on a single occasion, but not more than for six (6) months, if necessary, due to the original purpose of the trip.

2. Diplomatic missions and consular offices of the State of one Party shall issue to citizens of the State of the other Party, specified in Article 2 (4), a multiple-entry visa, valid for up to one (1) year, granting the right of entry and continuous residence in the state territory of that Party with the possibility of subsequent extension thereof, without the necessity for them to leave the territory of the host state, for the term of the visa issued to the employee accompanied by them.

3. The visa specified in this Article shall be extended by competent state authorities of the Parties on the base of the documents specified in Annex No. 2 hereto.

Article 6

In order to facilitate the temporary labor activities of citizens of their States, specified in paragraphs (1), (2) and (3) of Article 2, the Parties shall not apply establishment of quotas in respect of such citizens, and furthermore:

the Russian Federation shall not prepare conclusions on reasonability of attraction and use of labor force;

the Republic of Korea shall not assess the situation on the labor market.

Article 7

1. The documents required for processing work permits in the state territory of the States may be filed with the relevant competent authorities situated in the capital cities of the States irrespective of the place of the employer's registration.

2. Work permits shall be valid throughout the territory of the host state, which this Agreement is applicable to.

Article 8

Representative offices of legal entities situated in the state territory of the Parties do not need to obtain approval for labor activities in order to attract employees within the quantity determined at the time of their accreditation.

Article 9

The rights and freedoms provided by the legislation of the host state to foreign citizens shall be also guaranteed to citizens of the States of the Parties specified in Article 2 hereof.

The Parties shall take measures to protect the rights of citizens of the States of the Parties, who are covered by this Agreement.

Provisions of this Agreement do not relieve the citizens of the States of the Parties, specified in Article 2 hereof, from the obligation to observe the legislation of the host state.

Article 10

Medical services shall be provided to citizens of the States of the Parties specified in Article 2 hereof in accordance with the legislation of the host state pertaining to foreign citizens.

Article 11

If certain qualification is required for citizens of the States of the Parties in order to carry out certain kinds of works pursuant to the legislation of the host state, the said citizens shall submit documents confirming such qualification.

Article 12

1. Citizens of the States of the Parties specified in Article 2 shall not carry out any work other than the work specified in their labor contracts.

2. Should citizens of the States of the Parties no longer comply with criteria specified in Article 2 hereof, they shall be covered by the general conditions and procedure of residence provided by the legislation of the host state in respect of foreign citizens.

Article 13

All expenses related to processing of documents required for entry of citizens of the States of the Parties specified in Article 2 hereof in the territory of the host state and their departure from the host State (apart from citizens specified in Article 2 (4)) shall be paid by them or by the receiving company.

Article 14

1. This Agreement shall come into force on the first day of the second month following the last notification of completion by each of the Parties of internal state procedures required for its coming into force.

2. Each Party is entitled to denounce this Agreement, having notified the other Party in writing through the diplomatic channels. This Agreement shall be terminated upon the expiration of three (3) months from the date of receipt of such notice. The rights acquired in accordance with provisions of this Agreement shall not be terminated in case of denunciation thereof, unless the Parties agree otherwise.

3. Difficulties in interpretation or application of this Agreement shall be settled by a joint working group specified in Article 3 hereof or through the diplomatic channels.

DONE Seoul, on 10th November, 2010 in duplicate, each in Korean, Russian and English languages, all texts being equally authentic. In case of any divergence of interpretation, the English text shall be used.

FOR THE GOVERNMENT OF
THE REPUBLIC OF KOREA

FOR THE GOVERNMENT OF
THE RUSSIAN FEDERATION

Annex No 1 to

the Agreement between the Government of the Republic of Korea and the Government of the Russian Federation on Temporary Labor Activities of Citizens of One State in the Territory of the Other State

I. Documents required by the competent authorities of the Russian Federation for entry invitation to the Russian Federation for the purpose of labor activities

1. Application for issuing the invitation
2. Corresponding questionnaire with color photo (size 3X4 cm) of citizen of the Republic of Korea
3. Copy of the document, proving citizen identity of the Republic of Korea and recognized in this quality by the Russian Federation
4. Copy of the document about professional education or qualification of citizen of the Republic of Korea
5. Copy of labor contract concluded by the employer with citizen of the Republic of Korea
6. Medical documents issued in accordance with legislation of the host country
7. Document confirming payment of state duty for procurement of invitation

II. Documents required by the competent authorities of the Republic of Korea for entry invitation to the Republic of Korea for the purpose of labor activity realization

1. Application form
2. One color photo (size 3X4 cm)
3. Certificate of employment issued by head office
4. Dispatch order issued by head office
5. Copy of the documents on the establishment of the representative office or company (provided by company)
6. Copy of the documentary evidence of business fund importation record (provided by company)
7. Copy of the documents, certifying company's foreign investment registration (provided by company)

Annex No. 2 to

the Agreement between the Government of the Republic of Korea and the Government of the Russian Federation on Temporary Labor Activities of Citizens of One State in the Territory of the Other State

I. Documents required by the competent authorities of the Russian Federation for extension of visa

1. Two photos (size 3X4 cm)
2. Questionnaire of a standard type
3. Valid document proving citizen identity of the Republic of Korea and recognized in this quality by the Russian Federation, copies of its pages which contain information about the citizen and validity period of this document and also copy of visa
4. Copy of the labor contract
5. Document confirming payment of state duty for procurement of visa

II. Documents required by the competent authorities of the Republic of Korea for extension of the visa

1. Application form
2. One color Photo (size 3 X 4 cm)
3. Copy of the certificate of company registration
4. Dispatch order or certificate of employment issued by head office
5. Copy of the documentary evidence of business fund importation record (provided by company)
6. Copy of the certificate of payment of taxes (provided by company)
7. Copy of the record of business achievements such as exports and imports (provided by company)

[TEXT IN KOREAN – TEXTE EN CORÉEN]

대한민국 정부와 러시아연방 정부 간의 한쪽 국민에 의한 다른 쪽 국가 영역에서의 한시적 근로활동에 관한 협정

대한민국 정부와 러시아연방 정부(이하 "당사자"라 한다)는,

양국 간 경제적 유대를 강화하고 발전시키고자 하는 상호 희망에 인도되어,

한쪽 국가의 국민에 의한 다른 쪽 국가의 영역에서의 한시적 근로활동이 중요한 협력 분야임을 고려하고,

대한민국과 러시아연방에서의 해외 근로이주 과정의 규율에 대한 상호 이익에 기초하여,

다음과 같이 합의하였다.

제 1 조

1. 이 협정은 러시아연방 영역에서 한시적으로 근무하는 대한민국 국민과 대한민국 영역에서 한시적으로 근무하는 러시아연방 국민의 근로활동을 용이하게 할 목적으로 이들의 근로활동 문제를 규율한다.

2. 이 협정은 외국인이 특별한 허가를 가진 경우에만 들어갈 수 있는 지역·조직 또는 시설을 제외한 양국의 국가 영역 전체에 적용된다.

제 2 조

이 협정은 다음 범주의 당사자 국민을 대상으로 한다.

가. 대표 사무소 직원 : 다른 쪽 당사자의 국가 영역에 위치한 법적 실체의 대표 사무소에서 한시적으로 근무하는 한쪽 당사자의 국민으로, 이들의 수는 대표 사무소가 인가될 때 그 다른 쪽 당사자 국가의 권한 있는 당국이 정한다.

나. 회사 집단 직원("회사 집단"이란 본사와 회사 설립(정관) 문서에 따라 그 본사가 직접 또는 간접적으로 통제하는 회사로 이루어진 집단을 말한다):

한쪽 당사자의 국가 영역에 위치한 법적 실체와 근로계약을 체결하고, 다른 쪽 당사자의 국가 영역에 위치한 동일 회사 집단의 기업이나 실체에서 근무하는 그 한쪽 당사자의 국민

다른 쪽 당사자의 국가 영역에 위치하고 동일 회사 집단의 일부인 기업이나 실체와 근로계약을 체결한 한쪽 당사자의 국민

다. 기업 대표 : 한쪽 당사자의 국민으로서 그 당사자의 국가 법령 규정 또는 실체의 설립(정관) 문서에 따라 다른 쪽 당사자의 국가 영역에서 그 실체에 대한 통제나 관리를 수행하는 자

라. 가족 : 이 조 나호 두 번째 목에 명시된 범주의 국민을 제외하고, 이 조에 명시된 국민이 동반하는 배우자와 미성년 자녀

제 3 조

이 협정의 이행을 책임지는 권한 있는 당국(이하 "권한 있는 당국" 이라 한다)은

가. 대한민국의 경우, 대한민국 외교통상부와 대한민국 법무부이고,
나. 러시아연방의 경우, 연방이민청, 러시아연방 보건사회개발부 및 러시아연방 외교부이다.

당사자의 권한 있는 당국은 이 협정의 이행과 관련된 문제를 해결하기 위한 실무작업반을 설치한다.

실무작업반은 필요한 경우 대한민국과 러시아연방에서 교대로 합동 회의를 개최한다.

제 4 조

제2조에 명시된 당사자의 국민에게는 입국초청장에 기초하여 근로활동을 위한 사증이 발급된다.

한쪽 당사자의 국민에 대한 입국초청장은 다른 쪽 당사자의 권한 있는 당국이 부속서 1에 명시된 서류에 기초하여 발급한다.

제 5 조

1. 한쪽 당사자 국가의 외교공관과 영사관은, 제2조라호에 명시된 국민을 제외하고, 제2조에 명시된 다른 쪽 국가의 국민에게 최대 1년 간 유효한 복수입국사증을 발급하며, 근로활동 수행을 목적으로 그 당사자의 국가 영역에 입국하고 계속 체류할 수 있는 권리를 부여한다. 앞서 언급한 사증의 기간이 만료될 경우, 위에서 언급한 자의 체류는 접수국 영역을 떠날 필요 없이 근로계약 기간만큼, 그러나 매번 3년을 초과하지 않는 기간만큼, 연장될 수 있다. 그러나 제2조나호의 두 번째 목에 명시된 자의 사증은 본래의 여행 목적에 따라 필요한 경우 6개월을 초과하지 않는 기간만큼 한 번 연장될 수 있다.

2. 한쪽 당사자 국가의 외교공관과 영사관은 제2조라호에 명시된 다른 쪽 당사자의 국민에게 최대 1년 간 유효한 복수입국사증을 발급하고, 그 당사자의 국가 영역에 입국하고 계속 체류할 수 있는 권리를 부여한다. 그 사증은 이들이 접수국 영역을 떠날 필요 없이 이들이 동반하는 직원에게 발급된 사증의 기간만큼 연장될 수 있다.

3. 이 조에 명시된 사증은 당사자의 권한 있는 국가 당국이 이 협정 부속서 2에 명시된 서류에 기초하여 연장한다.

제 6 조

당사자는 이 협정 제2조가호·나호 및 다호에 명시된 국민의 한시적 근로활동을 용이하게 하기 위하여 이들 국민에 대하여는 쿼터 설정을 적용하지 아니한다. 그리고 더 나아가

러시아연방은 근로인력 유치와 이용의 타당성에 대한 결론을 내리지 아니한다.

대한민국은 근로시장 상황을 평가하지 아니한다.

제 7 조

1. 양국 영역에서 근로허가를 처리하는데 필요한 서류는 고용주 등록지에 관계없이 양국의 수도에 위치한 권한 있는 관련 당국에 제출할 수 있다.

2. 근로허가는 이 협정이 적용되는 접수국 영역 전체에 대하여 유효하다.

제 8 조

당사자의 국가 영역에 위치한 법적 실체의 대표 사무소는 인가 당시에 정해진 수의 범위 안에서 직원을 유치하려는 경우에는 근로활동에 대한 승인을 획득할 필요가 없다.

제 9 조

접수국 법령에 따라 외국인에게 제공되는 권리와 자유는 제2조에 명시된 당사자 국민에게도 보장된다.

당사자는 이 협정의 적용을 받는 당사자 국민의 권리를 보호하기 위한 조치를 취한다.

이 협정의 규정은 제2조에 명시된 당사자 국민이 접수국 법령을 준수할 의무로부터 면제하는 것은 아니다.

제 10 조

제2조에 명시된 당사자 국민에게는 외국인에 관한 접수국 법령에 따라 의료 서비스가 제공된다.

제 11 조

접수국 법령에 따라 어떤 종류의 업무를 수행하기 위하여 당사자 국민에게 특정 자격이 요구되는 경우, 해당 국민은 그러한 자격을 확인하는 서류를 제출한다.

제 12 조

1. 제2조에 명시된 당사자 국민은 근로 계약에 명시된 업무 외의 어떠한 업무도 수행하지 아니한다.

2. 당사자 국민이 제2조에 명시된 기준을 더 이상 충족하지 못할 경우, 그들에게는 외국인에 관한 접수국 법령에 규정된 체류 관련 일반 조건 및 절차가 적용된다.

제 13 조

제2조에 명시된 당사자 국민(제2조라호에 명시된 국민은 제외한다)의 접수국 입국과 출국에 필요한 서류의 처리와 관련된 모든 비용은 그 국민 또는 접수하는 회사가 지불한다.

제 14 조

1. 이 협정은 협정 발효에 필요한 국가 내부 절차가 완료되었다는 각 당사자 의 최종 통보일부터 두 번째 달의 첫째 날에 발효한다.

2. 각 당사자는 다른 쪽 당사자에게 외교 경로를 통하여 서면 통보함으로써 이 협정을 폐기할 권리를 가진다. 이 협정은 그러한 통보가 접수된 날부터 3개월 의 기간이 만료할 때 종료된다. 당사자가 달리 합의하지 않는 한, 이 협정 조항에 따라 취득한 권리는 협정이 폐기되는 경우에도 종료되지 아니한다.

3. 이 협정의 해석이나 적용상의 어려움은 제3조에 명시된 공동 실무작업반에 의하여 또는 외교 경로를 통하여 해결한다.

2010년 11월 10일 서울에서 동등하게 정본인 한국어 · 러시아어 및 영어로 각각 2부씩 작성되었다. 해석상의 차이가 있는 경우에는 영어본이 우선한다.

대한민국 정부를 대표하여	러시아연방 정부를 대표하여
이 귀남	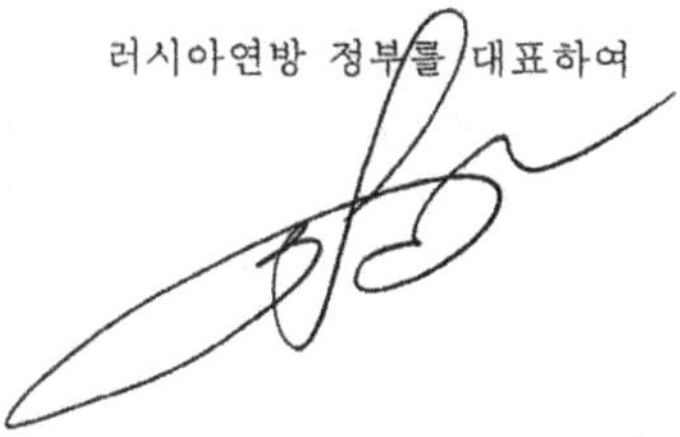

대한민국 정부와 러시아연방 정부 간의 한쪽 국민에 의한 다른 쪽 국가 영역에서의 한시적 근로활동에 관한 협정의 부속서 1

I. 근로활동을 목적으로 하는 러시아연방 입국 초청을 위하여 러시아연방의 권한 있는 당국이 요구하는 서류

1. 초청장 발급 신청서
2. 대한민국 국민의 컬러 사진(3x4cm 크기)을 부착한 설문지
3. 대한민국 국민 신분을 증명하며 러시아연방이 그리 인정하는 서류의 사본
4. 대한민국 국민의 전문교육 여부 및 자격에 관한 서류의 사본
5. 고용주와 대한민국 국민 간에 체결된 근로계약서의 사본
6. 접수국의 법령에 따라 발급된 의료서류
7. 초청장 발급 국가 요금의 납부를 확인하는 서류

II. 근로활동을 목적으로 하는 대한민국 입국 초청을 위하여 대한민국의 권한 있는 당국이 요구하는 서류

1. 신청서
2. 컬러 사진 1장(3x4cm 크기)
3. 본사가 발급한 재직증명서
4. 본사가 발급한 파견명령서
5. (회사가 제공하는) 대표사무소나 회사의 설립에 관한 서류의 사본
6. (회사가 제공하는) 영업자금 도입기록 증거서류의 사본
7. (회사가 제공하는) 외국인 투자기업 등록서류 사본

대한민국 정부와 러시아연방 정부 간의
한쪽 국민에 의한 다른 쪽 국가 영역에서의 한시적 근로활동에 관한
협정의 부속서 2

I. 사증 연장을 위하여 러시아연방의 권한 있는 당국이 요구하는 서류

1. 사진 2장(3x4cm 크기)
2. 표준 형식의 설문지
3. 대한민국 국민 신분을 증명하며 러시아 연방이 그리 인정하는 유효한 서류, 그 중 그 국민과 이 서류의 유효기간에 관한 정보를 포함하는 면의 사본 그리고 또한 사증의 사본
4. 근로계약서의 사본
5. 사증 발급 국가 요금의 납부를 확인하는 서류

II. 사증 연장을 위하여 대한민국의 권한 있는 당국이 요구하는 서류

1. 신청서
2. 컬러 사진 1장(3x4cm 크기)
3. 회사 등록증의 사본
4. 본사가 발급한 파견명령서 또는 재직증명서
5. (회사가 제공하는) 영업자금 도입기록 증거서류의 사본
6. (회사가 제공하는) 납세증명서의 사본
7. (회사가 제공하는) 수출입과 같은 영업실적 기록의 사본

[TEXT IN RUSSIAN – TEXTE EN RUSSE]

СОГЛАШЕНИЕ
между Правительством Республики Корея и Правительством Российской Федерации о временной трудовой деятельности граждан одного государства на территории другого государства

Правительство Республики Корея и Правительство Российской Федерации, именуемые в дальнейшем Сторонами,

руководствуясь взаимным стремлением к укреплению и развитию экономических связей между двумя государствами,

рассматривая временную трудовую деятельность граждан одного государства на территории другого государства как важную область сотрудничества,

исходя из взаимной заинтересованности в урегулировании процессов внешней трудовой миграции в Республике Корея и Российской Федерации,

согласились о нижеследующем:

Статья 1

1. Настоящее Соглашение регулирует вопросы трудовой деятельности граждан Республики Корея, временно работающих на территории Российской Федерации, и граждан Российской Федерации, временно работающих на территории Республики Корея, с целью упрощения порядка осуществления ими трудовой деятельности.

2. Настоящее Соглашение применяется ко всей территории государств Сторон, за исключением территорий, организаций и объектов, для въезда на которые иностранным гражданам требуется специальное разрешение.

Статья 2

Настоящее Соглашение распространяется на следующие категории граждан государств Сторон:

1) работники представительств - граждане государства одной Стороны, временно работающие в представительствах юридических лиц, расположенных на территории государства другой Стороны, численность которых определяется компетентным органом принимающего государства во время аккредитации этих представительств;

2) работники одной группы компаний (под одной группой компаний понимается группа, где есть головное предприятие и предприятия, над которыми оно имеет прямой или косвенный контроль в соответствии с учредительными (уставными) документами):

граждане государства одной Стороны, заключившие трудовой договор с юридическим лицом, расположенным на территории государства этой Стороны, и осуществляющие трудовую деятельность на предприятии или в организации той же группы компаний, расположенной на территории государства другой Стороны;

граждане государства одной Стороны, заключившие трудовой договор с предприятием или организацией, расположенной на территории государства другой Стороны и входящей в ту же группу компаний;

3) руководители предприятия - граждане государства одной Стороны, которые в силу законодательства государства этой Стороны или учредительных (уставных) документов предприятия осуществляют управление или руководство этим предприятием на территории государства другой Стороны;

4) члены семьи - супруг (супруга), несовершеннолетние дети, сопровождающие в поездке в качестве членов семьи граждан, указанных в настоящей статье, за исключением категорий граждан, указанных в абзаце втором пункта 2 настоящей статьи.

Статья 3

Компетентными органами Сторон, ответственными за реализацию настоящего Соглашения, являются:

от Республики Корея - Министерство иностранных дел и торговли Республики Корея, Министерство юстиции Республики Корея;

от Российской Федерации - Федеральная миграционная служба, Министерство здравоохранения и социального развития Российской Федерации и Министерство иностранных дел Российской Федерации.

Компетентные органы Сторон создают рабочую группу для решения вопросов, связанных с выполнением настоящего Соглашения.

Рабочая группа по мере необходимости проводит совместные заседания поочередно в Республике Корея и Российской Федерации.

Статья 4

Гражданам государств Сторон, указанным в статье 2 настоящего Соглашения, оформляется виза с целью осуществления трудовой деятельности на основании приглашения на въезд.

Приглашение на въезд гражданам государства одной Стороны оформляется компетентным органом государства другой Стороны и выдается этим органом на основании перечня документов, предусмотренных Приложением № 1.

Статья 5

1. Дипломатические представительства и консульские учреждения государства одной Стороны выдают гражданам государства другой Стороны, указанным в статье 2 настоящего Соглашения, за исключением граждан государств Сторон, указанных в пункте 4 статьи 2 настоящего Соглашения, многократную визу сроком действия до одного (1) года, дающую право на въезд и непрерывное пребывание на территории государства другой Стороны с целью осуществления трудовой деятельности. По истечении срока действия визы пребывание указанных лиц может быть продлено без необходимости их выезда с территории принимающего государства на срок действия заключенного трудового договора, но каждый раз не более чем на три (3) года, за исключением лиц, указанных в абзаце втором пункта 2 статьи 2 настоящего Соглашения, виза которым может быть продлена однократно, но не более чем на шесть (6) месяцев в случае необходимости, обусловленной первоначальной целью поездки.

2 Дипломатические представительства и консульские учреждения государства одной Стороны выдают гражданам государства другой Стороны, указанным в пункте 4 статьи 2 настоящего Соглашения, многократную визу сроком действия до одного (1) года, дающую право на въезд и непрерывное пребывание на территории государства другой Стороны, с возможностью последующего продления без необходимости их выезда с территории принимающего государства на срок действия визы, выданной сопровождаемому ими работнику.

3. Продление срока действия виз, осуществляется компетентными органами государств Сторон на основании перечня документов, предусмотренных Приложением № 2.

Статья 6

1. В целях упрощения порядка осуществления временной трудовой деятельности гражданами своих государств, указанными в пунктах 1-3 статьи 2 настоящего Соглашения, Стороны в их отношении отказываются от установления квот, а также:

Республика Корея не проводит оценку ситуации на рынке труда;

Российская Федерация не готовит заключения о целесообразности привлечения и использования рабочей силы.

Статья 7

1. Документы, необходимые для оформления разрешений на работу на территориях государств Сторон, могут быть поданы в компетентные органы, находящиеся в столицах государств Сторон, независимо от места регистрации работодателя.

2. Разрешения на работу действительны на всей территории принимающего государства, к которой применяется настоящее Соглашение.

Статья 8

Представительствам юридических лиц, расположенным на территории государств Сторон, для привлечения работников в пределах численности, определенной при аккредитации, не требуется оформление разрешительных документов на осуществление трудовой деятельности.

Статья 9

Гражданам государств Сторон, указанным в статье 2 настоящего Соглашения, гарантируются права и свободы, установленные законодательством принимающего государства для иностранных граждан.

Стороны принимают меры по защите прав граждан государств Сторон, на которых распространяется действие настоящего Соглашения.

Положения настоящего Соглашения не освобождают граждан государств Сторон, указанных в статье 2 настоящего Соглашения, от обязанностей соблюдать законодательство принимающего государства.

Статья 10

Медицинское обслуживание граждан государств Сторон, указанных в статье 2 настоящего Соглашения, осуществляется в соответствии с законодательством принимающего государства в отношении иностранных граждан.

Статья 11

В случае, если для выполнения отдельных видов работ, гражданам государств Сторон требуется определенная специальная квалификация в соответствии с законодательством принимающего государства, такие граждане должны представить документы, подтверждающие наличие этой квалификации.

Статья 12

1. Граждане государств Сторон, указанные в статье 2 настоящего Соглашения, не могут выполнять никакой другой оплачиваемой работы помимо той, которая указана в заключенных с работниками трудовых договорах.

2. В случае, если граждане государств Сторон перестают соответствовать критериям, предусмотренным в статье 2 настоящего Соглашения, на них распространяются общие условия и порядок пребывания, предусмотренные законодательством принимающего государства в отношении иностранных граждан.

Статья 13

Расходы, связанные с оформлением документов, необходимых для въезда граждан государств Сторон, указанных в статье 2 настоящего Соглашения, на территорию принимающего государства и выезда из него (за исключением граждан, указанных в пункте 4 статьи 2), оплачиваются этими гражданами или принимающей стороной.

Статья 14

Настоящее Соглашение вступает в силу в первый день второго месяца, следующего за датой получения последнего письменного уведомления о выполнении каждой из Сторон внутригосударственных процедур, необходимых для его вступления в силу.

Каждая Сторона вправе прекратить действие настоящего Соглашения, письменно уведомив об этом другую Сторону по дипломатическим каналам. Действие настоящего Соглашения прекращается по истечении трех (3) месяцев с даты получения такого уведомления. Права, приобретенные в соответствии с положениями настоящего Соглашения, не теряют своей силы в случае прекращение его действия, если Стороны не договорятся об ином.

Трудности толкования или применения настоящего Соглашения решаются совместной рабочей группой, предусмотренной статьей 3 настоящего Соглашения, или по дипломатическим каналам.

Совершено в г. Сеуле "10" ноября 2010 г.

в двух экземплярах, каждый на корейском, русском и английском языках, причем все тексты имеют одинаковую силу. Для целей толкования используется текст на английском языке.

За Правительство Республики Корея	**За Правительство Российской Федерации**

ПРИЛОЖЕНИЕ № 1
к Соглашению между
Правительством Республики Корея
и Правительством Российской Федерации о
временной трудовой деятельности граждан
одного государства на территории
другого государства

I. Перечень документов, требуемых компетентными органами Республики Корея для приглашения на въезд в Республику Корея с целью осуществления трудовой деятельности

1. Ходатайство.
2. Одна цветная фотография (размером 3x4 см).
3. Документ, подтверждающий трудоустройство, выданный головной компанией.
4. Приказ о командировании, выданный головной компанией.
5. Копии учредительных документов представительства или компании (подается компанией).
6. Копия документов, подтверждающих приобретение валюты компанией с целью осуществления бизнеса (подается компанией).
7. Копия свидетельства о регистрации инвестиционной компании (подается компанией).

II. Перечень документов, требуемых компетентными органами Российской Федерации для приглашения на въезд в Российскую Федерацию с целью осуществления трудовой деятельности

1. Ходатайство о выдаче приглашения.
2. Соответствующая анкета с цветной фотографией (размером 3x4 см) гражданина Республики Корея.
3. Копия документа, удостоверяющего личность гражданина Республики Корея и признаваемого в этом качестве Российской Федерацией.
4. Копия документа о профессиональном образовании или квалификации гражданина Республики Корея в случаях, предусмотренных настоящим Соглашением.
5. Копия трудового договора, заключенного работодателем с гражданином Республики Корея.
6. Медицинские документы, оформленные в соответствии с законодательством принимающего государства.
7. Документ об уплате государственной пошлины за выдачу приглашения.

ПРИЛОЖЕНИЕ № 2
к Соглашению между
Правительством Республики Корея
и Правительством Российской Федерации о
временной трудовой деятельности граждан
одного государства на территории другого
государства

I. Перечень документов, требуемых компетентными органами Республики Корея для продления визы

1. Ходатайство.
2. Одна цветная фотография (размер 3х4 см).
3. Копия свидетельства о регистрации компании.
4. Приказ о командировании или документ, подтверждающий трудоустройство, выданный головной компанией.
5. Копии документов, подтверждающих приобретение валюты компанией с целью осуществления бизнеса (подается компанией).
6. Копия документов, подтверждающих уплату налогов компании.
7. Копия документов, подтверждающих экспорт и импорт компании (подается компанией).

II. Перечень документов, требуемых компетентными органами Российской Федерации для продления визы

1. Две фотографии (размер 3х4 см).
2. Анкета установленного образца.
3. Действительный документ, удостоверяющий личность гражданина Республики Корея и признаваемый в этом качестве Российской Федерацией, копии его страниц, которые содержат сведения о гражданине и сроке действия указанного документа, а также копия визы.
4. Копия трудового договора, заключенного работодателем с гражданином Республики Корея.
5. Документ об уплате государственной пошлины за выдачу приглашения.

[TRANSLATION – TRADUCTION]

ACCORD ENTRE LE GOUVERNEMENT DE LA RÉPUBLIQUE DE CORÉE ET LE GOUVERNEMENT DE LA FÉDÉRATION DE RUSSIE RELATIF À L'EMPLOI TEMPORAIRE DES CITOYENS D'UN ÉTAT SUR LE TERRITOIRE DE L'AUTRE ÉTAT

Le Gouvernement de la République de Corée et le Gouvernement de la Fédération de Russie (ci-après dénommés « Parties »),

Guidés par la volonté mutuelle de renforcer et de développer les liens économiques entre les deux États,

Considérant le travail temporaire des citoyens d'un État sur le territoire de l'autre État comme un domaine important de coopération,

Se fondant sur un intérêt mutuel dans la réglementation des processus de migration externe de la main-d'œuvre en République de Corée et en Fédération de Russie,

Sont convenus de ce qui suit :

Article premier

1. Le présent Accord régit les questions relatives à l'emploi des citoyens de la République de Corée travaillant temporairement sur le territoire de la Fédération de Russie et des citoyens de la Fédération de Russie travaillant temporairement sur le territoire de la République de Corée, dans le but de faciliter leurs activités professionnelles.

2. Le présent Accord s'applique à l'ensemble du territoire national des deux États, à l'exception des zones, organisations ou installations dans lesquelles les citoyens étrangers ne peuvent pénétrer qu'avec une autorisation spéciale.

Article 2

Le présent Accord couvre les catégories de citoyens des États des Parties suivantes :

1) Les employés des bureaux de représentation : citoyens de l'État d'une Partie travaillant temporairement dans des bureaux de représentation d'entités juridiques situées sur le territoire de l'État de l'autre Partie, dont le nombre est déterminé par une autorité compétente de l'État de cette autre Partie au moment de l'accréditation desdits bureaux de représentation ;

2) Les salariés d'un groupe d'entreprises (l'expression groupe d'entreprises désigne un groupe comprenant une entreprise mère et des entreprises contrôlées directement ou indirectement par cette entreprise mère, conformément à ses documents fondateurs [statuts]) :

- Citoyens de l'État d'une Partie qui ont conclu un contrat de travail avec une entité juridique située sur le territoire de l'État de cette Partie et qui travaillent dans une entreprise ou une entité du même groupe d'entreprises située sur le territoire de l'État de l'autre Partie ;

- Citoyens de l'État d'une Partie qui ont conclu un contrat de travail avec une entreprise ou une entité située sur le territoire de l'État de l'autre Partie et faisant partie du même groupe d'entreprises ;

3) Les chefs d'entreprise : citoyens de l'État d'une Partie qui, en vertu des dispositions législatives de l'État de cette Partie ou des documents fondateurs (statuts) d'une entité, sont chargés du contrôle ou de la gestion de cette entité sur le territoire national de l'autre Partie ;

4) Les membres de la famille : les conjoints et les enfants mineurs qui accompagnent les citoyens visés par le présent article, à l'exception des catégories de citoyens visées au deuxième paragraphe du présent article.

Article 3

Les autorités compétentes responsables de la mise en œuvre du présent Accord (ci-après dénommées « autorités compétentes ») sont :

- Pour la République de Corée : le Ministère des affaires étrangères et du commerce de la République de Corée, le Ministère de la justice de la République de Corée ;

- Pour la Fédération de Russie : le Service fédéral des migrations, le Ministère des soins de santé et du développement social de la Fédération de Russie et le Ministère des affaires étrangères de la Fédération de Russie.

Les autorités compétentes des Parties créent un groupe de travail en vue de résoudre les problèmes liés à la mise en œuvre du présent Accord.

Le groupe de travail tient, lorsque cela est nécessaire, des réunions conjointes alternativement en République de Corée et en Fédération de Russie.

Article 4

Un visa de travail est délivré aux citoyens des États des Parties visés à l'article 2 du présent Accord sur la base d'une invitation à entrer sur le territoire.

L'invitation d'entrée fournie aux citoyens de l'État d'une Partie est délivrée par l'autorité compétente de l'État de l'autre Partie sur la base des documents présentés à l'annexe n° 1.

Article 5

1. Les missions diplomatiques et les bureaux consulaires de l'État d'une Partie délivrent aux citoyens de l'État de l'autre Partie visés à l'article 2, à l'exception de ceux visés à l'alinéa 4 de l'article 2, un visa à entrées multiples d'une durée de validité n'excédant pas une année, lequel accorde le droit d'entrée et de résidence continue sur le territoire de l'État de cette Partie aux fins d'exercer un emploi. À l'expiration dudit visa, le séjour des personnes susmentionnées peut être prolongé, sans qu'il soit nécessaire de quitter le territoire de l'État d'accueil, pour la durée du contrat de travail, mais chaque fois pour une durée n'excédant pas trois ans, à l'exception des personnes visées à l'alinéa 2 de l'article 2 du présent Accord dont le visa peut être prolongé une seule fois, mais pour une durée de six mois maximum, si cela est nécessaire en raison de l'objet initial du voyage.

2. Les missions diplomatiques et les bureaux consulaires de l'État d'une Partie délivrent aux citoyens de l'État de l'autre Partie visés à l'alinéa 4 de l'article 2 un visa à entrées multiples d'une durée de validité n'excédant pas une année, lequel accorde le droit d'entrée et de résidence continue sur le territoire de l'État de cette Partie avec possibilité de prolongation ultérieure, sans qu'ils aient à quitter le territoire de l'État d'accueil, pour la durée du visa délivré au salarié qui les accompagne.

3. Le visa visé au présent article est prolongé par les autorités compétentes des Parties sur la base des documents mentionnés à l'annexe n° 2 du présent Accord.

Article 6

Afin de faciliter l'emploi temporaire des citoyens de leurs États visés aux alinéas 1, 2 et 3 de l'article 2, les Parties n'ont pas recours à l'instauration de quotas applicables à ces citoyens, et en outre :

- La Fédération de Russie ne prépare pas de conclusions sur le caractère raisonnable des actions visant à attirer et à exploiter de la main-d'œuvre ;
- La République de Corée n'évalue pas la situation sur le marché du travail.

Article 7

1. Les documents requis pour le traitement des permis de travail sur le territoire des États peuvent être déposés auprès des autorités compétentes situées dans les capitales des États, indépendamment du lieu d'enregistrement de l'employeur.

2. Les permis de travail sont valables sur l'ensemble du territoire de l'État d'accueil auquel s'applique le présent Accord.

Article 8

Les bureaux de représentation des entités juridiques situées sur le territoire de l'État des Parties n'ont pas besoin d'obtenir un quelconque agrément pour leurs activités professionnelles afin d'attirer des employés, dans la mesure des quantités déterminées au moment de leur accréditation.

Article 9

Les droits et libertés prévus par la législation de l'État d'accueil concernant les citoyens étrangers sont également garantis aux citoyens des États des Parties visés à l'article 2 du présent Accord.

Les Parties prennent des mesures pour protéger les droits des citoyens des États des Parties visés par le présent Accord.

Les dispositions du présent Accord ne dispensent pas les citoyens des États des Parties visés à l'article 2 du présent Accord de l'obligation de respecter la législation de l'État d'accueil.

Article 10

Les services de santé sont fournis aux citoyens des États des Parties visés à l'article 2 du présent Accord conformément à la législation de l'État d'accueil relative aux citoyens étrangers.

Article 11

Si certaines qualifications sont exigées des citoyens des États des Parties pour exécuter certains types d'emplois en vertu de la législation de l'État d'accueil, ces citoyens doivent présenter les documents attestant ces qualifications.

Article 12

1. Les citoyens des États des Parties visés à l'article 2 n'exercent pas d'autre emploi que celui prévu par leur contrat de travail.

2. Dans le cas où les citoyens des États des Parties ne répondent plus aux critères spécifiés à l'article 2 du présent Accord, ils sont couverts par les conditions générales et la procédure de séjour prévues par la législation de l'État d'accueil relative aux citoyens étrangers.

Article 13

Tous les frais liés au traitement des documents requis pour l'entrée des citoyens des États des Parties visés à l'article 2 du présent Accord sur le territoire de l'État d'accueil, et à leur départ de l'État d'accueil (à l'exception des citoyens visés à l'alinéa 4 de l'article 2) sont pris en charge par lesdits citoyens ou par l'entreprise d'accueil.

Article 14

1. Le présent Accord entre en vigueur au premier jour du deuxième mois suivant la dernière des notifications indiquant l'accomplissement, par chacune des Parties, des formalités internes nécessaires à son entrée en vigueur.

2. Chaque Partie a le droit de dénoncer le présent Accord à tout moment sous réserve d'une notification écrite adressée à l'autre Partie par la voie diplomatique. Le présent Accord prend fin à l'expiration d'un délai de trois mois à compter de la date de réception de cette notification. Les droits acquis au titre des dispositions du présent Accord ne cessent pas en cas de dénonciation de celui-ci, sauf accord contraire des Parties.

3. Les problématiques relatives à l'interprétation ou à l'application du présent Accord sont réglées par le groupe de travail mixte visé à l'article 3 du présent Accord ou par la voie diplomatique.

FAIT à Séoul, le 10 novembre 2010, en double exemplaire, en langues coréenne, russe et anglaise, tous les textes faisant également foi. En cas de divergence d'interprétation, le texte anglais prévaut.

Pour le Gouvernement de la République de Corée :
[LEE KWI-NAM]

Pour le Gouvernement de la Fédération de Russie :
[KONSTANTIN ROMODANOVSKI]

ANNEXE N° 1 À L'ACCORD ENTRE LE GOUVERNEMENT DE LA RÉPUBLIQUE DE CORÉE ET LE GOUVERNEMENT DE LA FÉDÉRATION DE RUSSIE RELATIF À L'EMPLOI TEMPORAIRE DES CITOYENS D'UN ÉTAT SUR LE TERRITOIRE DE L'AUTRE ÉTAT

I. Documents requis par les autorités compétentes de la Fédération de Russie pour l'invitation à entrer sur le territoire de la Fédération de Russie aux fins d'un emploi :

1. Demande visant à l'émission de l'invitation ;
2. Questionnaire correspondant avec photo couleur (taille 3x4 cm) du citoyen de la République de Corée ;
3. Copie du document prouvant l'identité du citoyen de la République de Corée et reconnu comme tel par la Fédération de Russie ;
4. Copie du document attestant la formation ou la qualification professionnelle du citoyen de la République de Corée ;
5. Copie du contrat de travail conclu par l'employeur avec le citoyen de la République de Corée ;
6. Dossier médical délivré conformément à la législation du pays d'accueil ;
7. Document attestant le règlement de la taxe d'État pour l'obtention de l'invitation.

II. Documents requis par les autorités compétentes de la République de Corée pour l'invitation à entrer sur le territoire de la République de Corée aux fins d'un emploi :

1. Formulaire de demande ;
2. Une photo couleur (format 3x4 cm) ;
3. Certificat d'emploi délivré par le siège social ;
4. Ordre de détachement émis par le siège social ;
5. Copie des documents relatifs à la création du bureau de représentation ou de l'entreprise (fournis par l'entreprise) ;
6. Copie du justificatif prouvant que l'importation des fonds de l'entreprise a été enregistrée (fournie par l'entreprise) ;
7. Copie des documents attestant l'enregistrement de l'entreprise en tant qu'investisseur étranger (fournie par l'entreprise).

ANNEXE N° 2 À L'ACCORD ENTRE LE GOUVERNEMENT DE LA RÉPUBLIQUE DE CORÉE ET LE GOUVERNEMENT DE LA FÉDÉRATION DE RUSSIE RELATIF À L'EMPLOI TEMPORAIRE DES CITOYENS D'UN ÉTAT SUR LE TERRITOIRE DE L'AUTRE ÉTAT

I. Documents requis par les autorités compétentes de la Fédération de Russie pour la prolongation de visa :

1. Deux photos (format 3x4 cm) ;
2. Questionnaire de type standard ;
3. Document en cours de validité prouvant l'identité du citoyen de la République de Corée et reconnu en tant que tel par la Fédération de Russie, et copies des pages contenant des informations sur le citoyen et la période de validité de ce document, ainsi qu'une copie du visa ;
4. Copie du contrat de travail ;
5. Document attestant le paiement de la taxe d'État pour l'obtention d'une invitation.

II. Documents requis par les autorités compétentes de la République de Corée pour la prolongation du visa :

1. Formulaire de demande ;
2. Une photo couleur (format 3x4 cm) ;
3. Copie du certificat d'enregistrement de la société ;
4. Ordre de détachement ou certificat d'emploi délivré par le siège social ;
5. Copie du justificatif prouvant que l'importation des fonds de l'entreprise a été enregistrée (fournie par l'entreprise) ;
6. Copie du document attestant le paiement des impôts (fournie par l'entreprise) ;
7. Copie de l'enregistrement des transactions commerciales telles que les exportations et les importations (fournie par l'entreprise).

No. 54039

Republic of Korea
and
China

Agreement between the Government of the Republic of Korea and the Government of the People's Republic of China on the promotion and protection of investments. Sydney, 7 September 2007

Entry into force: *1 December 2007, in accordance with article 14*

Authentic texts: *Chinese, English and Korean*

Registration with the Secretariat of the United Nations: *Republic of Korea, 10 November 2016*

République de Corée
et
Chine

Accord entre le Gouvernement de la République de Corée et le Gouvernement de la République populaire de Chine pour la promotion et la protection des investissements. Sydney, 7 septembre 2007

Entrée en vigueur : *1er décembre 2007, conformément à l'article 14*

Textes authentiques : *chinois, anglais et coréen*

Enregistrement auprès du Secrétariat de l'Organisation des Nations Unies : *République de Corée, 10 novembre 2016*

[TEXT IN CHINESE – TEXTE EN CHINOIS]

大韩民国政府和中华人民共和国政府
关于促进和保护投资的协定

大韩民国政府和中华人民共和国政府（以下称“缔约双方”）

为了加强两国间经济和贸易合作，愿进一步促进投资；

愿为缔约一方的投资者在缔约另一方领土内的投资创造有利条件，给予上述投资和相关的经营活动优惠的待遇和保护；

认识到鼓励和相互保护此类投资将有助于促进两国间经济往来、贸易和技术领域的交流；并且按照 2003 年 7 月 8 日《中韩联合声明》的精神，双方承诺提高中韩全面合作伙伴关系；

达成协议如下：

第一 条

定义

本协定内：

一、“投资”一词系指缔约一方投资者依照缔约另一方在投资时的法律和法规在缔约另一方领土内所投入的各种财产，特别是，包括但不限于：

(一) 动产、不动产和其他财产权利，如抵押、留置、质押、用益物权和类似权利；

(二) 公司、企业和中外合营企业的股份、股票、债券、公司债和其他形式的参股；

(三) 金钱请求权或其他与投资有关的具有经济价值的行为

请求权；

(四) 知识产权，包括著作权、商标、专利、工业设计、工艺流程、专有技术、商业秘密、商名和商誉；

(五) 法律授予的或依照法律通过合同、授权、许可而获得的权利，包括勘探、提炼、耕作或开发自然资源的权利。

作为投资的财产发生任何形式上的变化，不影响其作为投资的性质。

二、"投资者"一词系指在缔约另一方的领土内进行投资的缔约一方的自然人或者法人：

(一) "自然人"一词系指根据缔约一方的法律拥有其国籍的自然人；

(二) "法人"一词系指任何依据缔约一方的法律法规成立的实体，包括公司、公共机构、基金会、合伙、商号、组织、社团或者协会。

三、"收益"一词系指由投资所产生的款项，特别是，包括但不限于：利润、利息、资本利得、股息、版税、酬金。投资收益和若存在再投资时那些再投资收益享有与投资同样的保护。

四、"联合国国际贸易法委员会仲裁规则"一词系指联合国国际贸易法委员会于 1976 年 4 月 28 日通过的《联合国国际贸易法委员会仲裁规则》。

五、"解决投资争端国际中心条约"一词系指 1965 年 3 月 18 日在华盛顿开放签署的《解决一国和他国投资者投资争端条约》。

六、"中心"一词系指《关于建立解决投资争端国际中心条约》建立的解决投资争端国际中心。

第二条

促进和保护投资

一、缔约一方应鼓励缔约另一方的投资者在其领土内投资，并依照其法律和法规接受这种投资。

二、缔约一方投资者的投资应在缔约另一方境内受到公平和公正对待，享受充分与及时的保护和保障。

三、缔约一方不得对缔约另一方投资者作出的投资的管理、维持、使用、享有和处分采取任何不合理的或歧视性的措施，缔约一方也不得在当地含量、技术转移或出口业绩要求方面对缔约另一方投资者作出的投资采取任何不合理的或歧视性的措施。

四、本着投资或进行投资相关经营的目的，欲进入缔约另一方领土并停留的缔约一方的国民，其入境、逗留、定居的申请应给予善意考虑；同样的善意考虑也应当给予根据其国内法在缔约另一方领土内开展经营活动的授权和许可的申请。

第三条

投资待遇

一、在扩张、运营、管理、维持、使用、享有、销售和其他对于投资的处理（以下称“投资和商业行为”）方面，每一个缔约方应在其领土内提供给缔约另一方的投资者和他们的投资不低于在相似条件下其提供给其本国投资者和他们的投资的待遇（简称“国民待遇”），投资者在缔约另一方的领土内的投资应始终享受公正与公平的待遇。

二、第二条第三款和第三条第一款并不适用于在中华人民共和国领土内任何已存在的不符合措施和将来对于该措施的修改，但是修改相对于修改之前不能加重其不符合效果。

赋予投资的待遇一旦被接受，其后的修改不应该比最初投资作出的时候更具限制性。

中华人民共和国将采取所有可能的措施进一步消除不符合措施。

三、在投资和商业行为方面，包括投资准入上，每个缔约方将在其领土上给予缔约另一方投资者、他们的投资及由缔约另一方投资者作出的投资相关的活动不低于类似条件下其给予任何第三国投资者、他们的投资及与投资相关活动的待遇（简称“最惠国待遇”）

四、本条第三款的规定不应解释为缔约一方有义务将由下列原因产生的待遇、优惠或特权给予缔约另一方投资者：

(一) 任何现存或将来的关税同盟、自由贸易区、经济联盟和任何由上述同盟或类似机构制定的国际协议；

(二) 任何全部或主要与税收有关的国际协议或安排；

(三) 任何便利边境地区小规模投资的安排。

五、缔约一方的投资者可就在缔约另一方领土内受到的待遇寻求司法机关或者行政机构、主管机关的救济，包括诉求与申辩的权利，而且上述待遇不低于缔约另一方给与其本国投资者或者任何第三国投资者的待遇。

第四 条

征收

一、缔约一方对缔约另一方的投资者在其领土内的投资除非符合下列条件，不得采取征收、国有化或其他类似措施（以下称“征收”）：

(一) 为了公共利益；

(二) 依照国内法律和法律正当程序的国际标准；

(三) 非歧视性的；

(四) 符合第二款，给予补偿。

二、补偿应等于被征收投资在征收前一刻的公平市场价值。公平市场价值不反映因征收被公众过早知道而导致的任何价值的变化。补偿应无迟延支付并应包含征收作出之日到补偿支付日的适当的利息。补偿应为可有效实现的、可自由转移的，并且可以按照征收日的主要汇率自由兑换为所涉投资者所属缔约国的货币和国际货币基金条约的条款所定义的自由使用的货币。

三、在不损害本协定第九条规定的前提下，受影响的投资者应有权要求该缔约一方的司法机构或行政机构根据作出征收的缔约方的合法程序就投资者案件和根据本条原则确定的补偿金额作出迅速审查。

第五条

损害和损失的补偿

一、缔约一方的投资者在缔约另一方领土内的投资，由于缔约后者一方领土内发生任何形式的武装冲突、国内紧急状态、内乱而遭受损失，缔约后者一方给予其恢复原状、赔偿、补偿或采取其他解决措施的待遇，不应低于它给予本国或任何第三国投资者投资的待遇。

二、在不损害本条第一款的规定前提下，缔约一方的投资者在本条第一款所述的任何情况下在另一缔约方领土上遭受如下损失：

(一) 被该缔约另一方的军队和当局征用了财产，或者

(二) 被该缔约另一方的军队或当局非因战斗行动或情势必需而破坏了他们的财产，

则对于征收期间造成的损失和损害，或者财产破坏造成的结果，将给与公正和合理的补偿。

三、本条第一款和第二款所列示的补偿的最后支付将被无迟延地履行，并可以补偿金额作出之日的主要市场汇率自由转移。

第六条

转移

一、缔约一方应确保缔约另一方投资者在其境内投资有关的款项毫无迟延转移进出其领土，这些转移特别包括，但不限于：

(一) 建立、维持和扩大投资所必需的款项；

(二) 利润、利息、股息、资本利得、版税及其他费用；

(三) 基于合同所得的偿付，包括那些根据贷款协议的偿付；

(四) 全部或部分出售或清算资产获得的款项；

(五) 根据第四条和第五条所得的偿付；

(六) 根据第九条由于争端解决所得的偿付；

(七) 在缔约一方的领土内从事与投资有关活动的缔约另一方的国民的收入和其他报酬；

二、除非本协定有相反规定，缔约任何一方都不应阻碍转移以可自由兑换的货币按照转移日该货币通行的市场汇率得以无迟延地履行。

三、尽管存在以上第一与第二款的规定，缔约一方可以通过公平、非歧视、善意地适用其以下相关的法律迟延或者阻止转移：

(一) 破产、倒闭或者债权人权利保护；

(二) 证券的发行、买卖或者交易；

(三) 犯罪或者触犯刑法；或者保证遵照司法程序中的判决

或命令；

(四) 货币转移或者其他金融工具的报告。

四、尽管存在本协定其它条款，每个缔约方在以下情况下可以根据其法律法规，采取或维持与本条的义务不一致的措施：

(一) 存在收支平衡和外部财政方面严重的困难或者有上述困难之虞；或者

(二) 例外情况下，资本转移引起特别是金融和汇率政策方面的宏观经济管理的严重困难或者有上述困难之虞。

五、上述第四款提到的措施须：

(一) 符合国际货币基金协定的条款，缔约方作出的保留除外；

(二) 不超越处理上述第四款描述的情形所必要的措施；

(三) 是临时的并在条件许可时被取消；

(四) 即刻通知缔约另一方。

六、本条各款所提及的转移应该符合现行关于汇率管理的法律法规规定的相关的形式要件。这些涉及的形式要件包括但不限于：

(一) 海外投资；

(二) 清算、所有权的转移和外商投资企业的注册资本的减少（包括要求收回投资）；

(三) 本金和已登记的外债（包括借自外国投资者的款项）的利息的归还；或者

(四) 国内担保人提供的外部担保。

完成转移程序要求的期间应开始于附有必要的证明文件的书面申请被提交到外汇部门之日。必要的许可授权应该在一个月之内发出，最多不超过两个月。

七、本条所涉的形式要件不应被用以规避本协议下缔约方的承诺和义务。与投资相关的转移的形式要件不应比最初作出投资时更有限制。

第七条

代 位

一、如果缔约一方或其指定的机构对其投资者在缔约另一方领土内的某项投资所遭受的非商业险根据担保或保险合同作了支付，缔约后一方应承认：

(一) 这种转移，即任何投资者的权利和请求权都转移给了缔约前一方或者给了其指定的机构，不论基于法律或者根据缔约前一方国内的合法交易，

(二) 缔约前一方或其指定机构根据代位权行使与该投资者同样程度的权利和法律请求，并履行与投资者同样的投资相关的义务。

二、基于这种权利和请求的转移以及偿付权的转移，如果偿付应付给缔约的前一方或者其指定的机构，第四条和第六条的规定应

该比照适用。

第八条

缔约双方间争议解决

一、任一缔约方要求解决协定相关的任何争议，或者要求讨论协定的解释或适用、协定目标的实现等相关事项时，缔约双方应立刻通过外交途径进行协商。

二、如果争议在 6 个月内未被解决，根据缔约一方的要求，应将争议提交专设仲裁庭解决。

三、仲裁庭由 3 名仲裁员组成。自收到要求仲裁的书面通知之日起两个月内，各缔约方应任命一名仲裁员。该两名仲裁员应在其后两个月内，共同选定一位与缔约双方均有外交关系的第三国国民担任首席仲裁员。

四、如果仲裁庭未能在收到要求仲裁的书面通知起四个月内组成，缔约双方间又无其他协定，缔约任何一方可以提请国际法院院长作出必要的任命。如果国际法院院长是缔约任何一方的国民，或由于其他原因不能履行此项任命，应请国际法院中非缔约任何一方的国民也无其他不胜任原因的最资深法官履行此必要的任命。

五、仲裁庭应该决定其自身的程序。仲裁庭将根据本协定和缔约双方共同认可的国际法原则作出裁决。

六、仲裁庭应以多数票作出裁决。裁决在仲裁庭组成之日起 10

个月内作出。该裁决是终局的，对缔约双方均有拘束力。应任何缔约一方的请求，仲裁庭应解释其所作裁决的理由。

七、缔约方应各自承担其任命的仲裁员及出席仲裁程序的费用。首席仲裁员和仲裁庭的相关费用应由争议双方平均承担。

第九条

投资者与缔约一方争议解决

一、基于本条目的，一项投资争议指缔约一方与缔约另一方的投资者之间的投资争议，缔约一方被指控由于对本协定的违反而对缔约另一方的投资者的投资造成或导致了损害和损失。

二、若发生投资争议，该争议应尽可能通过协商或谈判解决。若没有如此解决，投资者可提交该投资争议到如下两个解决途径之一：

(一) 投资所在地有管辖权的法院；

(二) 争议被任何一方提请协商之日起 4 个月后，进行国际仲裁。

三、在国际仲裁的情况下，根据投资者的选择，争议将被提交到：

(一) 依据 1965 年 3 月 18 日在华盛顿签署的《解决国家和他国国民之间投资争端公约》设立的“解决投资争端国际中心”；或者

(二) 根据联合国国际贸易法委员会仲裁规则或者经双方同意的任何别的仲裁规则设立的专设仲裁庭；

争议中的缔约方可以要求相关的投资者在提交到国际仲裁之前用尽该缔约方的法律和法规规定的国内行政复议程序。

包括要求提交文件的时间,国内的行政复议程序从复议申请被提交之日起算不超过 4 个月。如果程序在 4 个月内没有完成，它将被视为已经完成，投资者可以提起国际仲裁。投资者可以在本条第二款中规定的 4 个月的谈判或协商期间提起行政复议程序。

每个缔约方同意投资争端中的投资者将争端提交到有拘束力的国际仲裁解决。

四、一旦投资者将争议提交给有管辖权的投资所在地法院、“解决投资争端国际中心”或者依照本条第三款所组成的独立仲裁庭，三种程序选择任何一个都是终局的。

五、根据本条第三款提起投资争议的投资者应至少在诉求提起前 90 日给争议中的缔约方一份书面通知，说明其提起争端解决的意向。通知列明：

(一) 涉争议投资者的名称和地址；

(二) 涉案的缔约方的具体争议措施、能够充分清楚说明问题的关于投资争端的事实和法律根据的摘要，包括指控涉案缔约方所违反的协定的条款。

(三) 寻求的救济，包括必要的请求赔偿的大略数额；和

(四) 涉争端的投资者寻求的本条第三款（一）到（二）项

中列示的争端解决程序。

六、仲裁裁决应该基于包括其冲突法规则在内的涉案缔约一方的法律、本协定的规定，以及缔约双方都接受的国际法原则。

七、尽管存在本条第三款的规定，如果从投资者首次知道或者应该知道其受到损失或损害之日起已经超过三年，则投资者不能根据本条第三款提起请求。

八、仲裁裁决是终局的，对争议双方具有拘束力。各缔约方有义务根据其相关法律法规执行裁决。

第十条

其他义务

一、如果缔约一方的立法或缔约双方之间现存或此后设立的国际义务导致给予缔约另一方投资者的投资比本协定更优惠待遇的地位，该地位不受本协定影响。

二、缔约任何一方应恪守其与缔约另一方投资者就投资所作出的任何承诺。

三、本协议的任何规定不应被解释为消减双方加入的关于保护知识产权的国际协定项下的权利和义务，上述国际协定包括世贸组织马拉喀什协定附件 1C 确立的与贸易相关的知识产权协议、世界知识产权组织制定的其他国际条约。

四、为履行本协定的义务，每个缔约方应采取合理可行的措施确保其领土内的省级政府恪守本协定。

第十一条

透明度

一、缔约方应及时出版或通过其他方式使公众获得对缔约另一方投资者在其境内投资可能产生影响的法律、法规、程序、行政规章和普遍适用的司法裁决以及国际协定。

二、本协定不要求缔约一方提供或允许获得任何机密或有产权的信息，包括与特定的投资者或投资有关的信息，披露后会妨碍法律的执行、违背保护机密的法律或损害特定投资者的合法商业利益的信息。

第十二条

协定的适用

本协定应适用在其生效之前或之后缔约任何一方投资者在缔约另一方领土内按照其相关法律法规进行的投资，但是，不适用任何在本协定生效之前已发生的争议。

第十三条

磋商

一、缔约方的代表为下列目的将举行不定期会议：

(一) 审查本协定的执行情况；

(二) 交换法律信息和投资机会；

(三) 提出促进投资的建议；

(四) 研究投资相关的其他问题。

二、任一缔约方提议就本条第一款事项进行磋商，缔约另一方将即刻给予回应，该磋商将轮流在北京和首尔举行。

第十四条

生效、期限和终止

一、本协定自缔约双方相互书面通知对方已完成协定生效所必需的国内法律程序之日后次月的首日生效。协定有效期 10 年。如缔约一方在协定期满前一年未书面通知另一方终止本协定，本协定将自动顺延 10 年，并依此法顺延。

二、对本协定终止之日前所作出的投资，本协定的规定应自终止之日起继续有效 10 年。

三、本协定可按照缔约双方的书面协议加以修改。任何修改的

(二) 根据联合国国际贸易法委员会仲裁规则或者经双方同意的任何别的仲裁规则设立的专设仲裁庭；

争议中的缔约方可以要求相关的投资者在提交到国际仲裁之前用尽该缔约方的法律和法规规定的国内行政复议程序。

包括要求提交文件的时间,国内的行政复议程序从复议申请被提交之日起算不超过 4 个月。如果程序在 4 个月内没有完成，它将被视为已经完成，投资者可以提起国际仲裁。投资者可以在本条第二款中规定的 4 个月的谈判或协商期间提起行政复议程序。

每个缔约方同意投资争端中的投资者将争端提交到有拘束力的国际仲裁解决。

四、一旦投资者将争议提交给有管辖权的投资所在地法院、“解决投资争端国际中心”或者依照本条第三款所组成的独立仲裁庭，三种程序选择任何一个都是终局的。

五、根据本条第三款提起投资争议的投资者应至少在诉求提起前 90 日给争议中的缔约方一份书面通知，说明其提起争端解决的意向。通知列明：

(一) 涉争议投资者的名称和地址；

(二) 涉案的缔约方的具体争议措施、能够充分清楚说明问题的关于投资争端的事实和法律根据的摘要，包括指控涉案缔约方所违反的协定的条款。

(三) 寻求的救济，包括必要的请求赔偿的大略数额；和

(四) 涉争端的投资者寻求的本条第三款（一）到（二）项

[TEXT IN ENGLISH – TEXTE EN ANGLAIS]

AGREEMENT BETWEEN THE GOVERNMENT OF THE REPUBLIC OF KOREA AND THE GOVERNMENT OF THE PEOPLE'S REPUBLIC OF CHINA ON THE PROMOTION AND PROTECTION OF INVESTMENTS

The Government of the Republic of Korea and the Government of the People's Republic of China (hereinafter referred to as the Contracting Parties);

Desiring to further promote investment in order to strengthen economic and trade cooperation between the two States;

Intending to create favourable conditions for investments by investors of one Contracting Party in the territory of the other Contracting Party by according favourable treatment and protection to such investments and business activities in connection therewith;

Recognizing that the encouragement and reciprocal protection of investment will stimulate exchanges in economic, trade, and technological fields between the two States; and

In accordance with the spirit of the Korea-China Joint Statement of July 8th , 2003, in which both States committed to enhancing the Korea-China Comprehensive Cooperative Partnership;

Have agreed as follows:

ARTICLE 1
DEFINITIONS

For the purpose of this Agreement,

1. The term "investments" means every kind of asset, used as investment by investors of one Contracting Party within the territory of the other Contracting Party, in accordance with the applicable laws and regulations of that other Contracting Party at the time of investment and shall include, in particular, though not exclusively:

(a) movable and immovable property as well as any other property rights in rem such as mortgages, liens, pledges, usufruct and similar rights;

(b) shares, stocks, bonds and debentures or any other forms of participation in a company, business enterprise or joint venture;

(c) claims to money or to any performance having an economic value associated with an investment;

(d) intellectual property rights, including copyrights, trade marks, patents, industrial designs, technical processes, know-how, trade secrets and trade names, and goodwill;

(e) any right conferred by law or under contract and any licences and permits pursuant to law, including the right to search for, extract, cultivate or exploit natural resources.

Any alteration of the form in which assets are invested shall not affect their classification as investment.

2. The term "investor" means any natural person or legal entity of one Contracting Party who invests in the territory of the other Contracting Party:

(a) the term "natural person" means a natural person having the nationality of one Contracting Party in accordance with its laws; and

(b) the term "legal entity" means any entity incorporated or constituted in accordance with the laws and regulations of one Contracting Party, including a company, public institution, foundation, partnership, firm, organisation, corporation or association.

3. The term "returns" means the amounts yielded by an investment, and, in particular, though not exclusively, includes profits, interest, capital gains, dividends, royalties and fees. Returns from investments and, in the case of their reinvestment, returns from those reinvestments shall enjoy the same protection as investments.

4. The term "UNCITRAL Arbitration Rules" means the arbitration rules of the United Nations Commission on International Trade Law, adopted by the United Nations Commission on International Trade Law on April 28, 1976.

5. The term "ICSID Convention" means the Convention on the Settlement of Investment Disputes between States and Nationals of Other States opened for signature in Washington, on March 18, 1965.

6. The term "the Centre" means the International Centre for Settlement of Investment Disputes established by the ICSID Convention.

ARTICLE 2
PROMOTION AND PROTECTION OF INVESTMENT

1. Each Contracting Party shall encourage investors of the other Contracting Party to make investments in its territory and admit such investments in accordance with its laws and regulations.

2. Each Contracting Party shall accord to investments in its territory of investors of the other Contracting Party fair and equitable treatment and full and constant protection and security.

3. Neither Contracting Party shall take any unreasonable or discriminatory measures against the management, maintenance, use, enjoyment and disposal of the investments by the investors of the other Contracting Party, nor impose unreasonable or discriminatory measures on investments by investors of the other Contracting Party concerning local content, technology transfer or export performance requirements.

4. Nationals of one Contracting Party who wish to enter the territory of the other Contracting Party and to remain therein for the purpose of making investments and carrying on business activities in connection therewith, shall be given sympathetic consideration to their applications for entry, sojourn and residence, as well as applications for licenses and permits to conduct business activities, in the territory of that other Contracting Party in accordance to its national legislation.

ARTICLE 3
TREATMENT OF INVESTMENT

1. Each Contracting Party shall in its territory accord to investors of the other

Contracting Party and to their investments treatment no less favourable than the treatment it accords in like circumstances to its own investors and their investments (hereinafter referred to as "national treatment") with respect to the expansion, operation, management, maintenance, use, enjoyment, and sale or other disposal of investments (hereinafter referred to as "investment and business activities").

2. The paragraph 3 of Article 2 and the paragraph 1 of the Article 3 do not apply to any existing non-conforming measure maintained within its territory of the People's Republic of China or any future amendment thereto provided that the amendment does not increase the non-conforming effect of such a measure from what it was immediately before the amendment took effect.

Treatment granted to investments once admitted shall in no case be made restrictive than the treatment granted at the time when the original investment was made.

The People's Republic of China will take all appropriate measures to progressively remove all non-conforming measures.

3. Each Contracting Party shall in its territory accord to investors of the other Contracting Party and to their investments and activities associated with such investments by the investors of the other Contracting Party treatment no less favourable than that accorded in like circumstances to the investors and investments and associated activities by the investors of any third State (hereinafter referred to as "most-favoured-nation treatment") with respect to investments and business activities, including the admission of investment.

4. The provisions of Paragraph 3 of this Article shall not be construed so as to oblige one Contracting Party to extend to the investors of the other Contracting Party the benefit of any treatment, preference or privilege by virtue of:

(a) any customs union, free trade zone, economic union and any international agreement resulting in such unions, or similar institutions;

(b) any international agreement or arrangement relating wholly or mainly to taxation;

(c) any arrangements for facilitating small scale frontier trade in border areas.

5. Treatment accorded to investors of one Contracting Party within the territory of the other Contracting Party with respect to access to the courts of justice and administrative tribunals and authorities both in pursuit and in defence of their rights shall not be less favourable than that accorded to investors of the latter Contracting Party or to investors of any third State.

ARTICLE 4
EXPROPRIATION

1. Neither Contracting Party shall expropriate, nationalize or take other similar measures, directly or indirectly, (hereinafter referred to as "expropriation") against the investments of the investors of the other Contracting Party in its territory, unless the following conditions are met:

(a) for the public interests;

(b) in accordance with domestic law and international standard of due process of law

(c) without discrimination;

(d) against compensation in accordance with paragraph 2.

2. Compensation shall be equivalent to the fair market value of the expropriated investment immediately before the expropriation occurred. The fair market value shall not reflect any change in value occurring because the expropriation had become publicly known earlier. The compensation shall be paid without delay and shall carry appropriate interest from the date of expropriation until the date of payment. It shall be effectively realisable, freely transferable and freely convertible into the currency of the Contracting Party of the investors concerned and into freely usable currencies as defined in the Articles of the Agreement of the International Monetary Fund, at the market exchange rate prevailing on the date of expropriation.

3. Without prejudice to the provisions of Article 9, the investors affected shall have a right of access to the courts of justice or administrative tribunals according to its legal procedure of the Contracting Party making the expropriation for a prompt review of the investors' case and the amount of compensation in accordance with the principles set out in this Article.

ARTICLE 5

COMPENSATION FOR DAMAGES AND LOSSES

1. Investors of one Contracting Party whose investments in the territory of the other Contracting Party suffer losses owing to any kind of armed conflict, a state of national emergency or civil disturbances in the territory of the latter Contracting Party shall be accorded by the latter Contracting Party treatment, as regards restitution, indemnification, compensation or other settlement, no less favourable than that which the latter Contracting Party accords to its own investors or investors of any third State.

2. Without prejudice to paragraph 1 of this Article, investors of one Contracting Party, who in any of the events referred to in that paragraph suffer damage or loss in the territory of the other Contracting Party resulting from:

(a) requisition of their property by forces or authorities of that other Contracting Party; or

(b) destruction of their property by its forces or authorities which was not caused in combat action or was not required by the necessity of the situation

shall be accorded fair and reasonable compensation for the damage or loss sustained during the period of the requisition or as a result of the destruction of the property.

3. The resulting payments of compensation set out in paragraphs 1 and 2 of this Article shall be made without delay and shall be freely transferable at the market exchange rate prevailing on the date of determining the amount of compensation.

ARTICLE 6

TRANSFERS

1. Each Contracting Party shall ensure that all payments relating to an investment in its territory of an investor of the other Contracting Party may be freely transferred into and out of its territory without delay. Such transfers shall include, in particular, though not exclusively:

(a) amounts necessary for establishing, maintaining or expanding the investment;
(b) profits, interest, dividends, capital gains, royalties or other fees;
(c) payments made under a contract including those pursuant to a loan agreement;
(d) proceeds from the total or partial sale or liquidation of investments;
(e) payments made in accordance with Articles 4 and 5;
(f) payments arising out of the settlement of a dispute under Article 9; and
(g) earnings and remuneration of nationals of the other Contracting Party employed in connection with an investment.

2. Neither Contracting Party shall prevent transfers from being made without delay in freely convertible currencies at the market exchange rate prevailing on the date of the transfer, unless otherwise provided in this Agreement.

3. Notwithstanding paragraphs 1 and 2 above, one Contracting Party may delay or prevent a transfer through the equitable, non-discriminatory and good faith application of its laws relating to:
(a) bankruptcy, insolvency or the protection of the rights of creditors;
(b) issuing, trading or dealing in securities;
(c) criminal or penal offences; or ensuring compliance with orders or judgements in adjudicatory proceedings;
(d) reports of transfers of currency or other monetary instruments.

4. Notwithstanding other provisions of this Agreement, each Contracting Party may, in accordance with its laws and regulations, adopt or maintain measures inconsistent with its obligations under this Article:
(a) in the event of serious balance-of-payments and external financial difficulties or threat thereof; or
(b) where, in exceptional circumstances, movements of capital cause, or threaten to cause, serious difficulties for macroeconomic managements, in particular monetary and exchange rate policies.

5. Measures referred to in paragraph 4 above:

(a) shall be consistent with the Articles of the Agreement of the International Monetary Fund other than those the Contracting Parties made reservations;
(b) shall not exceed those necessary to deal with the circumstances described in paragraph 4 above;
(c) shall be temporary and shall be eliminated as soon as conditions permit;
(d) shall be promptly notified to the other Contracting Party.

6. The transfers referred to in paragraphs of this Article shall comply with relevant formalities stipulated by the current laws and regulations relating to exchange administration. These formalities refer to, including but not limited to:
(a) overseas investment;
(b) liquidation, transfer of ownership and registered capital reduction (including reclaiming investment) of foreign direct investment enterprise;
(c) the repayment of principal and interest of registered external debts (including loans from foreign investors); or
(d) external guarantee provided by domestic guarantors.

The period required for the completion of transfer formalities shall commence on the day on which a written request with necessary supportive documentation is submitted to the foreign exchange authorities. The necessary authorizations should be granted in a period of one month but shall in no case exceed two months.

7. The formalities referred to this Article shall not be used as a means of avoiding the contracting party's commitments and obligations under this Agreement. Transfer formalities relating to an investment shall in no case be made more restrictive than formalities required at the time when the original investment was made.

ARTICLE 7
SUBROGATION

1. If one Contracting Party or its designated agency makes a payment to its investors under a guarantee or a contract of insurance against non-commercial risks

it has accorded in respect of an investment made in the territory of the other Contracting Party, the latter Contracting Party shall recognize:

(a) the assignment, whether under the law or pursuant to a legal transaction in the former Contracting Party, of any rights or claims by the investors to the former Contracting Party or to its designated agency, as well as,

(b) that the former Contracting Party or to its designated agency is entitled by virtue of subrogation to exercise the rights and enforce the claims of that investor and assume the obligations related to the investment to the same extent as the investor.

2. As regards payment to be made to that former Contracting Party or its designated agency by virtue of such assignment of right or claim and the assignment of such payment, the provision of Article 4 and Article 6 shall apply mutatis mutandis.

ARTICLE 8

SETTLEMENT OF DISPUTES BETWEEN CONTRACTING PARTIES

1. The Contracting Parties shall consult promptly through diplomatic channel, upon request by either Contracting Party, to resolve any dispute in connection with this Agreement, or to discuss any matter relating to the interpretation or application of this Agreement or to the realisation of the objectives of this Agreement.

2. If a dispute cannot thus be settled within six months, it shall, upon the request of either Contracting Party, be submitted to an ad hoc arbitral tribunal.

3. Such tribunal comprises of three arbitrators. Within two months of the receipt of the written notice requesting arbitration, each Contracting Party shall appoint one arbitrator. Those two arbitrators shall, within further two months, together select a national of a third State having diplomatic relations with both Contracting Parties as Chairman of the arbitral tribunal.

4. If the arbitral tribunal has not been constituted within four months from the receipt of the written notice requesting arbitration, either Contracting Party may, in the absence of any other agreement, invite the President of the International Court of Justice to make any necessary appointments. If the President is a national of either Contracting Party or is otherwise prevented from discharging the said functions, the Member of the International Court of Justice next in seniority who is not a national of either Contracting Party or is not otherwise prevented from discharging the said functions shall be invited to make such necessary appointments.

5. The arbitral tribunal shall determine its own procedure. The arbitral tribunal shall reach its award in accordance with the provisions of this Agreement and the principles of international law recognized by both Contracting Parties.

6. The arbitral tribunal shall reach its decision by a majority of votes. The arbitration decision shall be made within ten months from the date of constitution of the arbitral tribunal. Such award shall be final and binding upon both Contracting Parties. The arbitral tribunal shall, upon the request of either Contracting Party, explain the reasons of its award.

7. Each Contracting Party shall bear the costs of its appointed arbitrator and of its representation in arbitral proceedings. The relevant costs of the Chairman and tribunal shall be borne in equal parts by the Contracting Parties.

ARTICLE 9
SETTLEMENT OF DISPUTES BETWEEN INVESTORS AND ONE CONTRACTING PARTY

1. For the purposes of this Article, an investment dispute is a dispute between one Contracting Party and an investor of the other Contracting Party that has incurred loss or damage by reason of, or arising out of, an alleged breach of this Agreement with respect to an investment of an investor of that other Contracting Party.

2. In the event of an investment dispute, the investment dispute shall, if possible, be settled by consultation or negotiation. If it is not so settled, the investor may submit the investment dispute for resolution under one of the following alternatives:

   (a) a competent court of the state where the investment was made;

   (b) international arbitration after four months from the date the dispute has been raised for consultation by either party.

3. In case of international arbitration, the dispute shall be submitted, at the option of the investor, to:

   (a) International Center for Settlement of Investment Disputes (ICSID) under the Convention on the Settlement of Disputes between States and Nationals of Other States, done at Washington on March 18, 1965; or

   (b) an ad hoc arbitration tribunal established under UNCITRAL Arbitration Rules or any other arbitration rules agreed upon by both parties;

provided that the Contracting Party involved in the dispute may require the investor concerned to go through the domestic administrative review procedures specified by the laws and regulations of that Contracting Party before the submission to international arbitration.

The domestic administrative review procedures shall not exceed four months from the date an application for the review is first filed including the time required for documentation. If the procedures are not completed by the end of the four months, it shall be considered that the procedures are complete and the investor may proceed to an international arbitration. The investor may file an application for the review during the four months consultation or negotiation period as provided in paragraph 2 of this Article.

Each Contracting Party hereby gives its consent for submission by the investor concerned of the investment dispute for settlement by binding international arbitration.

4. Once the investor has submitted the dispute to the competent court of the State where the investment was made, to the ICSID, or to the ad hoc arbitration tribunal referred to in Paragraph 3 of this Article, the choice of one of the three procedures shall be final.

5. An investor submitting an investment dispute pursuant to paragraph 3 of this Article shall give to the Contracting Party in dispute a written notice of intent to do so at least ninety days before the claim is submitted. The notice of intent shall specify:

(a) the name and address of the investors concerned;

(b) the specific measures at issue of such Contracting Party in dispute and a brief summary of the factual and legal basis of the investment dispute sufficient to present the problem clearly, including the provisions of this Agreement alleged to have been breached;

(c) the relief sought including, as necessary, the approximate amount of damages claimed; and

(d) the dispute-settlement procedures set forth in paragraph 3 (a) to (b) of this Article which the investor concerned will seek.

6. The arbitration award shall be based on the law of the Contracting Party to the dispute including its rules on the conflict of laws, the provisions of this Agreement as well as the principles of international law accepted by both Contracting Parties.

7. Notwithstanding the provisions of paragraph 3 of this Article, an investor may not make a claim pursuant to paragraph 3 of this Article if more than three years have elapsed from the date on which the investor first acquired, or should have first acquired, knowledge that the investor had incurred loss or damage.

8. The arbitration award shall be final and binding upon both parties to the dispute. Each Contracting Party shall commit itself to the enforcement of the award in accordance with its relevant laws and regulations.

ARTICLE 10
OTHER OBLIGATIONS

1. If the legislation of either Contracting Party or international obligations existing at present or established hereafter between the Contracting Parties result in a

position entitling investments by investors of the other Contracting Party to a treatment more favourable than is provided for by the Agreement, such position shall not be affected by this Agreement.

2. Each Contracting Party shall observe any commitments it may have entered into with the investors of the other Contracting Party as regards to their investments.

3. Nothing in this Agreement shall be construed so as to derogate from the rights and obligations under international agreements in respect of protection of intellectual property rights to which the Contracting Parties are parties, including the Agreement on Trade-Related Aspects of Intellectual Property Rights, Annex 1C of the Marrakesh Agreement Establishing the World Trade Organization, and other international agreements concluded under the auspices of the World Intellectual Property Organization .

4. In fulfilling the obligations under this Agreement, each Contracting Party shall take such reasonable measures as may be available to it to ensure the observance of this Agreement by provincial governments in its territory.

ARTICLE 11

TRANSPARENCY

1. Each Contracting Party shall promptly publish, or otherwise make publicly available, its laws, regulations, procedures and administrative rulings and judicial decisions of general application as well as international agreements which may affect the investments of investors of one Contracting Party in the territory of the other Contracting Party.

2. Nothing in this Agreement shall require a Contracting Party to furnish or allow access to any confidential or proprietary information, including information concerning particular investors or investments, the disclosure of which would impede law enforcement or be contrary to its laws protecting confidentiality or prejudice legitimate commercial interests of particular investors.

ARTICLE 12

APPLICATION

This Agreement shall apply to investment made prior to or after its entry into force by investors of one Contracting Party in the territory of the other Contracting Party in accordance with the laws and regulations of the Contracting Party concerned, but not apply to the dispute arose before its entry into force .

ARTICLE 13

CONSULTATIONS

1. The representatives of the Contracting Parties shall hold meetings from time to time for the purpose of:

(a) reviewing the implementation of this Agreement;

(b) exchanging legal information and investment opportunities;

(c) forwarding proposals on promotion of investment;

(d) studying other issues in connection with investment.

2. Where either Contracting Party requests consultation on any matter of Paragraph 1 of this Article, the other Contracting Party shall give prompt response and the consultation be held alternatively in Seoul and Beijing.

ARTICLE 14

ENTRY INTO FORCE, DURATION AND TERMINATION

1. This Agreement shall enter into force on the first day of the following month after the date on which both Contracting Parties have notified each other in writing that their respective internal legal procedures necessary therefor have been fulfilled and remain in force for a period of ten years. Unless either Contracting Party gives a written notice to the other Contracting Party to terminate this Agreement one year before the expiration of this period, this Agreement shall be automatically prolonged for another period of ten years, and shall thereafter be renewable accordingly.

2. With respect to investments made prior to the date of termination of this Agreement, the provisions of this Agreement shall continue to be effective for a further period of ten years from such date of termination.

3. This Agreement may be amended by written agreement between the Contracting Parties. Any amendment shall enter into force under the same procedures required for entry into force of the present Agreement.

4. The Agreement on the Encouragement and Reciprocal Protection on Investments between the Government of the Republic of Korea and the Government of the People's Republic of China, signed on September 30, 1992, shall be terminated when this Agreement enters into force, and be replaced by this Agreement.

IN WITNESS WHEREOF, the undersigned, duly authorized thereto by respective Governments, have signed this Agreement.

Done in duplicate at Sydney, on 7, September 2007, in the Korean, Chinese and English languages, all texts being equally authentic. In case of divergent interpretation, the English text shall prevail.

FOR THE GOVERNMENT OF THE REPUBLIC OF KOREA	FOR THE GOVERNMENT OF THE PEOPLE'S REPUBLIC OF CHINA

[TEXT IN KOREAN – TEXTE EN CORÉEN]

대한민국 정부와 중화인민공화국 정부 간의 투자의 증진 및 보호에 관한 협정

대한민국 정부와 중화인민공화국 정부(이하 "체약당사자"라 한다)는,

양국 간 경제 및 통상협력을 강화하기 위하여 투자를 보다 증진하기를 희망하고,

투자 및 투자와 관련된 사업 활동에 대하여 호의적인 대우와 보호를 부여하여 다른 쪽 체약당사자 영역 안에서 어느 한쪽 체약당사자의 투자자가 행하는 투자에 유리한 여건을 조성하기를 의도하며,

투자 증진과 상호 보호가 양국 간의 경제 · 통상 · 기술 영역 내의 교류를 촉진시킨다는 것을 인식하고,

한·중간 포괄적이고 협력적인 파트너십 증진을 약속한 2003년 7월 8일 한·중간의 공동 성명서 정신에 따라,

다음과 같이 합의하였다.

제 1 조

정 의

이 협정의 목적상,

1. "투자"라 함은 어느 한쪽 체약당사자의 투자자가 투자 시점에 적용가능한 다른 쪽 체약당사자의 법령에 따라 다른 쪽 체약당사자의 영역 안에서 투자하는 데 사용한 모든 종류의 자산을 말하며 특히 다음을 포함하나 이에 한정되지 아니한다.

가. 동산 · 부동산 및 저당권 · 유치권 · 질권 · 용익권 등 물질적 재산권 및 이와 유사한 권리

나. 지분 · 주식 · 채권 · 회사채 또는 그 밖의 형태의 회사 · 기업 · 합작사업에의 참여

다. 금전청구권이나 투자와 관련하여 경제적 가치가 있는 이행청구권

라. 저작권 · 상표권 · 특허권 · 의장 · 기술공정 · 노하우 · 영업비밀 · 상호권을 포함하는 지적재산권과 영업신용

마. 천연자원의 탐사 · 추출 · 개간 또는 개발을 위한 권리를 포함하여 법률 또는 계약에 의하여 부여되는 모든 권리 및 법률에 따른 면허와 허가

투자된 자산 형태의 어떠한 변경도 그 자산의 투자로서의 성격에 영향을 미치지 아니한다.

2. "투자자"라 함은 다른 쪽 체약당사자의 영역 안에 투자하는 어느 한 쪽 체약당사자의 모든 자연인 또는 법인을 말한다.

가. "자연인"이라 함은 각 체약당사자의 법에 의하여 그 체약당사자의 국적을 가진 자연인을 말한다.

나. "법인"이라 함은 회사 · 공공기관 · 재단 · 조합 · 상사 · 단체 · 기업 및 협회 등 각 체약당사자의 법령에 따라 설립 또는 조직된 모든 실체를 말한다.

3. "수익"이라 함은 투자에 의하여 발생한 금액을 말하며, 특히 이윤 · 이자 · 자본이득 · 배당금 · 사용료 및 모든 종류의 수수료를 포함하나 이에 한정되지 아니한다. 투자로부터 발생하는 수익과, 재투자의 경우 그러한 재투자로 부터 발생하는 수익은 투자로서 동등한 보호를 향유한다.

4. "국제연합국제무역법위원회 중재규칙"이라 함은 1976년 4월 28일 국제연합국재무역법위원회에 의하여 채택된 국제연합국재무역법위원회의 중재규칙을 말한다.

5. "ICSID 협약" 이라 함은 1965년 3월 18일 국가와 타방국가 국민 간의 투자분쟁의 해결에 관한 워싱턴 협약을 말한다.

6. "본부"라 함은 ICSID 협약에 의하여 설립된 국제투자분쟁해결본부를 말한다.

제 2 조
투자의 증진 및 보호

1. 각 체약당사자는 다른 쪽 체약당사자의 투자자가 자국 영역 안에서 투자하는 것을 장려하며 그러한 투자를 자국의 법령에 따라 허용한다.

2. 각 체약당사자의 투자자가 행한 투자는 다른 쪽 체약당사자의 영역 안에서 항상 공정하고 공평한 대우를 받으며, 완전하고 지속적인 보호와 안전을 향유한다.

3. 어떠한 체약당사자도 다른 쪽 체약당사자 투자자가 투자를 관리 · 유지 · 사용 · 향유 또는 처분하는 것에 대해 부당하거나 차별적인 조치를 취하지 아니한다. 또한 어느 한쪽 체약당사자는 국내산 사용 · 기술 이전 또는 수출 이행 의무에 관하여 다른 쪽 체약당사자 투자자의 투자에 대하여 비합리적이나 차별적 조치를 취하지 아니한다.

4. 투자 및 투자와 관련된 사업 활동을 목적으로 다른 쪽 체약당사자에 입국하고 체류하기를 희망하는 어느 한쪽 체약당사자의 국민들은 사업 활동을 위한 면허와 허가 신청 및 다른 쪽 체약당사자 안에서의 입국 · 체류 · 거주 신청에 대하여 다른 쪽 체약당사자의 법령에 따라 호의적인 고려를 받는다.

제 3 조

투자의 대우

1. 어느 한쪽 체약당사자는 자국의 영역 안에서 다른 쪽 체약당사자의 투자자와 그들의 투자에 대하여 투자의 확장 · 운영 · 관리 · 유지 · 사용 · 향유 · 판매 또는 그 밖의 처분(이하 "투자 및 영업 활동"이라 한다)에 관하여 유사한 상황에서 자국의 투자자와 그들의 투자에 부여하는 대우보다 불리하지 아니한 대우(이하 "내국민 대우"라 한다)를 부여한다.

2. 제2조 제3항 및 제3조 제1항은 중화인민공화국 영역 안에서 유지되는 현행의 비합치조치 또는 개정되기 이전의 비합치조치의 비합치 효과를 증가시키지 않는 조건으로 이루어지는 향후 모든 개정에 적용되지 아니한다.

일단 허가된 투자에 부여된 대우는 어떠한 경우에도 원래의 투자가 행해진 시점에 부여된 대우보다 제한적이지 않아야 한다.

중화인민공화국 정부는 모든 비합치조치를 점진적으로 제거하기 위하여 모든 적절한 조치를 취한다.

3. 각 체약당사자는 자국 영역 내 다른 쪽 체약당사자의 투자자와 그들의 투자 및 투자 관련 활동에 대하여 유사한 상황에서 제 3국의 투자자와 그들의 투자 및 투자 관련 활동에 대하여 투자의 허용을 포함한 투자 및 기업 활동에 부여하는 대우보다 불리하지 아니한 대우(이하 "최혜국 대우"라 한다)를 부여한다.

4. 이 조 제3항의 규정은 어느 한쪽 체약당사자가 다음 각목의 사항에 의하여 부여한 어떠한 대우·특혜 또는 특권의 혜택을 다른 한쪽 체약당사자의 투자자에게 부여해야 한다는 것으로 해석되지 아니한다.

가. 관세동맹 · 자유무역지대 · 경제 동맹 및 그러한 동맹이나 유사한 기관으로 귀결되는 국제 협정

나. 전적으로 또는 주요하게 조세와 관련된 국제 협정 및 약정

다. 국경지역에서 소규모 국경무역을 촉진하는 약정

5. 그들의 권리를 추구하고 변호하기 위해 법원, 행정재판소 및 행정기관을 이용하는 것과 관련하여 다른 한쪽 체약당사자의 영역 내에서 어느 한쪽 체약당사자의 투자자에게 자국의 투자자나 제3국의 투자자에게 부여하는 대우보다 불리하지 아니한 대우가 부여된다.

제 4 조
수 용

1. 어떠한 체약당사자도 다른 한쪽 체약당사자 투자자의 자국 영역 안에서의 투자에 대하여 직접 또는 간접적으로 수용·국유화하거나 수용·국유화에 상당하는 조치(이하 "수용"이라 한다)를 취하지 아니한다. 다만 다음의 조건이 충족되는 경우는 해당되지 아니한다.

가. 공공이익을 위하여

나. 국내법 및 국제 표준에 따른 적법절차에 의하여

다. 비차별적으로

라. 제2항에 따라 보상하는 경우

2. 보상은 수용되기 직전의 수용된 투자의 공정한 시장가치에 상응하여야 한다. 공정한 시장가치는 수용이 공공연히 미리 알려짐에 따라 발생하는 가치의 변화를 반영하지 아니한다. 보상은 지체 없이 지급되고, 수용일부터 보상 지불일까지의 기간에 해당되는 적정한 이자를 포함한다. 보상은 유효하게 현금

화되고, 자유롭게 송금될 수 있으며, 수용일에 적용되는 시장 환율에 따라 투자자의 국적통화 및 국제통화기금협정의 조항에 규정되어 있는 자유롭게 사용 가능한 통화로 자유롭게 태환되어야 한다.

3. 제9조의 규정을 저해함이 없이, 수용에 의하여 영향을 받은 투자자는 자신의 사안 및 보상 금액에 대하여 이 조에 규정된 원칙에 따라 수용을 행한 체약당사자의 법적 절차에 따르는 법원 또는 행정재판소에 의하여 신속한 심사를 받을 권리를 가진다.

제 5 조
손해 및 손실에 대한 보상

1. 어느 한쪽 체약당사자의 투자자는 어떠한 종류의 무력충돌, 국가비상사태 또는 소요로 인하여 다른 쪽 체약당사자 영역 안에서의 자신의 투자가 손실을 입은 경우, 복구·배상·보상 또는 그 밖의 다른 해결에 관하여 다른 쪽 체약당사자가 제3국의 투자자에게 부여하는 것보다 불리하지 아니한 대우를 부여받는다.

2. 이 조 제1항의 규정을 저해함이 없이, 어느 한쪽 체약당사자의 투자자는 다른 한쪽 체약당사자의 영역 안에서 제1항에 규정된 상황으로 인하여 다음 각 목의 사항으로부터 발생하는 피해나 손실을 입은 경우, 징발 기간 동안 지속된 피해나 손실 또는 재산 파괴의 결과로 생겨난 피해나 손실에 대하여 공정하고 적절한 보상을 받는다.

가. 다른 쪽 체약당사자의 군대 또는 당국에 의한 재산의 징발

나. 전투행위 중에 일어난 것이 아니거나 또는 상황의 필요성에 비추어 요구되지 아니하였던 다른 쪽 체약당사자의 군대 또는 당국에 의한 재산의 파괴

3. 이 조 제1항 및 제2항에 규정된 보상에 따른 지불은 지체 없이 이루어져야 하며, 보상금액 결정일에 적용되는 시장 환율로 자유롭게 송금될 수 있어야 한다.

제 6 조
송 금

1. 각 체약당사자는 다른 쪽 체약당사자 투자자의 자국 영역에서의 투자와 관련된 모든 지불액이 지체 없이 자국 영역의 안팎으로 자유롭게 송금될 수 있도록 보장한다. 그러한 송금은 특히 다음을 포함하나 이에 한정되지 아니한다.

가. 투자의 설립 · 유지 또는 증가를 위해 필요한 자본

나. 수익 · 이자 · 배당금 · 자본 이득 · 사용료 또는 그 밖의 수수료

다. 대출 약정에 따른 대여금을 포함한 계약에 의한 지불금

라. 투자의 전면적 · 부분적 매각 또는 청산으로 인한 수익

마. 제4조와 제5조에 따른 지불금

바. 제9조의 분쟁해결에 따른 지불금

사. 투자와 관련하여 고용된 다른 쪽 체약당사자 국민의 급여 및 보수

2. 어떠한 체약당사자도 이 협정에서 달리 규정하지 아니하는 한 송금 당일의 시장 환율에 따라 지체 없이 자유태환성 통화로 이루어지는 송금을 방해하지 아니한다.

3. 제1항 및 제2항의 규정에도 불구하고, 어느 한쪽 체약당사자는 다음에 관계되는 경우 공정하고 비차별적이며 신의성실에 입각한 법률의 적용을 통하여 송금을 지연시키거나 제한할 수 있다.

가. 파산, 지급불능 또는 채권자의 권리 보호

나. 증권의 발행, 거래 또는 중개

다. 범죄 또는 형사 범죄, 또는 사법 절차에서의 명령이나 판결의 이행 확보

라. 통화 또는 다른 통화 증서의 송금의 보고

4. 이 협정의 다른 규정에도 불구하고 각 체약당사자는 다음의 경우에 각국의 법령에 따라 이 조항 상의 자국의 의무와 부합하지 아니하는 조치를 채택하거나 유지할 수 있다.

가. 중대한 국제수지 및 대외 금융상의 어려움에 처하거나 처할 우려가 있는 경우

나. 예외적인 상황에서 자본이동이 거시경제의 운영, 특히 통화 · 환율 정책에 중대한 어려움을 초래하거나 초래할 우려가 있는 경우

5. 제4항에 따른 조치는

가. 체약당사자가 유보한 조항 이외의 국제통화기금협정의 규정과 부합되어야 하고

나. 제4항에 규정된 상황에 대처하는 데 필요한 정도를 초과하지 아니하고

다. 일시적이며 상황이 허락하는 한 신속하게 철폐되어야 하고

라. 다른 쪽 체약당사자에게 즉시 통지되어야 한다.

6. 이 조의 규정에 언급된 송금은 현행 외환관리 법령에 규정된 관련 정규절차를 따라야 한다. 이러한 정규절차는 다음의 사항을 포함하나 이에 제한되지 아니한다.

가. 해외투자

나. 해외직접투자기업의 청산, 소유권 양도 및 등록된 자본의 감자(회수된 투자 포함)

다. 원금과 등록된 대외부채의 이자(해외 투자자의 대출 포함) 반환

라. 국내 보증인들이 제공한 대외 보증

정규 송금절차의 종료를 위해 필요한 기간은 필요한 보충 문서와 함께 서면요구서가 외환 당국에 제출되는 당일로부터 개시된다. 필요한 인증은 한 달 이내에 부여되며 어떠한 경우에도 두 달을 초과하지 아니한다.

7. 이 조에서 언급된 정규절차는 이 협정에 규정된 체약당사자의 약속과 의무를 회피하기 위한 수단으로 이용되지 아니한다. 투자 관련 정규 송금절차는 어떠한 경우에도 원래의 투자가 이루어졌을 당시 요구되었던 정식 절차보다 더 제한적이어서는 아니 된다.

제 7 조

대위변제

1. 어느 한쪽 체약당사자 또는 그 체약당사자의 지정기관이 다른 쪽 체약당사자 영역 내에서 행해진 투자에 대하여 부여한 보증 또는 비상업적인 위험에 대한 보험계약에 의하여 자국의 투자자에게 지불조치를 할 경우, 다른 쪽 체약당사자는 다음 각 목의 사항을 인정한다.

가. 투자자의 권리 또는 청구권이 그 국가의 법률 또는 적법한 거래에 따라 어느 한쪽 체약당사자 또는 그 체약당사자의 지정기관에 양도되는 것

나. 어느 한쪽 체약당사자 또는 그 지정기관이 대위에 의하여 그 투자자의 권리를 행사하고 청구권을 집행하며 투자자로서 동등한 정도의 투자 관련 의무를 이행하는 자격을 가지게 되는 것

2. 그러한 권리 또는 청구권의 양도 및 그러한 지불의 양도에 따라 어느 한쪽 체약당사자 또는 그 지정기관에게 지불된 지불액에 대해서는 제 4조와 제6조의 규정이 준용된다.

제 8 조
체약당사자간의 분쟁해결

1. 체약당사자는 어느 한쪽 체약당사자의 요청이 있을 경우 이 협정과 관련된 분쟁해결이나 이 협정의 해석 · 적용 또는 목적 실현과 관련된 사항을 논의하기 위하여 외교경로를 통하여 신속히 협의한다.

2. 분쟁이 6개월 이내에 해결되지 아니할 경우 이 분쟁은 어느 한쪽 체약당사자의 요청에 의하여 특별 중재재판소에 회부된다.

3. 특별 중재재판소는 3인의 중재인으로 구성된다. 각 체약당사자는 중재재판을 요청하는 서면통지를 접수 후 2개월 이내에 1인의 중재재판관을 임명한다. 임명된 2인의 중재재판관은 향후 2개월 이내에 양 체약당사자와 외교관계가 있는 제3국의 국민을 중재재판소의 재판장으로 선임한다.

4. 중재재판소가 중재재판을 요청하는 서면통지 접수 후 4개월 이내에 설립되지 않을 경우 각 체약당사자는 그 밖의 다른 협정이 없다면 국제사법재판 소장에게 필요한 중재재판관 임명을 요청할 수 있다. 소장이 어느 한쪽 체약당사자의 국민이거나 이러한 임무를 수행할 수 없는 경우에는 어느 한쪽 체약당사자의 국민이 아니거나 이러한 임무를 수행할 수 없는 경우가 아닌 차상급 재판관에게 필요한 중재재판관 임명을 요청한다.

5. 중재재판소는 그 자체의 절차를 결정한다. 중재재판소는 이 협정의 규정과 양 체약당사자가 인정한 국제법의 원칙에 따라 판결한다.

6. 중재재판소는 다수결에 의하여 결정한다. 중재결정은 중재재판소 설립일부터 10개월 이내에 내려진다. 이러한 판결은 최종적이며 양 체약당사자를 구속한다. 중재재판은 어느 한쪽 체약당사자의 요청이 있는 경우 결정의 사유를 설명해야 한다.

7. 각 체약당사자는 자국이 임명한 중재재판관과 중재절차에서의 자국 대표의 비용을 부담한다. 재판장과 재판소 관련 비용은 체약당사자가 균등하게 부담한다.

제 9 조
투자자와 어느 한쪽 체약당사자간의 분쟁 해결

1. 이 조의 목적상 투자분쟁은 다른 쪽 체약당사자 투자자의 투자와 관련하여 이 협정상 의무위반 주장으로 인하여 또는 의무위반 주장으로부터 발생한 손실 및 손해를 초래한 다른 쪽 체약당사자의 투자자와 어느 한쪽 체약당사자간의 분쟁이다.

2. 투자분쟁이 발생하는 경우 동 분쟁은 가능한 한 협의와 협상에 의하여 해결한다. 이러한 방법으로 해결되지 아니하는 경우 투자자는 투자분쟁의 해결을 위하여 다음 방안 중 하나에 동 분쟁을 회부할 수 있다.

가. 투자가 행해진 국가의 권한 있는 법원

나. 어느 한쪽 당사자가 협의하기 위해 분쟁을 제기한 날부터 4개월이 경과된 경우에는 국제 중재

3. 국제 중재의 경우, 분쟁은 투자자의 선택에 따라 다음 중 하나의 절차에 회부된다.

가. 1965년 3월 18일 국가와 타방국가 국민 간의 투자분쟁의 해결에 관한 워싱턴 협약에 의하여 설립된 국제투자분쟁해결본부

나. 국제연합국제무역법위원회 중재규칙 또는 분쟁당사자 간에 합의된 그 밖의 중재규칙에 따라 설립되는 특별중재재판소

국제 중재에 회부하기 전 분쟁에 관련된 체약당사자는 투자자에게 그 체약당사자의 법률에 따른 국내행정검토절차를 거치도록 요구할 수 있다.

국내행정검토절차는 서류준비에 소요되는 시간을 포함하여 검토를 위한 신청이 처음 제출된 날부터 4개월을 초과할 수 없다. 4개월 후에도 절차가 완료되지 않은 경우 절차는 완료된 것으로 간주되며, 투자자는 국제 중재에 분쟁을 회부할 수 있다. 투자자는 이 조 제2항에 규정된 4개월 간의 협의 또는 협상 기간 동안 검토를 신청할 수 있다.

각 체약당사자는 당해 투자자에 의하여 투자분쟁의 해결을 구속력 있는 국제중재에 회부하는 것에 동의한다.

4. 투자자가 투자가 행해진 국가의 권한 있는 법원, 국제투자분쟁해결본부, 또는 이 조 제 3항에 명시된 특별 중재재판소에 분쟁을 회부하면 그 세 가지 절차 중 하나의 선택은 최종적이다.

5. 이 조 제3항에 따라 투자분쟁을 회부하는 투자자는 그러한 회부의 최소 90일 전에 분쟁 제기 의사를 분쟁당사자인 체약당사자에게 서면으로 통지한다. 이러한 통지는 다음의 사항을 명시한다.

가. 당해 투자자의 성명 및 주소

나. 분쟁당사자인 체약당사자의 논쟁의 대상인 특정한 조치와 위반한 것으로 주장되는 이 협정의 규정을 포함하여 문제를 명확히 제시하는데 충분한 투자분쟁의 사실적·법률적 근거에 관한 요약자료

다. 필요한 경우 개략적인 배상청구금액을 포함하여 추구하는 구제 조치

라. 당해 투자자가 이용하고자 하는 이 조 제3항 가목 내지 나목에 규정된 분쟁해결절차

6. 중재판정은 법률의 저촉에 관한 규칙을 포함한 분쟁당사국의 법률, 이 협정의 규정 및 양 체약당사자들부터 승인된 국제법의 원칙을 기초로 한다.

7. 이 조 제3항의 규정에도 불구하고 투자자는 투자자가 손실이나 손해를 입었다는 사실을 처음으로 알았거나 알 수 있었던 날부터 3년이 지난 후에는 제3항에 따라 분쟁을 회부할 수 없다.

8. 중재 판정은 양 분쟁당사자에게 최종적이며 구속적이다. 각 체약당사자는 관련 법령에 따라 판정을 집행할 것을 확약한다.

제 10 조
그 밖의 의무

1. 어느 한쪽 체약당사자의 법률 또는 양 체약당사자 간에 현재 존재하는 또는 추후 제정될 국제적 의무가 다른 쪽 체약당사자의 투자자들에 의한 투자에 대해 이 협정에 의하여 부여된 것 보다 더 많은 혜택을 부여한다면 그러한 경우는 이 협정의 영향을 받지 아니한다.

2. 각 체약당사자는 다른 쪽 체약당사자의 투자자가 행한 투자와 관련하여 발효한 그 밖의 의무를 준수한다.

3. 이 협정의 어떠한 규정도 세계무역기구설립을 위한 마라케쉬협정의 부속서 1다 「무역 관련 지적재산권에 관한 협정」과 세계지적재산권기구의 지원하에 체결된 그 밖의 국제협정을 포함한 체약당사자가 당사자인 지적재산권의 보호와 관련된 국제협정상의 권리와 의무를 침해하는 것으로 해석되지 아니한다.

4. 이 협정상의 의무를 이행하는 데 있어서 각 체약당사자는 자국의 영역 안에서 지방정부가 이 협정상의 의무를 준수하는 것을 보장하기 위하여 이용가능한 합리적인 조치를 취한다.

제 11 조
투명성

1. 각 체약당사자는 다른 쪽 체약당사자 영역 안에 있는 어느 한쪽 체약당사자 투자자의 투자에 영향을 미칠 수 있는 국제협정과 자국의 법률·규칙·절차·행정판결 및 일반적으로 적용되는 사법적 결정을 즉시 공표하거나 공개적으로 이용할 수 있도록 한다.

2. 이 협정의 어떠한 규정도 공개되는 경우 법 집행을 저해하거나 기밀사항을 보호하는 자국 법률에 상반되거나 특정 투자자의 합법적인 상업적 이익을 침해하게 되는 특정 투자자 또는 투자에 관한 정보를 포함하는 비밀 또는 재산권적 정보를 체약당사자가 제공하거나 접근을 허용하도록 요구하지 아니한다.

제 12 조

적 용

이 협정은 어느 한쪽 체약당사자의 법령에 따라 다른 쪽 체약당사자의 영역 내에서 어느 한쪽 체약당사자 투자자들이 동 협정 발효 전 또는 발효 후에 행한 투자에 적용되나, 발효 전에 발생된 분쟁에는 적용되지 아니한다.

제 13 조

협 의

1. 체약당사자의 대표들은 다음의 목적을 위해 간헐적으로 회의를 갖는다.
   가. 이 협정의 이행 검토
   나. 법률 정보 및 투자 기회 교환
   다. 투자 촉진에 대한 제안 제시
   라. 투자 관련 다른 문제에 대한 연구

2. 어느 한쪽 체약당사자가 이 조 제1항에 관한 어떠한 문제에 대하여 협의를 요청한 경우, 다른 쪽 체약당사자는 신속하게 응답해야 하며 체약당사자 간 협의는 서울과 북경에서 교대로 개최된다.

제 14 조

발효, 존속 및 종료

1. 이 협정은 협정의 발효에 필요한 각 체약당사자의 국내법적 절차가 충족되었음을 서면으로 상호 통보한 날의 다음 달 초일에 발효하며 10년간 유효하다. 어느 한쪽 체약당사자가 다른 쪽 체약당사자에게 이 기간의 만기 1년 전에 이 협정을 종료시키기 위해 서면통지를 하지 않는 한 이 협정은 다음 10년 동안 자동적으로 연장되며, 그 후 동일한 절차에 의하여 연장될 수 있다.

2. 이 협정의 종료일 이전에 이루어진 투자에 대하여 이 협정의 규정은 그 종료일부터 10년간 계속 유효하다.

3. 양 체약당사자는 체약당사자 간의 서면 협정으로 이 협정을 개정할 수 있다. 모든 개정은 이 협정의 발효에 필요한 절차와 동일한 절차에 의하여 발효된다.

4. 1992년 9월 30일 서명된 대한민국 정부와 중화인민공화국 정부 간의 투자의 증진과 상호 보호에 관한 협정은 이 협정이 발효하는 때에 종료되고, 이 협정에 의하여 대체된다.

이상의 증거로, 아래 서명자는 그들 각자의 정부로부터 정당하게 권한을 위임받아 이 협정에 서명하였다.

2007년 9월 7일 시드니 에서 동등하게 정본인 한국어, 중국어 및 영어로 각 2부씩 작성하였다. 해석상의 차이가 있을 경우에는 영어본이 우선한다.

대한민국 정부를 대표하여

중화인민공화국 정부를 대표하여

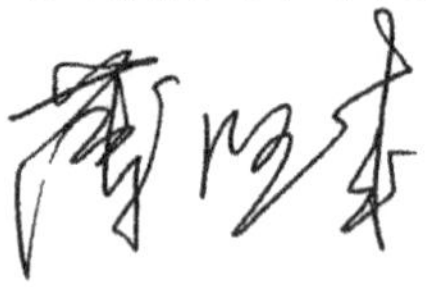

[TRANSLATION – TRADUCTION]

ACCORD ENTRE LE GOUVERNEMENT DE LA RÉPUBLIQUE DE CORÉE ET LE GOUVERNEMENT DE LA RÉPUBLIQUE POPULAIRE DE CHINE RELATIF À LA PROMOTION ET À LA PROTECTION DES INVESTISSEMENTS

Le Gouvernement de la République de Corée et le Gouvernement de la République populaire de Chine (ci-après dénommés « Parties contractantes »),

Désireux de promouvoir davantage les investissements afin de renforcer la coopération économique et commerciale entre les deux États,

Ayant l'intention de créer des conditions favorables aux investissements réalisés par des investisseurs d'une Partie contractante sur le territoire de l'autre Partie contractante, en accordant un traitement favorable et une protection à ces investissements et aux activités commerciales qui s'y rattachent,

Reconnaissant que l'encouragement et la protection réciproque des investissements stimuleront les échanges dans les domaines économique, commercial et technologique entre les deux États, et

Conformément à l'esprit de la déclaration conjointe de la Corée et de la Chine du 8 juillet 2003, dans laquelle les deux États se sont engagés à renforcer le partenariat exhaustif de coopération entre la Corée et la Chine,

Sont convenus de ce qui suit :

Article premier. Définitions

Aux fins du présent Accord :

1. Le terme « investissements » désigne tous types d'actifs utilisés comme investissements par des investisseurs d'une Partie contractante sur le territoire de l'autre Partie contractante, conformément aux lois et règlements applicables de cette autre Partie contractante au moment de l'investissement, et inclut, notamment, mais non exclusivement :

a) Les biens meubles et immeubles, ainsi que tous les autres droits de propriété réels tels que les hypothèques, privilèges, gages, usufruits et droits similaires ;

b) Les actions, parts sociales, titres et obligations ou toute autre forme de participation au capital de sociétés, entreprises ou coentreprises ;

c) Les créances pécuniaires ou relatives à toute prestation contractuelle ayant une valeur économique qui sont associées à un investissement ;

d) Les droits de propriété intellectuelle, y compris les droits d'auteur, les marques commerciales, les brevets, les dessins industriels, les procédés techniques, le savoir-faire, les secrets commerciaux et les noms commerciaux, ainsi que la survaleur ;

e) Les droits conférés par la loi ou par un contrat, ainsi que les licences et permis accordés en vertu de la loi, y compris le droit à la prospection, l'extraction, la culture et l'exploitation de ressources naturelles.

Aucune modification de la manière dont les actifs sont investis ne porte atteinte à leur nature d'investissement ;

2. Le terme « investisseur » désigne toute personne physique ou entité juridique d'une Partie contractante, qui investit sur le territoire de l'autre Partie contractante :

a) L'expression « personne physique » désigne toute personne physique possédant la nationalité d'une Partie contractante conformément à la législation de celle-ci ; et

b) L'expression « entité juridique » désigne toute entité créée ou constituée conformément aux lois et règlements d'une Partie contractante, y compris les compagnies, institutions publiques, fondations, partenariats, entreprises, organisations, sociétés ou associations ;

3. Le terme « rendement » désigne les sommes produites par un investissement, et notamment, mais non exclusivement, les bénéfices, intérêts, gains en capital, dividendes, redevances et commissions. Les rendements des investissements et, en cas de réinvestissement, les rendements de ces réinvestissements bénéficient de la même protection que les investissements ;

4. L'expression « Règlement d'arbitrage de la CNUDCI » désigne le règlement d'arbitrage de la Commission des Nations Unies pour le droit commercial international, adopté par la Commission des Nations Unies pour le droit commercial international le 28 avril 1976 ;

5. L'expression « Convention CIRDI » désigne la Convention pour le règlement des différends relatifs aux investissements entre États et ressortissants d'autres États, ouverte à la signature à Washington le 18 mars 1965 ;

6. Le terme « Centre » désigne le Centre international pour le règlement des différends relatifs aux investissements établi par la Convention CIRDI.

Article 2. Promotion et protection des investissements

1. Chaque Partie contractante encourage les investisseurs de l'autre Partie contractante à effectuer des investissements sur son territoire et admet ces investissements conformément à ses lois et réglementations.

2. Chaque Partie contractante accorde aux investissements réalisés sur son territoire par les investisseurs de l'autre Partie contractante un traitement juste et équitable, ainsi qu'une pleine protection et sécurité en tout temps.

3. Aucune des Parties contractantes ne prend de mesures déraisonnables ou discriminatoires à l'encontre de la gestion, l'entretien, l'utilisation, la jouissance et l'aliénation des investissements par les investisseurs de l'autre Partie contractante, ni n'impose de mesures déraisonnables ou discriminatoires visant les investissements des investisseurs de l'autre Partie contractante concernant la teneur en éléments d'origine locale, le transfert de technologie ou les exigences en matière de résultats à l'exportation.

4. Les ressortissants d'une Partie contractante qui souhaitent entrer sur le territoire de l'autre Partie contractante et y demeurer afin d'y effectuer des investissements et d'y exercer des activités commerciales connexes sont considérés avec bienveillance vis-à-vis de leurs demandes d'entrée, de séjour et de résidence, et de leurs demandes de licences et permis pour exercer des activités commerciales, sur le territoire de cette autre Partie contractante, conformément à sa législation interne.

Article 3. Traitement des investissements

1. Chaque Partie contractante accorde sur son territoire aux investisseurs de l'autre Partie contractante et à leurs investissements un traitement non moins favorable que celui qu'elle accorde dans des circonstances analogues à ses propres investisseurs et à leurs investissements (ci-après dénommé « traitement national ») en ce qui concerne l'expansion, l'exploitation, la gestion, l'entretien, l'utilisation, la jouissance et la vente ou toute autre forme de cession des investissements (ci-après dénommés « investissements et activités commerciales »).

2. Le paragraphe 3 de l'article 2 et le paragraphe 1 de l'article 3 ne s'appliquent pas aux mesures non conformes existantes maintenues sur le territoire de la République populaire de Chine ni aux modifications ultérieures s'y rapportant, à condition que les modifications n'augmentent pas l'effet de non-conformité d'une telle mesure par rapport à ce qui existait immédiatement avant que la modification prenne effet.

Le traitement accordé aux investissements une fois admis ne doit en aucun cas être plus restrictif que le traitement accordé au moment où l'investissement initial a été effectué.

La République populaire de Chine prendra toutes les mesures appropriées pour éliminer progressivement toutes les mesures non conformes.

3. Chaque Partie contractante accorde sur son territoire aux investisseurs de l'autre Partie contractante ainsi qu'à leurs investissements et aux activités associées à ces derniers par les investisseurs de l'autre Partie contractante, un traitement non moins favorable que celui accordé, dans des circonstances analogues, aux investisseurs, investissements et activités associées, par les investisseurs d'un État tiers (ci-après dénommé « régime de la nation la plus favorisée ») à l'égard des investissements et activités commerciales, ce qui comprend l'admission des investissements.

4. Les dispositions du paragraphe 3 du présent article ne peuvent être interprétées comme imposant à une Partie contractante l'obligation d'accorder aux investisseurs de l'autre Partie contractante le bénéfice de tout traitement, préférence ou privilège en vertu de :

a) Toute union douanière, zone de libre-échange, union économique et tout accord international résultant de telles unions ou institutions similaires ;

b) Tout accord ou arrangement international ayant trait totalement ou principalement à la fiscalité ;

c) Toute disposition visant à faciliter le petit commerce frontalier dans les zones frontalières.

5. Le traitement accordé aux investisseurs d'une Partie contractante sur le territoire de l'autre Partie contractante relativement à l'accès aux cours de justice, autorités et tribunaux administratifs tant pour la poursuite que pour la défense de leurs droits, n'est pas moins favorable que celui accordé aux investisseurs de cette dernière Partie contractante ou aux investisseurs d'un État tiers.

Article 4. Expropriation

1. Aucune des Parties contractantes ne peut exproprier, nationaliser ou prendre d'autres mesures similaires, directement ou indirectement (ci-après dénommées « expropriation ») à l'égard des investissements réalisés par les investisseurs de l'autre Partie contractante sur son territoire, à moins que les conditions suivantes ne soient remplies :

a) Pour les intérêts publics ;

b) Conformément au droit interne et aux normes internationales relatives au respect de la légalité ;

c) Sans discrimination ;

d) Contre une indemnisation conformément au paragraphe 2.

2. L'indemnisation correspond à la juste valeur de marché de l'investissement exproprié immédiatement avant l'expropriation. La juste valeur marchande ne tient pas compte du moindre changement de valeur survenu parce que l'expropriation a été rendue publique plus tôt. L'indemnisation est versée sans délai et comporte un intérêt approprié à compter de la date de l'expropriation jusqu'à la date du paiement. Elle est effectivement réalisable, librement transférable et librement convertible dans la monnaie de la Partie contractante des investisseurs concernés, ainsi qu'en monnaies librement utilisables tel que définies dans les Statuts du Fonds monétaire international, au taux de change du marché en vigueur à la date de l'expropriation.

3. Sans préjudice des dispositions de l'article 9, les investisseurs affectés ont un droit d'accès aux cours de justice ou aux tribunaux administratifs selon la procédure juridique de la Partie contractante qui procède à l'expropriation, pour demander un examen rapide de leur cas et du montant de l'indemnisation conformément aux principes énoncés dans le présent article.

Article 5. Indemnisation des dommages et pertes

1. Les investisseurs d'une Partie contractante dont les investissements sur le territoire de l'autre Partie contractante subissent des pertes du fait d'un conflit armé, d'un état d'urgence national ou de troubles civils de quelque nature que ce soit sur le territoire de cette dernière Partie contractante, se voient accorder par cette dernière Partie contractante un traitement non moins favorable que celui qu'elle accorde à ses propres investisseurs ou à ceux d'un État tiers en matière de restitution, indemnisation, compensation ou autre règlement.

2. Sans préjudice des dispositions du paragraphe 1 du présent article, les investisseurs d'une Partie contractante qui, dans l'un quelconque des cas visés audit paragraphe, ont subi des dommages ou des pertes sur le territoire de l'autre Partie contractante causés par :

a) La réquisition de leurs biens par les forces ou autorités de cette autre Partie contractante ; ou

b) De la destruction de leurs biens par les forces ou autorités de cette dernière ne résultant pas de combats ou non justifiée par la situation ;

se voient accorder une indemnité juste et raisonnable pour les dommages ou les pertes subies pendant la période de réquisition ou à la suite de la destruction des biens.

3. Les paiements d'indemnisation qui en découlent, prévus aux paragraphes 1 et 2 du présent article, sont effectués sans délai et sont librement transférables au taux de change du marché en vigueur à la date de détermination du montant de l'indemnisation.

Article 6. Transferts

1. Chaque Partie contractante veille à ce que tous les paiements relatifs à un investissement sur son territoire d'un investisseur de l'autre Partie contractante puissent être librement transférés sans délai en provenance et à destination de son territoire. Ces transferts comprennent notamment, mais pas exclusivement :

a) Les montants nécessaires à l'établissement, au maintien ou au développement de l'investissement ;

b) Les bénéfices, intérêts, dividendes, gains en capital, redevances ou autres honoraires ;

c) Les paiements effectués en vertu d'un contrat, y compris ceux effectués en vertu d'un accord de prêt ;

d) Le produit de la vente ou de la liquidation totale ou partielle des investissements ;

e) Les paiements effectués conformément aux articles 4 et 5 ;

f) Les paiements résultant du règlement d'un différend conformément à l'article 9 ; et

g) Les gains et rémunérations des ressortissants de l'autre Partie contractante employés dans le cadre d'un investissement.

2. Aucune des Parties contractantes n'empêche les transferts d'être effectués sans délai dans des devises librement convertibles au taux de change du marché en vigueur à la date du transfert, sauf disposition contraire du présent Accord.

3. Nonobstant les paragraphes 1 et 2 ci-dessus, une Partie contractante peut retarder ou empêcher un transfert par l'application équitable, non discriminatoire et de bonne foi de ses lois concernant :

a) La faillite, l'insolvabilité ou la protection des droits des créanciers ;

b) L'émission, le commerce et l'échange d'obligations ;

c) Les infractions pénales ; ou le respect des arrêtés ou des jugements dans les procédures judiciaires ;

d) Les rapports de transferts de devises ou d'autres instruments monétaires.

4. Nonobstant les autres dispositions du présent Accord, chaque Partie contractante peut, conformément à ses lois et règlements, adopter ou maintenir des mesures incompatibles avec ses obligations en vertu du présent article :

a) En cas de graves difficultés de balance des paiements et de difficultés financières extérieures ou de menace de telles difficultés ; ou

b) Si, dans des circonstances exceptionnelles, des mouvements de capitaux causent ou menacent de causer de graves difficultés pour la gestion macroéconomique, en particulier en ce qui concerne les politiques monétaires et de change.

5. Les mesures mentionnées au paragraphe 4 ci-dessus ;

a) Sont conformes aux dispositions des Statuts du Fonds monétaire international autres que ceux pour lesquelles les Parties contractantes ont émis des réserves ;

b) Ne vont pas au-delà de ce qui est nécessaire pour faire face aux circonstances décrites au paragraphe 4 ci-dessus ;

c) Sont temporaires et sont levées dès que les conditions le permettent ;

d) Sont notifiées sans délai à l'autre Partie contractante.

6. Les transferts visés aux paragraphes du présent article doivent respecter les formalités pertinentes prévues par les lois et règlements en vigueur relatifs à l'administration des changes. Ces formalités concernent, entre autres, les éléments suivants :

a) Les investissements à l'étranger ;

b) La liquidation, le transfert de propriété et la réduction du capital social (y compris la récupération de l'investissement) d'une entreprise d'investissements directs étrangers ;

c) Le remboursement du capital principal et des intérêts des dettes extérieures enregistrées (y compris les prêts provenant d'investisseurs étrangers) ; ou

d) La garantie externe fournie par des garants nationaux.

La période requise pour l'accomplissement des formalités de transfert commence le jour où une demande écrite accompagnée des documents nécessaires à l'appui de cette demande est soumise aux autorités de change. Les autorisations nécessaires doivent être accordées dans un délai d'un mois, mais ne doivent en aucun cas dépasser deux mois.

7. Les formalités visées au présent article ne peuvent être utilisées par les Parties contractantes afin d'éviter les engagements et obligations découlant du présent Accord. Les formalités de transfert relatives à un investissement ne doivent en aucun cas être rendues plus restrictives que les formalités requises au moment où l'investissement initial a été effectué.

Article 7. Subrogation

1. Si une Partie contractante ou son organisme désigné effectue un paiement à ses investisseurs en vertu d'une garantie ou d'un contrat d'assurance protégeant contre les risques non commerciaux qu'elle a accordé à l'égard d'un investissement effectué sur le territoire de l'autre Partie contractante, cette dernière reconnaît :

a) La cession, en vertu de la loi ou d'une transaction juridique dans la première Partie contractante, de tous les droits ou créances des investisseurs à la première Partie contractante ou à son organisme désigné ; ainsi que

b) Le fait que la première Partie contractante ou son organisme désigné a le droit, par subrogation exécutoire, d'exercer les droits, de faire exécuter les créances de cet investisseur et d'assumer les obligations liées à l'investissement dans la même mesure que l'investisseur.

2. En ce qui concerne le paiement à effectuer à cette première Partie contractante ou à son organisme désigné en vertu de cette cession de droit ou de créance et de la cession de ce paiement, les dispositions de l'article 4 et de l'article 6 s'appliquent mutatis mutandis.

Article 8. Règlement des différends entre Parties contractantes

1. Les Parties contractantes se consultent rapidement par la voie diplomatique, à la demande de l'une ou l'autre Partie contractante, pour résoudre tout différend lié au présent Accord ou pour discuter de toute question concernant l'interprétation ou l'application du présent Accord, ou la réalisation des objectifs du présent Accord.

2. Si un différend ne peut être ainsi réglé dans un délai de six mois, il est, à la demande de l'une ou l'autre des Parties contractantes, porté devant un tribunal d'arbitrage spécial.

3. Ce tribunal se compose de trois arbitres. Dans un délai de deux mois après réception de la notification écrite demandant l'arbitrage, chaque Partie contractante nomme un arbitre. Ces deux arbitres désignent ensemble, dans un délai supplémentaire de deux mois, un ressortissant d'un État tiers entretenant des relations diplomatiques avec les deux Parties contractantes, en tant que Président du tribunal arbitral.

4. Si le tribunal arbitral n'a pas été constitué dans un délai de quatre mois à compter de la réception de la notification écrite demandant l'arbitrage, l'une ou l'autre des Parties contractantes peut, en l'absence de tout autre accord, inviter le Président de la Cour internationale de Justice à procéder aux nominations nécessaires. Si le Président est un ressortissant de l'une ou l'autre des Parties contractantes ou s'il est empêché de s'acquitter de ces fonctions, le membre de la Cour internationale de Justice suivant dans l'ordre d'ancienneté qui n'est un ressortissant d'aucune des Parties contractantes et n'est pas empêché pour une quelconque raison de s'acquitter desdites fonctions est invité à procéder aux nominations nécessaires.

5. Le tribunal arbitral arrête sa propre procédure. Le tribunal arbitral rend sa décision conformément aux dispositions du présent Accord et aux principes du droit international reconnus par les deux Parties contractantes.

6. Le tribunal arbitral statue à la majorité des voix. La décision d'arbitrage est rendue dans un délai de 10 mois à compter de la date de constitution du tribunal arbitral. Cette décision est définitive et contraignante pour les deux Parties contractantes. Le tribunal arbitral doit, à la demande de l'une des deux Parties contractantes, motiver sa décision.

7. Chaque Partie contractante prend à sa charge les frais de son propre arbitre et ses frais de représentation au cours de la procédure d'arbitrage. Les frais du Président et du tribunal sont pris en charge en parts égales par les Parties contractantes.

Article 9. Règlement des différends entre des investisseurs et une Partie contractante

1. Aux fins du présent article, un différend relatif aux investissements est un différend entre une Partie contractante et un investisseur de l'autre Partie contractante qui a subi des pertes ou des dommages en raison ou découlant d'un manquement présumé au présent Accord relativement à un investissement d'un investisseur de cette autre Partie contractante.

2. En cas de différend relatif aux investissements, ce différend est, si possible, réglé par voie de consultations ou de négociations. S'il ne peut être ainsi réglé, l'investisseur peut soumettre le différend relatif aux investissements pour règlement à l'une des juridictions suivantes :

a) À un tribunal compétent de l'État où l'investissement a été réalisé ;

b) À l'arbitrage international à l'expiration d'un délai de quatre mois à compter de la date à laquelle le différend a été soumis pour consultation par l'une ou l'autre partie.

3. En cas d'arbitrage international, le différend est soumis, au choix de l'investisseur :

a) Au Centre international pour le règlement des différends relatifs aux investissements (CIRDI) en vertu de la Convention pour le règlement des différends entre États et ressortissants d'autres États, faite à Washington le 18 mars 1965 ; ou

b) À un tribunal d'arbitrage spécial établi selon le Règlement d'arbitrage de la Commission des Nations Unies pour le droit commercial international (CNUDCI) ou tout autre règlement d'arbitrage convenu par les deux Parties ;

à condition que la Partie contractante impliquée dans le différend puisse exiger de l'investisseur concerné de passer par les procédures d'examen administratif interne spécifiées par les lois et règlements de cette Partie contractante avant la soumission à l'arbitrage international.

Les procédures d'examen administratif internes ne peuvent excéder quatre mois à compter de la date de dépôt initial de la demande d'examen, en ce compris le temps nécessaire à la documentation. Si les procédures ne sont pas menées à bien à la fin des quatre mois, les procédures sont considérées comme achevées et l'investisseur peut passer à un arbitrage international. L'investisseur peut déposer une demande d'examen pendant la période de consultation ou de négociation de quatre mois conformément à ce qui est prévu au paragraphe 2 du présent article.

Chaque Partie contractante donne son consent à ce que l'investisseur concerné soumette le différend relatif aux investissements à un règlement par arbitrage international contraignant.

4. Une fois que l'investisseur a soumis le différend au tribunal compétent de l'État où l'investissement a été effectué, au CIRDI, ou au tribunal arbitral spécial visé au paragraphe 3 du présent article, le choix de l'une des trois procédures est définitif.

5. L'investisseur qui soumet un différend relatif aux investissements en application du paragraphe 3 du présent article, adresse à la Partie contractante partie au différend une notification écrite de son intention au moins 90 jours avant la soumission de la plainte. La notification d'intention précise :

a) Le nom et l'adresse des investisseurs concernés ;

b) Les mesures spécifiques en cause de la Partie contractante impliquée dans un différend, et un bref résumé du fondement factuel et juridique du différend relatif aux investissements suffisant pour présenter clairement le problème, ainsi que les dispositions du présent Accord qui auraient été violées ;

c) La réparation demandée, y compris, si nécessaire, le montant approximatif des dommages réclamés ; et

d) Les procédures de règlement des différends énoncées aux alinéas a) à b) du paragraphe 3 du présent article que l'investisseur concerné sollicitera.

6. La décision arbitrale est fondée sur le droit de la Partie contractante partie au différend, y compris ses règles concernant les conflits de lois, les dispositions du présent Accord ainsi que les principes de droit international acceptés par les deux Parties contractantes.

7. Nonobstant les dispositions du paragraphe 3 du présent article, un investisseur ne peut présenter une réclamation en vertu du paragraphe 3 du présent article si plus de trois ans se sont écoulés depuis la date à laquelle l'investisseur a eu pour la première fois, ou aurait dû avoir pour la première fois, connaissance d'avoir subi des pertes ou dommages.

8. Les décisions arbitrales sont définitives et contraignantes pour les parties au différend. Chacune des Parties contractantes s'engage à reconnaître et exécuter la décision conformément aux dispositions applicables de ses lois et règlements en la matière.

Article 10. Autres obligations

1. Si la législation de l'une ou l'autre des Parties contractantes ou des obligations internationales existantes ou établies ultérieurement entre les Parties contractantes aboutissent à une position donnant aux investissements réalisés par des investisseurs de l'autre Partie contractante le droit à un traitement plus favorable que celui prévu par l'Accord, le présent Accord ne porte pas atteinte à cette position.

2. Chaque Partie contractante respecte tout engagement qu'elle a pu contracter avec les investisseurs de l'autre Partie contractante relativement à leurs investissements.

3. Aucune disposition du présent Accord ne doit être interprétée de manière à déroger aux droits et obligations découlant des accords internationaux portant sur la protection des droits de propriété intellectuelle auxquels les Parties contractantes sont parties, notamment l'Accord sur les aspects des droits de propriété intellectuelle qui touchent au commerce, l'annexe 1C de l'Accord de Marrakech instituant l'Organisation mondiale du commerce et les autres accords internationaux conclus sous les auspices de l'Organisation mondiale de la propriété intellectuelle.

4. Lors de l'exécution des obligations découlant du présent Accord, chaque Partie contractante prend les mesures raisonnables dont elle dispose pour assurer le respect du présent Accord par les gouvernements provinciaux sur son territoire.

Article 11. Transparence

1. Chacune des Parties contractantes publie ou met à la disposition du public sans délai, ses lois, règlements, procédures, décisions administratives et judiciaires d'application générale, ainsi que les accords internationaux susceptibles d'avoir une incidence sur les investissements réalisés par des investisseurs d'une Partie contractante sur le territoire de l'autre Partie contractante.

2. Aucune disposition du présent Accord n'oblige une Partie contractante à fournir des informations confidentielles ou exclusives, ou à y donner accès, y compris dans le cas d'informations concernant des investisseurs ou des investissements particuliers, dont la divulgation ferait obstacle à l'application de la loi, serait contraire à ses lois en matière de protection de la confidentialité ou porterait préjudice aux intérêts commerciaux légitimes d'investisseurs spécifiques.

Article 12. Application

Le présent Accord s'applique aux investissements réalisés avant ou après son entrée en vigueur par les investisseurs d'une Partie contractante sur le territoire de l'autre Partie contractante conformément aux lois et règlements de la Partie contractante concernée, mais ne s'applique pas aux différends survenus avant son entrée en vigueur.

Article 13. Consultations

1. Les représentants des Parties contractantes tiennent de temps à autre des réunions dans le but :

a) D'examiner la mise en œuvre du présent Accord ;

b) D'échanger des informations juridiques et des possibilités d'investissement ;

c) De transmettre des propositions concernant la promotion d'investissements ;

d) D'étudier d'autres questions relatives aux investissements.

2. Lorsque l'une des Parties contractantes demande des consultations à propos de l'une quelconque des questions visées au paragraphe 1 du présent article, l'autre Partie contractante donne une réponse rapide et les consultations se tiennent en alternance à Séoul ou à Beijing.

Article 14. Entrée en vigueur, durée et dénonciation

1. Le présent Accord entre en vigueur le premier jour du mois suivant la date à laquelle les deux Parties contractantes se sont notifié par écrit l'accomplissement de leurs procédures juridiques internes respectives nécessaires à cet effet, et reste en vigueur pour une période de 10 ans. À moins que l'une des Parties contractantes n'adresse par écrit à l'autre Partie contractante une notification de dénonciation du présent Accord un an avant l'expiration de ce délai, le présent Accord est automatiquement prorogé pour une nouvelle période de 10 ans, et renouvelable de la même manière.

2. En ce qui concerne les investissements effectués avant la date de dénonciation du présent Accord, les dispositions de ce dernier continuent à s'appliquer pendant une période de 10 ans à compter de la date de sa dénonciation.

3. Le présent Accord peut être amendé par convention écrite entre les Parties contractantes. Les amendements entrent en vigueur selon les mêmes procédures que celles requises pour l'entrée en vigueur du présent Accord.

4. L'Accord entre le Gouvernement de la République de Corée et le Gouvernement de la République populaire de Chine relatif à la promotion et la protection réciproque des investissements, signé le 30 septembre 1992, cesse de produire ses effets à l'entrée en vigueur du présent Accord, qui le remplace.

EN FOI DE QUOI, les soussignés, à ce dûment autorisés par leurs Gouvernements respectifs, ont signé le présent Accord.

FAIT à Sydney, le 7 septembre 2007, en double exemplaire en langues coréenne, chinoise et anglaise, tous les textes faisant également foi. En cas de divergence d'interprétation, le texte anglais prévaut.

Pour le Gouvernement de la République de Corée :

[SONG MIN-SOON]

Pour le Gouvernement de la République populaire de Chine :

[BO XILAI]

No. 54040

Republic of Korea
and
Rwanda

Agreement between the Government of the Republic of Korea and the Government of the Republic of Rwanda for the promotion and protection of investments. Kigali, 29 May 2009

Entry into force: *16 February 2013, in accordance with article 16*

Authentic texts: *English and Korean*

Registration with the Secretariat of the United Nations: *Republic of Korea, 10 November 2016*

République de Corée
et
Rwanda

Accord entre le Gouvernement de la République de Corée et le Gouvernement de la République du Rwanda relatif à la promotion et la protection des investissements. Kigali, 29 mai 2009

Entrée en vigueur : *16 février 2013, conformément à l'article 16*

Textes authentiques : *anglais et coréen*

Enregistrement auprès du Secrétariat de l'Organisation des Nations Unies : *République de Corée, 10 novembre 2016*

[TEXT IN ENGLISH – TEXTE EN ANGLAIS]

AGREEMENT BETWEEN THE GOVERNMENT OF THE REPUBLIC OF KOREA AND THE GOVERNMENT OF THE REPUBLIC OF RWANDA FOR THE PROMOTION AND PROTECTION OF INVESTMENTS

The Government of the Republic of Korea and the Government of the Republic of Rwanda(hereinafter referred to as "the Contracting Parties"),

Desiring to create favourable conditions for greater investments by investors of one Contracting Party in the territory of the other Contracting Party, based on the principles of equality and mutual benefit,

Recognizing that the promotion and protection of investments on the basis of this Agreement will be conducive to the stimulation of individual business initiatives and will increase prosperity in both States,

Desiring to achieve these objectives in a manner consistent with the protection of health, safety, and the environment and the promotion of consumer protection and internationally recognized labour rights,

Have agreed as follows:

Article 1
Definitions

For the purposes of this Agreement:

1. "investment" means every kind of asset in the territory of one Contracting Party, owned or controlled directly or indirectly, by an investor of the other Contracting Party, provided that the investment has been made in accordance with the laws and regulations of the former Contracting Party, including, though not exclusively

(a) an enterprise (being a legal person or any other entity constituted or organised under the applicable law of the host Contracting Party, whether or not for profit, and whether private or government owned or controlled, and includes a corporation, trust, partnership, sole proprietorship, branch, joint venture, association or organisation)

(b) any other tangible, intangible, movable or immovable property, and any related property rights, such as mortgages, liens, leases or pledges;

(c) shares, stocks and other forms of equitable participation in a company, or any business enterprise, and the rights or interest derived therefrom;

(d) bonds, debentures, loans and other forms of debt, and rights or interests derived therefrom;

(e) claims to money or to any performance under a contract having an economic value;

(f) intellectual property rights including rights with respect to copyright, patents, trademarks, trade names, industrial designs, technical processes, trade secrets and know-how, and goodwill;

(g) any rights under a contract, including turn-key, construction, management, production, or revenue-sharing contracts; and

(h) business concessions having an economic value conferred by law or under a contract, including concessions to search for, cultivate, extract or exploit natural resources.

For greater certainty, in order to qualify as an investment, an asset must have the characteristics of an investment, such as the commitment of capital or other resources, the expectation of gain or profit, or the assumption of risk. Market share, market access, expected gains, and opportunities for profit-making are not, by themselves, investments.

2. "returns" means the amounts yielded by investments and, in particular, though not exclusively, includes profit, interest, capital gains, dividends, royalties and all kinds of fees;

3. "investor" means any natural or juridical persons of one Contracting Party who invest in the territory of the other Contracting Party:

(a) the term "natural persons" means natural persons having the nationality of the former Contracting Party in accordance with its laws, provided, however, that a natural person who is a dual national shall be deemed to be exclusively a national of the State of his or her dominant and effective nationality; and

(b) the term "juridical persons" means any entity such as companies, public institutions, authorities, foundations, partnerships, firms, establishments, organisations, corporations or associations incorporated or constituted in accordance with the laws and regulations of the former Contracting Party;

4. "territory" means the territory of the Republic of Korea or the territory of the Government of the Republic of Rwanda respectively, as well as those maritime areas, including the seabed and subsoil adjacent to the outer limit of the territorial sea over which the State concerned exercises, in accordance with international law, sovereign rights or jurisdiction for the purpose of exploration and exploitation of the natural resources of such areas; and

5. "freely usable currency" means currencies that the International Monetary Fund determines, from time to time, as freely usable currencies in accordance with the Articles of Agreement of the International Monetary Fund and Amendments thereafter.

Article 2

Promotion and Protection of Investment

1. Each Contracting Party shall encourage and create favourable conditions for investors of the other Contracting Party to make investments in its territory and shall admit such investments in accordance with its laws and regulations.

2. Each Contracting Party shall accord to investments of an investor of the other Contracting Party treatment in accordance with customary international law, including fair and equitable treatment and full protection and security.

3. For greater certainty, paragraph 2 prescribes the customary international law minimum standard of treatment of aliens as the minimum standard of treatment to be afforded to investments of an investor of the other Contracting Party. The concepts of "fair and equitable treatment" and "full protection and security" do not

require treatment in addition to or beyond that which is required by that standard, and do not create additional substantive rights. The obligation in paragraph 2 to provide:

(a) "fair and equitable treatment" includes the obligation not to deny justice in criminal, civil, or administrative adjudicatory proceedings in accordance with the principle of due process embodied in the principal legal systems of the world; and

(b) "full protection and security" requires each Party to provide the level of police protection required under customary international law.

4. A determination that there has been a breach of another provision of this Agreement, or of a separate international agreement, does not establish that there has been a breach of this Article.

5. Neither Contracting Party shall take any unreasonable or discriminatory measures against the management, maintenance, use, enjoyment and disposal of the investments by the investors of the other Contracting Party, nor impose unreasonable or discriminatory measures on investments by investors of the other Contracting Party concerning local content, technology transfer or export performance requirements.

Article 3

Treatment of Investment

1. Each Contracting Party shall accord in its territory to investments made in accordance with its laws and regulations by investors of the other Contracting Party as regards the management, maintenance, use, enjoyment or disposal of their investments, treatment no less favourable than that which it accords in like circumstances to investments of its own investors (hereinafter referred to as "national treatment") or to investments of investors of any third State (hereinafter referred to as "most-favoured-nation treatment"), whichever is more favourable.

2. Each Contracting Party shall in its territory accord, to investors of the other Contracting Party, as regards the management, maintenance, use, enjoyment or disposal of their investments, treatment no less favourable than that which it accords in like circumstances to its own investors (national treatment) or to investors of any third State (most-favoured-nation treatment), whichever is more favourable.

3. The standard of national treatment as provided for in paragraphs 1 and 2 means, with respect to a sub-national government, treatment no less favourable than the most favourable treatment accorded in like circumstances by that sub-national government to investors, and to investments of investors, of the Party of which it forms a part.

4. The national treatment and most-favoured-nation treatment as provided for in paragraphs 1 and 2 do not apply to

(a) government procurement;

(b) subsidies or grants provided by a Party, including government-supported loans, guarantees, and insurance; or

(c) taxation measures.

5. The most-favoured-nation treatment as provided for in paragraphs 1 and 2 shall not relate to privileges which either Contracting Party accords to investors of third States on account of its present or future membership of, or association with a customs or economic union, a common market or a free trade area or a similar international agreement.

Article 4

Compensation for losses

1. Investors of one Contracting Party whose investments suffer losses owing to war or other armed conflict, a state of national emergency, revolt, insurrection, riot or other similar situation in the territory of the other Contracting Party, shall be accorded by the latter Contracting Party, as regards restitution, indemnification,

compensation or other forms of settlement, treatment no less favourable than that which the latter Contracting Party accords to its own investors or to investors of any third State.

2. Without prejudice to paragraph 1 of this Article, investors of one Contracting Party who, in any situations referred to in that paragraph, suffer losses in the territory of the other Contracting Party resulting from:

(a) requisitioning of their property by the latter Contracting Party's forces or authorities or

(b) destruction of their property by the latter Contracting Party's forces or authorities which was not caused in combat action or was not required by the necessity of the situation,

shall be accorded restitution, compensation, or both, as appropriate, for such loss. Any compensation shall be prompt, adequate, and effective in accordance to Article 5, mutatis mutandis.

Article 5

Expropriation

1. Investments of an investor of one Contracting Party shall not be nationalized, expropriated (hereinafter referred to as "direct expropriation") or otherwise subjected to any other actions having an effect equivalent to nationalization or expropriation (hereinafter referred to as "indirect expropriation") in the territory of the other Contracting Party except for public purposes and against prompt, adequate and effective compensation. An action or a series of actions by a Party cannot constitute an expropriation unless it interferes with a tangible or intangible property right in an investment. The expropriation shall be carried out on a non-discriminatory basis and in accordance with due process of law.

2. Such compensation shall amount to the fair market value of the expropriated investments immediately before the expropriation was taken or before the impending

expropriation became public knowledge, whichever is the earlier, shall include interest at the applicable commercial rate from the date of expropriation until the date of payment, and shall be made without undue delay. It shall be effectively realizable and freely transferable and shall be freely convertible into the currency of the Contracting Party of the investors concerned, and into freely usable currencies as defined in the Articles of Agreement of the International Monetary Fund, at the market exchange rate prevailing on the date of expropriation.

3. Investors of one Contracting Party affected by expropriation shall have a right to prompt review by a judicial or other independent authority of the other Contracting Party of their case and of the valuation of their investments in accordance with the principles set out in this Article.

4. Except in rare circumstances, such as, for example, when an action or a series of actions are extremely severe or disproportionate in light of their purposes or effects, non-discriminatory regulatory actions by a Contracting Party that are designed and applied to protect legitimate public welfare objectives, such as public health, safety, the environment, and real estate price stabilization, do not constitute indirect expropriations.

Article 6

Transfers

1. Each Contracting Party shall guarantee to an investor of the other Contracting Party the free transfer of all payments relating to an investment into and out of its territory. Such transfers shall include, in particular, though not exclusively:

(a) the initial capital and additional amounts to maintain or increase an investment;

(b) returns;

(c) payments made under a contract including a loan agreement;

(d) proceeds from the sale or liquidation of all or any part of an investment;

(e) payments made pursuant to Article 4 and 5;

(f) payments arising out of the settlement of a dispute; and

(g) earnings and other remuneration of personnel engaged from abroad in connection with an investment.

2. All transfers under this Agreement shall be made in a freely usable currency, without undue restriction or delay, at the market exchange rate prevailing on the date of the transfer.

3. Notwithstanding Articles 6.1 and 6.2 above, a Contracting Party may delay or prevent a transfer, through the equitable, non-discriminatory and good faith application of its measures and laws relating to:

(a) bankruptcy, insolvency or the protection of the rights of creditors;

(b) issuing, trading, or dealing in securities;

(c) criminal or penal offences;

(d) financial reporting or record keeping of transfers when necessary to assist law enforcement or financial regulatory authorities; or

(e) ensuring compliance with orders or judgements in judicatory proceedings.

4. A Contracting Party may adopt or maintain measures inconsistent with Article 6.1 and 6.2

(a) in the event of serious balance-of-payments and external financial difficulties or threat thereof; or

(b) in cases where, in exceptional circumstances, movements of capital cause or threaten to cause serious difficulties for macroeconomic management, in particular, monetary and exchange rate policies.

5. Measures referred to in paragraph 4 of this Article:

(a) shall be consistent with the Articles of the Agreement of the International Monetary Fund;

(b) shall be non-discriminatory;

(c) shall not exceed those necessary to deal with the circumstances set out in paragraph 4 of this Article;

(d) shall be temporary and shall be eliminated as soon as conditions permit; and

(e) shall be promptly notified to the other Contracting Party.

Article 7

Subrogation

If a Contracting Party or its designated agency makes a payment under an indemnity, guarantee or contract of insurance given in respect of an investment of an investor in the territory of the other Contracting Party, the other Contracting Party shall recognize:

(a) the assignment of any right or claim of such investor to the former Contracting Party or its designated agency, and

(b) the right of the former Contracting Party or its designated agency to exercise by virtue of subrogation any such right and claim to the same extent as its predecessor in title.

Article 8

Transparency

1. Each Contracting Party shall promptly publish, or otherwise make publicly available, its laws, regulations, procedures and administrative rulings and judicial decisions of general application as well as international agreements which may affect the operation of this Agreement. Where a Contracting Party establishes a policy which is not expressed in laws or regulations or by any other means listed in this paragraph but which may affect the operation of this Agreement, that Contracting Party shall promptly publish them or otherwise make them publicly available.

2. Each Contracting Party shall promptly respond to specific questions and provide, upon request, information to the other Contracting Parties on matters referred to in Article 8.1

3. Nothing in this Agreement shall prevent one Contracting Party from requiring an investor of another Contracting Party, or its investment, to provide routine information concerning that investment solely for informative or statistical purposes. Nothing in this Agreement requires a Contracting Party to furnish or allow access to:

(a) information relating to the financial affairs and accounts of individual customers of particular investors or investment; or

(b) any confidential or proprietary information, including information concerning particular investors or investments, the disclosure of which would impede law enforcement or be contrary to its laws protecting confidentiality or prejudice legitimate commercial interests of particular enterprise.

Article 9

Entry and sojourn of personnel

Subject to its laws and regulations regarding the entry and sojourn of aliens, a Contracting Party shall permit natural persons who are investors of the other Contracting Party and personnel employed by companies of that other Contracting Party to enter and remain in its territory for the purpose of engaging in activities connected with investments.

Article 10

Settlement of Disputes between Contracting Parties

1. Disputes between the Contracting Parties concerning the interpretation or application of this Agreement shall, if possible, be settled through consultations or diplomatic channels.

2. If any dispute cannot be settled within six (6) months, it shall, at the request of either Contracting Party, be submitted to an ad hoc Arbitral Tribunal in accordance with the provisions of this Article.

3. Such an Arbitral Tribunal shall be constituted for each individual case in the following way: Within two (2) months from the date of receipt of the request for arbitration, each Contracting Party shall appoint one member of the Tribunal. These two members shall then select a national of a third State, who on approval of the two Contracting Parties shall be appointed Chairman of the Tribunal. The Chairman shall be appointed within two (2) months from the date of appointment of the other two members.

4. If the necessary appointments have not been made within the periods specified in paragraph 3 of this Article, a request may be made by either Contracting Party to the President of the International Court of Justice to make such appointments. If the President is a national of either Contracting Party or otherwise prevented from discharging the said function, the Vice-President shall be invited to make the appointments. If the Vice-President is also a national of either Contracting Party or prevented from discharging the said function, the member, next in seniority, of the International Court of Justice who is not a national of either Contracting Party shall be invited to make the appointments.

5. The Arbitral Tribunal shall reach its decision by a majority of votes. Such decision shall be binding on both Contracting Parties.

6. The Arbitral Tribunal shall determine its own procedure.

7. Each Contracting Party shall bear the costs of its own arbitrator and its representation in the arbitral proceedings. The costs of the Chairman and any remaining costs shall be borne in equal parts by both Contracting Parties. The Arbitral Tribunal shall determine its own procedure. The Tribunal may, however, in its decision direct that a higher proportion of costs shall be borne by one of the two Contracting Parties.

Article 11

Settlement of Investment Disputes between a Contracting Party and an Investor of the other Contracting Party

1. This Article applies to disputes between a Contracting Party and an investor of the other Contracting Party concerning an alleged breach of an obligation of the former Contracting Party under this Agreement which causes loss or damage to the investor or its investment.

2. Such a dispute should, if possible, be settled by negotiation or consultation. If it is not so settled within six (6) months from the date on which the dispute has been raised by either party, the investor may choose to submit it for resolution:

(a) to any competent court or administrative tribunal of the Contracting Party to the dispute,

(b) in accordance with any dispute settlement procedure agreed upon prior to the dispute arising;

(c) by arbitration in accordance with this Article under:

i. the Convention on the Settlement of Investment Disputes between States and Nationals of other States (the "ICSID Convention"), if the ICSID Convention is available,

ii. the Additional Facility Rules of the Center for Settlement of Investment Disputes ("ICSID Additional Facility"), if the ICSID Additional Facility is available;

iii. the Arbitration Rules of the United Nations Commission on International Trade Law ("UNCITRAL"); or

iv. if agreed by both parties to the dispute, any other arbitration institution or any other arbitration rules.

3. Each Contracting Party hereby consents to the submission of a dispute to international arbitration in accordance with the procedures set out in this Agreement. The consent and the submission of a claim to arbitration under this Article shall satisfy the requirements of:

(a) Chapter II of the ICSID Convention (Jurisdiction of the Center) and the ICSID Additional Facility Rules with regards to the written consent of the parties to the dispute; and

(b) Article II of the New York Convention for an "agreement in writing."

4. The consent under paragraph 3 only applies on the condition that

(a) the investor waives in writing the right to initiate any other dispute settlement procedure with respect to the same dispute and withdraws from any such procedure in progress before its conclusion, if the investor submits the claim to arbitration on its own behalf; or

(b) the investor and the investment waive in writing the right to initiate any other dispute settlement procedure with respect to the same dispute and withdraw from any such procedure in progress before its conclusion, if the investor submits the claim to arbitration on behalf of a juridical person of the Contracting Party in dispute that the investor owns or controls directly or indirectly.

5. The seeking of interim relief not involving the payment of damages, from judicial or administrative tribunals, by a party to a dispute submitted to arbitration under this Article, for the preservation of its rights and interests pending resolution of the dispute, is not deemed a submission of the dispute for resolution for purposes of a Contracting Party's limitation of consent under paragraph 4, and is permissible in arbitration under any of the provisions of paragraph 2(c).

6. A dispute may be submitted to arbitration ninety (90) days after the date on which notice of intent to do so was received by the Contracting Party in dispute, but no later than three years from the date the investor first acquired or should have acquired knowledge of the events which gave rise to the dispute. Notice of intent shall specify:

(a) the name and address of the disputing investor and the investment;

(b) the provisions of this Agreement alleged to have been breached and any other relating provisions;

(c) the issues and the factual basis for the claim; and

(d) the relief sought, including the approximate amount of any damages claimed.

7. Unless the disputing parties otherwise agree, the tribunal shall comprise three arbitrators, appointed by each of the disputing parties and the third, who shall be the presiding arbitrator, appointed by agreement of the disputing parties. If a tribunal has not been constituted within 75 days from the date a claim is submitted to arbitration under this Article, the Secretary General of ICSID, on the request of a disputing party, shall appoint, in his or her discretion, the arbitrator or arbitrators not yet appointed. The Secretary General of ICSID shall not appoint a national of either Party as the presiding arbitrator.

8. The disputing parties may agree on the legal place of any arbitration under the arbitral rules applicable under paragraph 2(c). If the disputing parties fail to reach an agreement, the tribunal shall determine the place in accordance with the applicable arbitral rules, provided that the place shall be in the territory of a State that is a party to the New York Convention.

9. A Contracting Party shall not assert as a defence, counter-claim, right of set-off or for any other reason, that indemnification or other compensation for all or part of the alleged damages has been received or will be received pursuant to an indemnity, guarantee or insurance contract.

10. The arbitral tribunal, in its award shall set out its findings of law and fact, together with the reasons for its ruling and may, at the request of a party, provide the following forms of relief:

(a) a declaration that the Contracting Party has failed to comply with its obligations under this Agreement;

(b) pecuniary compensation, which shall include interest from the time the loss or damage was incurred until the payment was made,

(c) restitution in kind in appropriate cases, provided that the Contracting Party may pay pecuniary compensation in lieu thereof where restitution is not practicable; and

(d) with the agreement of the parties to the dispute, any other form of relief.

11. Arbitration awards shall be final and binding upon the parties to the dispute. Each Contracting Party shall, in its territory, make provision for the effective enforcement of awards made pursuant to this Article and shall carry out without delay any such award issued in a proceeding to which it is a party.

Article 12

Application of Other Rules

1. If the laws and regulations of either Contracting Party or obligations under international law existing at present or established hereafter between the Contracting

Parties in addition to this Agreement contain provisions, whether general or specific, entitling investments by investors of the other Contracting Party to a treatment more favorable than is provided for by this Agreement, such provisions shall to the extent it is more favourable prevail over this Agreement.

2. Each Contracting Party shall observe any other obligation that may have entered into force with respect to investments in its territory by investors of the other Contracting Party.

Article 13

Application of the Agreement

1. This Agreement applies to the existing investment at the date of the entry into force of this Agreement, as well as to the investment made or acquired after this date.

2. The Agreement shall not apply to claims arising out of events which occurred, or to claims which had been settled, prior to its entry into force.

Article 14

Denial of Benefits

1. A Party may deny the benefits of this Agreement to an investor of the other Party that is a juridical person of such other Party and to investments of such investor if persons of a non-Party own or control the juridical person and the denying Party adopts or maintains measures with respect to the non-Party or a person of the non-Party that prohibit transactions with the juridical person or that would be violated or circumvented if the benefits of this Agreement were accorded to the juridical person or its investments.

2. Subject to prior notification and consultation, a Party may deny the benefits of this Agreement to an investor of the other Party that is a juridical person of such

other Party and to investments of such investor if the juridical person has no substantial business activities in the territory of the other Party and persons of a non-Party, or of the denying Party, own or control the juridical person.

Article 15

Security Exception

Nothing in this Agreement shall be construed:

(a) to require a Party to furnish any information, the disclosure of which it considers contrary to its essential security interests;

(b) to prevent a Party from taking any actions which it considers necessary for the protection of its essential security interests; or

(c) to prevent a Party from taking any action in pursuance of its obligations under the United Nations Charter for the maintenance of international peace and security.

Article 16

Entry into force, Duration and Termination

1 This Agreement shall enter into force thirty (30) days after the date on which the Contracting Parties have notified each other in writing that their respective legal requirements for the entry into force of this Agreement have been fulfilled.

2. This Agreement shall remain in force for a period of ten (10) years and shall remain in force thereafter indefinitely unless either Contracting Party notifies the other Contracting Party in writing one year in advance of its intention to terminate this Agreement.

3. In respect of investments made prior to the termination of this Agreement, the provisions of Articles 1 to 15 of this Agreement shall remain in force for a further period of ten (10) years from the date of the termination.

4. The Agreement may be revised by mutual consent of the Contracting Parties. Any revision or termination of this Agreement shall be effected without prejudice to any rights or obligations accruing or incurred under this Agreement prior to the effective date of such revision or termination.

IN WITNESS WHEREOF, the undersigned, duly authorized thereto by their respective Governments, have signed this Agreement.

DONE in duplicate at Kigali on the 29th day of May 2009, in the Korean and English languages, all texts being equally authentic. In case of any divergence of interpretation, the English text shall prevail.

FOR THE GOVERNMENT OF THE REPUBLIC OF KOREA	FOR THE GOVERNMENT OF THE REPUBLIC OF RWANDA

[TEXT IN KOREAN – TEXTE EN CORÉEN]

대한민국 정부와 르완다공화국 정부 간의 투자의 증진 및 보호에 관한 협정

대한민국 정부와 르완다공화국 정부(이하 "체약당사자"라 한다)는,

평등과 호혜의 기초 위에서 어느 한쪽 체약당사자의 투자자에 의한 다른 쪽 체약당사자의 영역에서의 투자 확대를 위한 유리한 여건이 조성되기를 희망하며,

이 협정에 기초한 투자의 증진 및 보호가 개별기업의 투자활동을 촉진하고 양국의 번영을 증진시킬 것임을 인식하며,

이러한 목적들이 건강, 안전, 환경의 보호, 소비자 보호의 증진 그리고 국제적으로 인정되는 노동권의 증진에 부합하는 방식으로 달성될 수 있기를 희망하면서,

다음과 같이 합의하였다.

제 1 조
정 의

이 협정의 목적상,

1. "투자"란 어느 한쪽 체약당사자의 영역 내에서 다른 쪽 체약당사자의 투자자에 의하여 직접적 또는 간접적으로 소유되거나 통제되고 있는 모든 종류의 자산으로서, 어느 한쪽 체약당사자의 법규에 따라 이루어진 투자를 의미한다. 이러한 투자는 특히 다음 각 목의 자산을 포함하나 이에 한정되지 아니한다.

가. 기업(영리를 목적으로 하는지의 여부나 민간 또는 정부가 소유·통제하는지의 여부에 관계없이 해당 유치국의 적용 가능한 법령에 따라 설립·조직된 법인이나 그 밖의 실체로서 주식회사, 트러스트, 합명회사, 개인기업, 지점, 합작투자, 협회 또는 조직을 포함한다)

나. 그 밖의 유·무형의 재산, 동산·부동산 및 저당권·유치권·리스·질권 등의 관련 재산권

다. 지분, 주식 및 그 밖의 형태의 회사 또는 사업을 영위하는 기업에의 동등한 참여와 그로부터 파생되는 권리 또는 이익

라. 채권, 회사채, 대여금 및 그 밖의 형태의 부채와 이로부터 파생되는 권리 또는 이익

마. 경제적 가치가 있는 계약에 따른 지급청구권 및 이행청구권

바. 저작권 · 특허권 · 상표권 · 상호권 · 의장 · 기술적 방법 · 영업비밀 · 노하우를 포함하는 지식재산권 및 영업신용

사. 완성품 인도 · 건설 · 경영 · 생산 또는 수익공유계약을 포함한 계약에 따른 모든 권리

아. 천연자원의 탐사 · 개간 · 추출 또는 개발을 위한 양허권을 포함하여 법률이나 계약에 의하여 부여되는 경제적 가치가 있는 사업 양허권

보다 명료하게, 이 협정에서 어떤 자산이 투자의 정의에 포함되기 위해서는 자산이 자본 및 여타 자원의 투입, 이득이나 이윤에 대한 기대, 위험의 감수와 같은 투자의 성격을 지니고 있어야 한다. 시장점유, 시장접근, 기대이익 및 이익획득의 기회는 그 자체만으로는 투자가 아니다.

2. "수익"이란 투자에 의하여 발생한 금액을 말하며, 특히 이윤 · 이자 · 자본이득 · 배당 · 사용료 및 모든 종류의 수수료를 포함하나 이에 한정되지 아니한다.

3. "투자자"란 다른 쪽 체약당사자의 영역 내에 투자한 어느 한쪽 체약당사자의 자연인 또는 법인을 말한다.

가. "자연인"이란 어느 한쪽 체약당사자의 법령에 따라 그 체약당사자의 국적을 가진 자연인을 뜻한다. 그러나 이중국적자인 자연인은 그 또는 그녀의 지배적이고 유효한 국적국의 국민으로만 본다.

나. "법인"이란 어느 한쪽 체약당사자의 법규에 따라 설립되거나 조직된 회사 · 공공기관 · 정부기관 · 재단 · 조합 · 상사 · 단체 · 조직 · 주식회사 또는 협회와 같은 실체를 말한다.

4. "영역"이란 대한민국 혹은 르완다공화국 정부의 각각의 영토 및 국제법에 따라 천연자원을 탐사 · 개발할 목적으로 주권적 권리 또는 관할권을 행사하는 영해의 외측 한계선에 인접한 해저 및 하층토를 포함하는 수역을 말한다.

5. "자유사용통화"란 국제통화기금(IMF)이 수시로 국제통화기금 협정 및 추후 개정된 규정에 따라 자유사용통화로서 규정한 통화를 의미한다.

제 2 조

투자의 증진과 보호

1. 각 체약당사자는 다른 쪽 체약당사자의 투자자가 자국의 영역 안에서 투자를 하는 데 유리한 여건을 장려하고 조성하여야 하며, 자국의 법령에 따라 그러한 투자를 허용하여야 한다.

2. 각 체약당사자는 다른 쪽 체약당사자 투자자의 투자에 공정하고 공평한 대우와 충분한 보호 및 안전을 포함한 국제관습법에 따른 대우를 부여한다.

3. 보다 명확히 하기 위하여, 제2항은 외국인의 대우에 대한 국제관습법상 최소기준을 다른 쪽 체약당사자 투자자의 투자에 부여하여야 할 대우의 최소기준으로 규정한다. "공정하고 공평한 대우"와 "충분한 보호 및 안전"이라는 개념은 그러한 기준이 요구하는 것에 추가적인 또는 이를 초과한 대우를 요구하지 아니하며, 추가적인 실질적인 권리를 창설하지 아니한다.

가. 제2항의 "공정하고 공평한 대우"를 제공할 의무는 세계의 주요 법률 체계에 구현된 적법절차의 원칙에 따라 형사·민사 또는 행정적 심판절차에 있어서의 정의를 부인하지 아니할 의무를 포함한다. 그리고

나. 제2항의 "충분한 보호 및 안전"을 제공할 의무는 각 체약당사자가 국제관습법에 따라 요구되는 수준의 경찰보호를 제공하도록 요구한다.

4. 이 협정의 다른 규정 또는 별도의 국제협정에 대한 위반이 있었다는 판정이 이 조에 대한 위반이 있었다는 것을 입증하지는 아니한다.

5. 어떠한 체약당사자도 다른 쪽 체약당사자 투자자가 투자를 관리·유지·사용·향유 또는 처분하는 것에 대하여 부당하거나 차별적인 조치를 취하지 아니한다. 또한 어느 한쪽 체약당사자는 국내산 사용, 기술이전 또는 수출이행의무에 관하여 다른 쪽 체약당사자 투자자의 투자에 대하여 부당하거나 차별적인 조치를 취하지 아니한다.

제 3 조
투자의 대우

1. 각 체약당사자는 자국의 영역 안에서 자국의 법령에 따라 이루어진 다른 쪽 체약당사자의 투자자의 투자에 대하여 유사한 상황에서 자국 투자자의 투자에 대하여 부여하는 대우 보다 불리한 대우를 부여하여서는 아니 되고 (이하 "내국민대우"라 한다) 유사한 상황에서 제3국 투자자의 투자에 대하여 부여하는 대우 보다 불리한 대우를 부여하여서는 아니 되며 (이하 "최혜국대우"라 한다), 내국민대우와 최혜국대우 중 보다 유리한 대우 보다 불리하지 않은 대우를 부여하여야 한다.

2. 각 체약당사자는 자국의 영역 안에서 다른 쪽 체약당사자의 투자자에게 그들 투자의 관리·유지·사용·향유 또는 처분과 관련하여 유사한 상황에서 자국의 투자자에게 부여하는 대우 보다 불리한 대우를 부여하여서는 아니 되고 (내국민대우) 유사한 상황에서 제3국의 투자자에게 부여하는 대우 보다 불리한 대우를 부여하여서는 아니 되며(최혜국대우), 내국민대우와 최혜국대우 중 보다 유리한 대우 보다 불리하지 않은 대우를 부여하여야 한다.

3. 제1항과 제2항에서 규정되고 있는 내국민대우의 기준은 지방정부의 경우, 유사한 상황에서 그 지방정부가 자신이 일부를 구성하는 체약당사자의 투자자와 투자자의 투자에 대하여 부여하는 가장 유리한 대우 보다 불리하지 않은 대우를 말한다.

4. 제1항 및 제2항에서 규정되고 있는 내국민 대우와 최혜국대우는 다음에 적용되지 아니한다.

가. 정부조달,

나. 정부지원 융자, 보증 및 보험을 포함하여 당사자에 의하여 제공되는 보조금 또는 무상 교부, 또는

다. 조세조치

5. 제1항 및 제2항에서 규정되고 있는 최혜국대우는 어느 한쪽 체약당사자가 당사자이거나 당사자가 될 수 있는 기존의 또는 미래의 관세동맹이나 경제동맹, 공동시장, 자유무역지대 또는 이와 유사한 국제협정으로 인하여 제3국의 투자자에게 부여하는 특혜와 관계되지 아니한다.

제 4 조
손실보상

1. 어느 한쪽 체약당사자의 투자자는, 자신이 행한 투자가 다른 쪽 체약당사자의 영역 안에서 전쟁이나 그 밖의 무력충돌 · 국가비상사태 · 폭동 · 반란 · 소요 또는 그 밖에 이와 유사한 사태로 인하여 손실을 입은 경우, 그 손실에 대한 원상회복·배상·보상 또는 그 밖의 형태의 해결에 관하여 그 다른 쪽 체약당사자가 자국의 투자자 또는 제3국의 투자자에 대하여 부여하는 것보다 불리하지 않은 대우를 다른 쪽 체약당사자로부터 부여받는다.

2. 제1항을 저해하지 아니하고, 어느 한쪽 체약당사자의 투자자는 제1항에 언급된 사태에서 다음 각 목의 사항으로 발생하는 손실을 다른 쪽 체약당사자의 영역 안에서 입은 경우, 그 투자자에게는 이러한 손실에 대하여 적절한 원상회복, 보상, 또는 양자 모두가 부여되어야 한다. 보상은 제5조에 따라 적절한 변경을 가하여 신속하고, 적절하고, 유효하게 지급되어야 한다.

가. 다른 쪽 체약당사자의 군대 또는 당국에 의한 투자자 재산의 징발, 또는

나. 전투행위에 기인하지 아니하거나 그 사태의 필요성에 비추어 요구되지 아니하였던 것으로서 다른 쪽 체약당사자의 군대 또는 당국에 의한 투자자 재산의 파괴

제 5 조
수 용

1. 어느 한쪽 체약당사자의 투자자의 투자는 공공의 목적을 위하고, 신속 · 적절 · 유효한 보상을 하는 경우를 제외하고는 다른 쪽 체약당사자의 영역 안에서 국유화되거나, 수용당하거나 (이하 "직접적 수용"이라 한다) 또는 국유화 또는 수용에 상응하는 효과를 가지는 그 밖의 다른 조치 (이하 "간접적 수용"이라 한다)의 대상이 되지 아니한다. 어느 한쪽 체약당사자의 조치들이 투자와 관련된 유형 · 무형의 재산을 손상하지 아니한다면 그 조치 또는 일련의 조치들은 수용을 구성하지 아니한다. 수용은 비차별적 기초 위에서 적법한 절차에 따라 이루어진다.

2. 그러한 보상은 수용이 이루어지기 직전 또는 수용이 임박하였음이 공공연하게 알려지기 직전 중 보다 이른 시기에 수용된 투자의 공정한 시장가치에 상당하여야 하고, 수용일로부터 지급일까지의 합리적인 상업이자율에 의한 이자를 포함하여, 지체 없이 지급되어야 한다. 보상은 유효하게 현금화 할 수 있고, 자유롭게 송금될 수 있으며, 수용당시에 적용되는 시장 환율에 따라 투자자의 국적통화 및 「국제통화기금협정」의 조항에 규정되어 있는 자유사용통화로 자유롭게 태환되어야 한다.

3. 수용에 의하여 영향을 받은 어느 한쪽 체약당사자의 투자자는 이 조에 규정된 원칙에 따라 자신의 사안과 투자가치 산정에 대하여 다른 쪽 체약당사자의 사법당국 또는 그 밖의 독립된 당국에 의한 신속한 심사를 받을 권리를 가진다.

4. 매우 희소한 상황, 예컨대 어떠한 조치 또는 일련의 조치들이 그 목적이나 효과에 견주어 지나치게 가혹하거나 비례성이 결여되는 경우를 제외하고는, 공중 보건, 안전, 환경 및 부동산 가격 안정화 등 정당한 공공 후생상의 목적을 보호하기 위하여 고안되고 적용된 어느 한쪽 체약당사자의 비차별적인 규제조치들은 간접적 수용을 구성하지 아니한다.

제 6 조
송 금

1. 각 체약당사자는 다른 쪽 체약당사자의 투자자에게 투자와 관련된 모든 지급의 국내외로의 자유로운 송금을 보장하여야 한다. 그러한 송금은 특히 다음 각 목의 사항을 포함하나 이에 한정되지 아니한다.

가. 초기의 자본 및 투자의 유지와 확대를 위한 추가 자금

나. 수익

다. 대부 계약 등 계약에 따라 이루어진 지불

라. 투자의 매각 또는 전면적 · 부분적 청산으로부터 발생한 대금

마. 제4조와 제5조에 따라 이루어진 지불

바. 분쟁해결에 따라 이루어진 지불

사. 투자와 관련하여 고용된 외국 근로 인력의 임금 및 그 밖의 보수

2. 이 협정에 따른 모든 송금은 자유사용통화로 부당한 제한이나 지체 없이 송금일에 적용되는 시장 환율에 따라 이루어져야 한다.

3. 제6조 제1항과 제6조 제2항에도 불구하고, 어느 한쪽 체약당사자는 다음에 관한 자국의 조치 및 법규의 공평하고 비차별적이고 선의에 입각한 적용을 통하여 송금을 연기하거나 금지할 수 있다.

가. 파산, 지급불능 또는 채권자의 권리보호

나. 유가증권의 발행, 유통 또는 거래

다. 형사범죄

라. 법집행 또는 금융규제당국을 지원하기 위하여 필요한 때에 송금에 대한 재무보고 또는 기록보존, 또는

마. 사법절차에서의 명령 또는 판결의 준수 보장

4. 어느 한쪽 체약당사자는 다음의 경우에 제6조제1항과 제6조제2항에 부합하지 아니하는 조치를 채택하거나 유지할 수 있다.

가. 중대한 국제수지 및 대외적 금융상의 어려움에 처하거나 처할 우려가 있는 경우

나. 예외적인 상황에서, 자본이동이 거시경제의 운영, 특히 통화ㆍ환율정책에 중대한 어려움을 초래하거나 초래할 우려가 있는 경우

5. 제4항에 따른 조치는

가. 「국제통화기금협정」의 규정에 부합하여야 하고,

나. 비차별적이어야 하고,

다. 제4항에 규정된 상황에 대처하는데 필요한 정도를 초과해서는 아니 되며,

라. 일시적이며 상황이 허락하는 한 신속하게 철폐되어야 하고,

마. 다른 쪽 체약당사자에게 즉시 통지되어야 한다.

제 7 조

대위변제

어느 한쪽 체약당사자 또는 그 지정기관이 투자와 관련하여 부여된 보장, 보증, 또는 보험계약에 따라 다른 쪽 체약당사자의 영역에 있는 투자자에게 변제한 경우, 다른 쪽 체약당사자는 다음 각 목의 사항을 승인한다.

가. 투자자의 권리 또는 청구권을 그 어느 한쪽 체약당사자나 그 지정기관에 양도하는 것, 그리고

나. 그 어느 한쪽 체약당사자 또는 그 지정기관이 대위변제에 의하여 그 투자자의 권리와 청구권과 동일한 정도의 권리와 청구권을 행사하는 것

제 8 조

투명성

1. 각 체약당사자는 이 협정의 적용에 영향을 미칠 수 있는 국제협정과 자국 법·규칙·절차·행정통제 및 일반적으로 적용되는 사법결정을 즉시 공표하거나 일반적으로 알 수 있도록 하여야 한다. 어느 한쪽 체약당사자가 법률, 규칙 또는 이 항에 나타난 다른 수단으로 공표하지 아니하고 이 협정 적용에 영향을 미칠 정책을 설립한 경우 그 체약당사자는 즉시 이를 공표하거나 일반적으로 알 수 있도록 하여야 한다.

2. 각 체약당사자는 다른 쪽 당사자의 요청이 있을 경우 특정한 질문에 대하여 신속히 응답하며 제8조제1항에 규정된 사항에 관한 정보를 다른 쪽 당사자에 제공하여야 한다.

3. 이 협정의 어떠한 규정도 어느 한쪽 체약당사자가 유익하고 통계에 사용할 의도로 다른 체약당사자의 투자자 또는 투자자의 투자에게 투자와 관련된 통상적인 정보를 제공하여 줄 것을 요구하는 것을 금지하지 못한다. 이 협정의 어떠한 규정도 어느 한쪽 체약당사자에게 다음 사항 정보를 제공하거나 접근을 허락할 것을 요구하지 못한다.

가. 특정한 투자자 또는 투자의 개인 고객의 재정 문제 및 회계와 관련된 정보

나. 공개로 인하여 법률 집행을 방해하거나 비밀 유지에 관한 법률에 불합치하거나 특정 기업의 상업적 이익을 해하는 특정 투자자 또는 투자에 관한 정보를 포함한 모든 비밀 또는 재산 정보

제 9 조
인력의 입국 및 체류

외국인의 입국 및 체류에 관한 자국의 법규에 따라, 어느 한쪽 체약당사자는 다른 쪽 체약당사자의 투자자인 자연인과 다른 쪽 체약당사자의 회사에 의하여 고용된 인력이 투자와 연관된 활동에 종사할 목적으로 자국의 영역에 입국하고 체류하도록 허용하여야 한다.

제 10 조
체약당사자간 분쟁의 해결

1. 이 협정의 해석 또는 적용에 관한 체약당사자간의 분쟁은 가능한 한 협의나 외교경로를 통하여 해결되어야 한다.

2. 분쟁이 6개월 이내에 해결되지 못하는 경우, 그 분쟁은 어느 한쪽 체약당사자의 요청에 의하여 이 조의 규정에 따라 임시중재재판소에 회부된다.

3. 이러한 중재재판소는 다음의 방법으로 사안별로 구성된다. 각 체약당사자는 중재를 요청한 접수일부터 2개월 이내에 1명의 중재재판관을 임명한다. 이러한 2명의 중재재판관은 제3국의 국민인 1명을 선정하고, 그는 양 체약당사자의 동의를 얻어 중재재판소의 장으로 임명된다. 중재재판소의 장은 다른 2명의 중재재판관의 임명일부터 2개월 이내에 임명된다.

4. 제3항에 명시된 기간 내에 필요한 임명이 이루어지지 아니하는 경우, 어느 한쪽 체약당사자는 국제사법재판소 소장에게 그러한 임명을 요청할 수 있다. 국제사법재판소 소장이 어느 한쪽 체약당사자의 국민이거나 달리 위의 임무를 수행할 수 없는 경우에는 국제사법재판소 부소장에게 그러한 임명을 요청한다. 국제사법재판소 부소장도 어느 한쪽 체약당사자의 국민이거나 위의 임무를 수행할 수 없는 경우에는 어느 한쪽 체약당사자의 국민이 아닌 자로서 국제사법재판소의 그 다음 서열의 재판관에게 그러한 임명을 요청한다.

5. 중재재판소는 다수결에 의하여 결정을 내린다. 그러한 결정은 구속력을 가진다.

6. 중재재판소는 자체의 절차를 결정한다.

7. 각 체약당사자는 자국의 중재재판관에 대한 비용과 중재절차에서 자국을 대리하는 데 대한 비용을 부담한다. 중재재판소의 장에 대한 비용 및 그 밖의 비용은 양 체약당사자가 균등하게 부담한다. 중재재판소는 그 자체의 절차를 결정한다. 다만, 중재재판소는 결정으로써 양 체약당사자 중 어느 한쪽이 보다 높은 비율의 비용을 부담하도록 명할 수 있다.

제 11 조

어느 한쪽 체약당사자와 다른 쪽 체약당사자의 투자자간의 투자분쟁해결

1. 이 조항은 어느 한쪽 체약당사자와 다른 쪽 체약당사자의 투자자간의 분쟁으로서, 어느 한쪽 체약당사자가 협정상의 의무를 위반한 것으로 주장되고 이러한 위무 위반으로 투자자 또는 투자자의 투자에 손실 또는 손해를 초래한 분쟁에 적용된다.

2. 이러한 분쟁은 가급적 협상과 협의를 통하여 해결되어야 한다. 분쟁이 어느 한쪽 당사자에 의하여 제기된 날부터 6개월 이내에 협상과 협의를 통하여 해결되지 못한 경우, 투자자는 투자자의 선택에 의하여 분쟁을 다음 각 목에 회부할 수 있다.

가. 분쟁당사국의 법원이나 행정재판소

나. 분쟁발생 이전에 합의된 분쟁해결절차

다. 다음에 따른 중재 절차

1) 「국가와 타방국가 국민 간의 투자분쟁의 해결에 관한 협약」(이하 「국제투자분쟁해결본부 협약」)이 적용 가능할 경우 「국제투자분쟁해결본부 협약」

2) 국제투자분쟁해결본부의 추가적 절차에 대한 규칙이 적용 가능할 경우 국제투자분쟁해결본부의 추가적 절차에 대한 규칙

3) 유엔국제무역법위원회 중재규칙

4) 분쟁당사자간의 합의에 따른 여타 중재 기구 또는 여타 중재규칙

3. 각 체약당사자는 이 협정에서 규정된 절차에 따라 분쟁을 국제 중재에 회부하는 것에 동의한다. 이 조항에서 분쟁의 중재 회부와 이에 관한 동의는 다음과 같은 요건을 만족하여야 한다.

가. 「국제투자분쟁해결본부 협약」의 제2장(본부의 관할권)과 분쟁당사자의 서면동의에 관한 국제투자분쟁해결본부의 추가 절차 규칙

나. 서면동의에 관한 「뉴욕협약」 제2조

4. 제3항의 동의는 다음 상황일 경우에만 적용된다.

가. 투자자가 자기 자신을 위하여 중재를 청구하는 경우, 투자자는 동일한 분쟁에 관하여 다른 분쟁해결절차를 제기할 권리를 서면으로 포기하고 결정이 나기 전이지만 그러한 절차를 진행 중일 경우 이를 철회한다.

나. 투자자가 자신이 소유하거나 직·간접적으로 통제하는 분쟁당사국의 법인을 대신하여 중재를 청구하는 경우 투자자와 그 투자는 동일한 분쟁에 관하여 다른 분쟁해결절차를 제기할 권리를 서면으로 포기하고 결정이 나기 전이지만 그러한 절차를 진행 중일 경우 이를 철회한다.

5. 중재에 회부된 분쟁의 당사자가 중재가 진행되는 동안 권리와 이익을 보전할 목적으로 사법 또는 행정재판소로부터 손해배상의 지급을 수반하지 않는 잠정적인 구제조치를 구하는 것은 제4조의 동의의 제한 이유에 해당되는 것으로 간주되지 아니하며, 제2항다목의 어떠한 중재 절차 하에서도 허용된다.

6. 분쟁은 분쟁당사자인 체약당사자가 중재의향서를 접수한 날부터 90일이 경과되고, 투자자가 분쟁을 야기한 사건을 최초로 인지하거나 인지하였어야 할 일자로부터 3년이 경과되지 않은 경우에 중재에 회부될 수 있다. 중재의향서는 다음과 같은 사항을 명시하여야 한다.

가. 분쟁당사자인 투자자와 투자의 이름과 주소

나. 위반된 것으로 주장되는 이 협정의 조항과 그 밖의 관련 조항

다. 청구의 논점과 사실적 근거

라. 청구하는 손해의 대략적 금액을 포함한 구하는 구제조치

7. 분쟁당사자가 달리 합의하지 아니하는 한 중재재판소는 3명의 중재재판관으로 구성되며, 각 분쟁당사자가 각 1명의 중재재판관을 임명하고 의장이 되는 세 번째 중재재판관은 분쟁당사자간의 합의에 의하여 임명된다. 청구가 이 조항에 따른 중재에 회부된 일자로부터 75일 이내에 중재판정부가 구성되지 아니하는 경우, 국제투자분쟁해결본부의 사무총장은 어느 한쪽 분쟁당사자의

요청이 있는 경우 자신의 재량 하에 아직 임명되지 못한 중재재판관을 임명해야 한다. 국제투자분쟁해결본부 사무총장은 어느 한쪽 당사국의 국민을 의장중재재판관으로 임명하여서는 아니 된다.

8. 분쟁당사자들은 제2항다목에 따라 적용 가능한 중재규칙에 따라 법적 중재 장소에 대하여 합의할 수 있다. 분쟁당사자들이 합의에 도달하지 못하는 경우, 중재재소가 적용 가능한 중재규칙에 따라 중재 장소를 결정하여야 한다. 단 중재 장소는 「뉴욕 협약」의 회원국인 국가의 영역이어야 한다.

9. 어느 한쪽 체약당사자는 청구인이 보장, 보증 또는 보험계약에 따라 주장되는 손해의 전체 또는 일부에 대하여 배상 또는 그 밖의 보상을 받았거나 받을 것이라는 점을 항변·반소·상계권 또는 그 밖의 어떠한 사유로도 주장할 수 없다.

10. 중재재판소는 판정에서 이에 이르게 된 법과 사실, 그리고 그 사유를 명시하여야 하며, 어느 한쪽 당사자의 요청이 있는 경우 다음과 같은 형태의 구제를 제시할 수 있다.

가. 체약당사자가 이 협정상의 의무들을 준수하지 못하였다는 선언

나. 손실 또는 손해가 발생한 일자로부터 보상 지급일까지의 이자가 포함된 금전적 배상

다. 원상회복이 불가능한 부분에 대하여는 금전적 배상을 한다는 전제하에 적절한 부분에 대한 재산의 원상회복

라. 분쟁당사자간의 합의에 의한 그 밖의 형태의 구제조치

11. 중재 판정은 당해 분쟁당사자에 대하여 최종적이며 구속력을 지닌다. 각 체약당사자는 자국의 영역 내에서 이 조에 따라 이루어진 중재판정의 실효적 집행을 위한 조치를 취하여야 하며, 분쟁당사자로 참가한 소송에서 내려진 판정을 지체 없이 집행하여야 한다.

제 12 조
다른 규칙의 적용

1. 각 체약당사자의 법령 또는 이 협정 외에 양 체약당사자 간에 현재 존재하거나 향후 채택될 국제법상에서의 의무가 일반적 또는 구체적이든 간에 다

른 쪽 체약당사자의 투자자의 투자에 대하여 이 협정에서 규정된 것 이상으로 유리한 대우를 부여하는 규정을 포함하는 경우, 이러한 규정은 보다 유리한 부분에 있어 이 협정보다 우선한다.

2. 각 체약당사자는 다른 쪽 체약당사자의 투자자가 자국의 영역 안에서 행한 투자에 대하여 효력이 발생하는 그 밖의 의무를 준수하여야 한다.

제 13 조

협정의 적용

1. 이 협정은 발효일 이후 이루어지거나 취득된 투자뿐만 아니라, 발효 당시 존재하는 투자에 대하여 적용된다.

2. 이 협정은 발효일 이전에 발생된 또는 해결된 각 분쟁에 대하여는 적용되지 아니한다.

제 14 조

혜택거부

1. 어느 한쪽 체약당사자는 비체약당사자가 다른 쪽 체약당사자의 법인을 소유 혹은 통제하는 경우 다른 쪽 체약당사자의 법인인 투자자 및 그 법인의 투자에게 이 협정에 대한 혜택을 거부할 수 있으며, 혜택을 부여하지 아니하려는 체약당사자는 비체약당사자 및 그 자연인에 대하여 그러한 법인과 거래를 금지하는 조치를 취할 수 있고, 그러한 법인에게 이 협정으로 인한 혜택 부여시 위반되거나 회피되는 조치를 유지할 수 있다.

2. 사전 통보와 협의에 따라 체약당사자는 다른 쪽 체약당사자의 법인이 어느 한쪽 체약당사자의 영역 내에서 실질적인 사업 활동을 수행하지 아니하고 비체약당사자 또는 혜택 부여를 거부하는 당사자의 자연인이 그러한 법인을 소유 또는 통제할 경우 다른 쪽 체약당사자의 법인인 투자자와 그러한 투자자의 투자에 대하여 이 협정상의 혜택을 부여하지 아니할 수 있다.

제 15 조

안보 예외

이 협정의 어떠한 규정도 다음과 같이 해석되지 아니한다.

가. 체약당사자에게 필수안보이익에 반하는 것으로 여겨지는 정보의 제공 또는 공개를 요구할 수 있다.

나. 체약당사자가 필수안보이익을 보호하기 위하여 필요하다고 여겨지는 조치를 취하는 것을 금지할 수 있다.

다. 체약당사자가 국제평화와 안보를 유지하기 위한 「국제연합헌장」에 따른 의무 수행에 있어서 어떤 조치를 취하는 것을 금지할 수 있다.

제 16 조

발효, 존속 및 종료

1. 이 협정은 체약당사자가 이 협정의 발효를 위한 모든 국내법적 요건이 충족되었음을 서면을 통하여 서로 통지한 날부터 30일이 경과된 날부터 발효된다.

2. 이 협정은 10년의 기간 동안 유효하며, 그 이후에는 어느 한쪽 체약당사자가 다른 쪽 체약당사자에게 이 협정의 종료의사를 1년 전에 서면으로 통지하지 아니하는 한 무기한 연장된다.

3. 제1조에서 제15조의 규정은 이 협정이 종료되기 전에 행하여진 투자에 대하여 이 협정의 종료일부터 10년의 기간 동안 더 유효하다.

4. 이 협정은 체약당사자간의 상호 합의에 의하여 개정될 수 있다. 이 협정의 어떠한 개정이나 종료도 이러한 개정이나 종료의 발효일 이전에 이 협정하에서 취득하거나 부과된 어떠한 권리나 의무를 침해함이 없이 실행된다.

이상의 증거로, 아래 서명자는 그들 각자의 정부로부터 정당하게 권한을 위임받아 이 협정에 서명하였다.

2009 년 5 월 29 일 키갈리 에서 동등하게 정본인 한국어 및 영어로 각 2부씩 작성하였다. 해석상의 차이가 있을 경우에는 영어본이 우선한다.

대한민국 정부를 대표하여

르완다공화국 정부를 대표하여

[TRANSLATION – TRADUCTION]

ACCORD ENTRE LE GOUVERNEMENT DE LA RÉPUBLIQUE DE CORÉE ET LE GOUVERNEMENT DE LA RÉPUBLIQUE DU RWANDA RELATIF À LA PROMOTION ET À LA PROTECTION DES INVESTISSEMENTS

Le Gouvernement de la République de Corée et le Gouvernement de la République du Rwanda (ci-après dénommés « Parties contractantes »),

Désireux de créer des conditions favorables à l'augmentation des investissements effectués par des investisseurs d'une Partie contractante sur le territoire de l'autre Partie contractante, sur la base des principes d'égalité et d'avantage mutuel,

Reconnaissant que la promotion et la protection des investissements, sur la base du présent Accord, sont de nature à stimuler des initiatives commerciales individuelles dans ce domaine et à accroître la prospérité dans les deux États,

Désireux d'atteindre ces objectifs d'une manière compatible avec la protection de la santé, de la sécurité et de l'environnement et avec la promotion de la protection des consommateurs et des droits du travail internationalement reconnus,

Sont convenus de ce qui suit :

Article premier. Définitions

Aux fins du présent Accord :

1. Le terme « investissement » désigne tout type d'actifs sur le territoire d'une Partie contractante, détenu ou contrôlé directement ou indirectement par un investisseur de l'autre Partie contractante, à condition que cet investissement ait été effectué conformément aux lois et règlements de la première Partie contractante, y compris, mais sans s'y limiter :

a) Une entreprise (qu'il s'agisse d'une personne morale ou de toute autre entité constituée ou organisée conformément au droit applicable de la Partie contractante d'accueil, qu'elle soit ou non à but lucratif et qu'elle soit détenue ou contrôlée par le secteur public ou privé, et comprend les firmes, fiducies, sociétés de personnes, entreprises individuelles, succursales, coentreprises, associations ou autres organisations) ;

b) Tout autre bien corporel ou incorporel, meuble ou immeuble ou tous autres droits de propriété connexes tels que les hypothèques, privilèges, baux ou nantissements ;

c) Les parts sociales, actions et autres formes de participation au capital d'une société, ou de toute entreprise commerciale, et les droits ou intérêts qui en découlent ;

d) Les obligations, prêts et autres formes de créances et les droits ou intérêts qui en découlent ;

e) Les créances pécuniaires ou relatives à toute prestation contractuelle ayant une valeur économique ;

f) Les droits de propriété intellectuelle, y compris les droits d'auteur, les droits portant sur les brevets, les marques de fabrique, les marques commerciales, les dessins industriels, les procédés techniques, les secrets commerciaux, le savoir-faire et la survaleur ;

g) Tous droits découlant de contrats, y compris les contrats clés en main, de construction, de gestion, de production ou de partage des revenus ; et

h) Les concessions commerciales ayant une valeur économique accordées par la loi ou au titre d'un contrat, y compris les concessions relatives à la prospection, à la culture, à l'extraction ou à l'exploitation de ressources naturelles.

Il est entendu que pour être qualifié d'investissement, un actif doit présenter les caractéristiques d'un investissement, telles que l'engagement de capitaux ou d'autres ressources, l'attente de gains ou de profits ou la prise de risques. La part de marché, l'accès aux marchés, les gains escomptés et les possibilités de faire des bénéfices ne sont pas, en soi, des investissements ;

2. Le terme « rendement » désigne les montants provenant d'un investissement et, notamment, mais non exclusivement, les bénéfices, les intérêts, les gains en capital, les dividendes, les redevances et les commissions de tous types ;

3. Le terme « investisseur » désigne toute personne physique ou morale d'une Partie contractante, qui réalise des investissements sur le territoire de l'autre Partie contractante :

a) L'expression « personne physique » désigne toute personne physique qui possède la nationalité de la première Partie contractante conformément à la législation de celle-ci, à condition toutefois qu'une personne physique qui a la double nationalité soit considérée comme ayant exclusivement la nationalité de l'État de sa nationalité dominante et effective ; et

b) L'expression « personne morale » désigne toute entité, telle que les sociétés, institutions publiques, autorités, fondations, sociétés de personnes, firmes, établissements, organisations, compagnies ou associations, établie ou constituée conformément aux lois et règlements de la première Partie contractante ;

4. Le terme « territoire » désigne respectivement le territoire de la République de Corée ou le territoire du Gouvernement de la République du Rwanda, ainsi que les zones maritimes, y compris les fonds marins et leur sous-sol, adjacentes à la limite extérieure des eaux territoriales, sur lesquelles l'État concerné exerce, conformément au droit international, des droits souverains ou sa compétence à des fins d'exploration et d'exploitation des ressources naturelles de ces zones ; et

5. L'expression « monnaie librement utilisable » désigne toute monnaie désignée, de temps à autre, par le Fonds monétaire international comme monnaie librement utilisable conformément aux Statuts du Fonds monétaire international et à tout amendement ultérieur de ceux-ci.

Article 2. Promotion et protection des investissements

1. Chaque Partie contractante encourage les investisseurs de l'autre Partie contractante à effectuer des investissements sur son territoire, crée les conditions favorables à cet effet et admet ces investissements conformément à ses lois et règlements.

2. Chaque Partie contractante accorde aux investissements des investisseurs de l'autre Partie contractante un traitement conforme au droit international coutumier, y compris un traitement juste et équitable et une protection et une sécurité intégrales.

3. Il est entendu que le paragraphe 2 prescrit la norme minimale de traitement des étrangers prévue par le droit international coutumier comme norme minimale de traitement à accorder aux investissements d'un investisseur de l'autre Partie contractante. Les concepts de « traitement juste et équitable » et de « protection et sécurité intégrales » n'exigent pas de traitement s'ajoutant à celui qui est exigé par cette norme ou allant au-delà et ne créent pas de droits substantiels supplémentaires. L'obligation prévue au paragraphe 2 de fournir :

a) Un « traitement juste et équitable » comprend l'obligation de ne pas refuser de rendre justice dans les procédures juridictionnelles pénales, civiles ou administratives, conformément au principe de garantie de procédures régulières consacré par les principaux systèmes juridiques du monde ; et

b) La « protection et sécurité intégrales » exige que chaque Partie fournisse le niveau de protection policière requis par le droit international coutumier.

4. L'établissement de la violation d'une autre disposition du présent Accord ou d'un accord international distinct n'établit pas qu'il y a eu violation du présent article.

5. Aucune des Parties contractantes ne prend de mesures déraisonnables ou discriminatoires contraires à la gestion, à la conservation, à l'utilisation, à la jouissance et à la cession des investissements par les investisseurs de l'autre Partie contractante ni n'impose de mesures déraisonnables ou discriminatoires visant les investissements des investisseurs de l'autre Partie contractante concernant la teneur en éléments d'origine locale, le transfert de technologie ou les exigences en matière de résultats à l'exportation.

Article 3. Traitement des investissements

1. Chacune des Parties contractantes accorde sur son territoire aux investissements effectués conformément à ses lois et règlements, par des investisseurs de l'autre Partie Contractante, en ce qui concerne la gestion, la conservation, l'utilisation, la jouissance ou la cession de leurs investissements, un traitement non moins favorable que celui qu'elle accorde, dans des circonstances analogues, aux investissements de ses propres investisseurs (ci-après dénommé « traitement national ») ou aux investissements d'investisseurs d'un État tiers (ci-après dénommé « régime de la nation la plus favorisée »), le traitement le plus favorable étant retenu.

2. Chacune des Parties contractantes accorde sur son territoire aux investisseurs de l'autre Partie contractante, en ce qui concerne la gestion, la conservation, l'utilisation, la jouissance ou la cession de leurs investissements, un traitement non moins favorable que celui qu'elle accorde dans des circonstances analogues à ses propres investisseurs (« traitement national ») ou aux investisseurs d'un État tiers (« régime de la nation la plus favorisée »), le traitement le plus favorable étant retenu.

3. Le traitement national prévu aux paragraphes 1 et 2 désigne, en ce qui concerne une administration publique infranationale, un traitement non moins favorable que le traitement le plus favorable qu'accorde cette administration publique infranationale dans des circonstances analogues aux investisseurs, et aux investissements effectués par les investisseurs, de la Partie dont elle fait partie.

4. Le traitement national et le régime de la nation la plus favorisée prévus aux paragraphes 1 et 2 ne s'appliquent pas aux cas suivants :

a) Les marchés publics ;

b) Les subventions ou les aides fournies par une Partie, y compris les prêts, les garanties et les assurances bénéficiant d'un soutien public ; ou

c) Les mesures en matière fiscale.

5. Le régime de la nation la plus favorisée prévu aux paragraphes 1 et 2 ne se rapporte pas aux privilèges qu'une Partie contractante accorde aux investisseurs d'États tiers, en vertu de son adhésion ou de son association, actuelle ou future, à une union douanière ou économique, à un marché commun ou à une zone de libre-échange, ou un accord international similaire.

Article 4. Indemnisation des pertes

1. Les investisseurs d'une Partie contractante dont les investissements subissent des pertes du fait d'une guerre ou d'un autre conflit armé, d'un état d'urgence national, d'une révolte, d'une insurrection, d'une émeute ou d'une situation analogue sur le territoire de l'autre Partie contractante, se voient accorder, par cette autre Partie contractante, un traitement non moins favorable que celui qu'elle accorde à ses propres investisseurs ou à ceux d'un État tiers en matière de restitution, d'indemnisation, de dédommagement ou de toute autre forme de règlement.

2. Sans préjudice des dispositions du paragraphe 1 du présent article, les investisseurs d'une Partie contractante qui, dans l'une des situations visées audit paragraphe, subissent, sur le territoire de l'autre Partie contractante, des pertes causées par :

a) La réquisition de leurs biens par les forces ou les autorités de cette dernière Partie contractante ; ou

b) La destruction de leurs biens par les forces ou autorités de cette dernière Partie contractante ne résultant pas de combats ou non justifiée par la situation ;

se voient accorder une restitution, une indemnisation, ou les deux, selon le cas, pour cette perte. Toute indemnisation doit être rapide, adéquate et effective, conformément à l'article 5, mutatis mutandis.

Article 5. Expropriation

1. Les investissements réalisés par des investisseurs d'une Partie contractante ne peuvent faire l'objet d'une nationalisation, d'une expropriation (dénommées ci-après « expropriation directe ») ou faire l'objet d'autres mesures ayant un effet équivalant à une nationalisation ou à une expropriation (ci-après dénommées « expropriation indirecte ») sur le territoire de l'autre Partie contractante, sauf pour des raisons d'utilité publique, et contre une indemnisation appropriée, effective et rapide. Une mesure ou une série de mesures prises par une Partie ne peut constituer une expropriation, sauf si elle porte atteinte à un droit portant sur les biens corporels ou incorporels d'un investissement. L'expropriation est effectuée sur une base non discriminatoire et dans le respect des procédures régulières.

2. L'indemnisation correspond à la juste valeur marchande qu'avaient les investissements expropriés immédiatement avant la date à laquelle l'expropriation a eu lieu ou avant que l'expropriation imminente a été rendue publique, selon l'événement qui se produit en premier lieu ; comprend des intérêts au taux commercialement raisonnable calculés à partir de la date de la mesure d'expropriation jusqu'à la date du paiement, et elle est versée sans retard injustifié. L'indemnisation doit être effectivement réalisable, librement transférable et librement convertible dans la monnaie de la Partie contractante des investisseurs concernés, et dans les monnaies

librement utilisables telles que définies dans les Statuts du Fonds monétaire international, au taux de change du marché en vigueur à la date de l'expropriation.

3. Les investisseurs d'une Partie contractante affectés par des mesures d'expropriation ont le droit à un examen rapide de leur affaire par un organe judiciaire ou une autre autorité indépendante de l'autre Partie contractante et à l'évaluation de leurs investissements conformément aux principes énoncés dans le présent article.

4. Sauf dans de rares circonstances, comme, par exemple, lorsqu'une mesure ou une série de mesures sont extrêmement graves ou disproportionnées au regard de leurs finalités ou de leurs effets, les mesures réglementaires non discriminatoires prises par une Partie contractante qui sont conçues et appliquées en vue de protéger des objectifs légitimes de bien-être public, tels que la santé publique, la sécurité, l'environnement et la stabilisation des prix de l'immobilier, ne constituent pas des expropriations indirectes.

Article 6. Transferts

1. Chaque Partie contractante garantit aux investisseurs de l'autre Partie contractante le libre transfert des paiements relatifs à leurs investissements en provenance et à destination de son territoire. Ces transferts comprennent notamment, mais pas exclusivement :

a) Le capital initial et les montants additionnels visant à maintenir ou à augmenter un investissement ;

b) Les rendements ;

c) Les paiements au titre d'un contrat, y compris un accord de prêt ;

d) Le produit de la vente ou de la liquidation totale ou partielle d'un investissement ;

e) Les paiements effectués en application des dispositions des articles 4 et 5 ;

f) Les paiements découlant du règlement d'un différend ; et

g) Les gains et autres rémunérations perçus par le personnel engagé à l'étranger en lien avec un investissement.

2. Tous les transferts réalisés en vertu du présent Accord sont effectués dans une monnaie librement utilisable, sans restrictions ni retards injustifiés, au taux de change du marché en vigueur à la date des transferts.

3. Nonobstant les paragraphes 1 et 2 de l'article 6 ci-dessus, une Partie contractante peut retarder ou empêcher un transfert, par l'application équitable, non discriminatoire et de bonne foi de ses mesures et de sa législation concernant :

a) La faillite, l'insolvabilité ou la protection des droits des créanciers ;

b) L'émission, le négoce ou le commerce de valeurs mobilières ;

c) Les infractions pénales ;

d) L'information financière et l'inscription dans les registres des transferts chaque fois que cela est nécessaire pour aider les autorités chargées de l'application de la loi ou les autorités réglementaires en matière de finances ; ou

e) L'exécution de jugements rendus à l'issue de procédures juridictionnelles.

4. Une Partie contractante peut adopter ou maintenir des mesures incompatibles avec les paragraphes 1 et 2 de l'article 6 :

a) En cas de graves difficultés au niveau de la balance des paiements, de difficultés financières extérieures ou de menace de telles difficultés ; ou

b) Dans les cas où, dans des circonstances exceptionnelles, des mouvements de capitaux causent ou risquent de causer de graves difficultés pour la gestion macroéconomique, notamment, pour les politiques monétaires et de taux de change.

5. Les mesures visées au paragraphe 4 du présent article :

a) Sont conformes aux Statuts du Fonds monétaire international ;

b) Sont non discriminatoires ;

c) Ne vont pas au-delà de ce qui est nécessaire pour faire face aux circonstances décrites au paragraphe 4 du présent article ;

d) Sont temporaires et levées dès que les conditions le permettent ; et

e) Sont notifiées sans délai à l'autre Partie contractante.

Article 7. Subrogation

Si l'une des Parties contractantes ou son organisme désigné effectue un paiement au titre d'une indemnité, d'une garantie ou d'un contrat d'assurance qu'elle a accordé par rapport à un investissement réalisé par un investisseur sur le territoire de l'autre Partie contractante, cette autre Partie contractante reconnaît :

a) La cession des droits ou de la créance de cet investisseur à la première Partie contractante ou à son organisme désigné ; et

b) Le droit de la première Partie contractante ou de son organisme désigné de faire valoir, en vertu de la subrogation, tout droit ou créance de ce type dans la même mesure que leur prédécesseur en titre.

Article 8. Transparence

1. Chaque Partie contractante publie ou met à la disposition du public, dans les meilleurs délais, ses lois, règlements, procédures, décisions administratives et judiciaires d'application générale, ainsi que les accords internationaux susceptibles d'avoir une incidence sur l'exécution du présent Accord. Lorsqu'une Partie contractante établit une politique qui n'est pas exprimée dans des lois ou des règlements ou n'est pas énumérée dans le présent paragraphe, mais qui est susceptible d'avoir une incidence sur l'exécution du présent Accord, cette Partie contractante les publie ou les met autrement à la disposition du public dans les meilleurs délais.

2. Chaque Partie contractante répond dans les meilleurs délais à des questions précises et fournit sur demande à l'autre Partie contractante des renseignements sur les questions visées au paragraphe 1 de l'article 8.

3. Aucune disposition du présent Accord n'empêche une Partie contractante de demander à un investisseur de l'autre Partie contractante, ou à son investissement, de fournir à l'égard de cet investissement des renseignements courants qui ne sont utilisés qu'à des fins d'information ou à des fins statistiques. Aucune disposition du présent Accord n'oblige une Partie contractante à fournir ou à permettre l'accès à :

a) Des informations relatives aux affaires financières et aux comptes de clients individuels concernant des investisseurs ou des investissements particuliers ; ou

b) Des informations confidentielles ou exclusives, y compris des renseignements concernant des investisseurs ou des investissements particuliers, dont la divulgation ferait obstacle à l'application de la loi, serait contraire à ses lois relatives à la protection de la confidentialité ou porterait préjudice aux intérêts commerciaux légitimes d'une entreprise particulière.

Article 9. Entrée et séjour de personnel

Sous réserve de ses lois et règlements concernant l'entrée et le séjour des étrangers, une Partie contractante autorise les personnes physiques qui sont des investisseurs de l'autre Partie contractante et le personnel employé par des sociétés de cette autre Partie contractante à entrer et à séjourner sur son territoire afin d'y exercer des activités liées aux investissements.

Article 10. Règlement des différends entre Parties contractantes

1. Les différends entre les Parties contractantes relatifs à l'interprétation ou à l'application du présent Accord sont, dans la mesure du possible, réglés par voie de consultations ou par la voie diplomatique.

2. Si un différend ne peut être réglé dans les six mois, il est porté, à la demande de l'une des Parties contractantes, devant un tribunal arbitral spécial constitué conformément aux dispositions du présent article.

3. Ce tribunal arbitral est constitué pour chaque cas individuel de la façon suivante : dans les deux mois qui suivent la date de la réception de la demande d'arbitrage, chaque Partie contractante nomme un membre du tribunal. Les deux membres ainsi nommés procèdent à la sélection d'un ressortissant d'un État tiers qui, après approbation des deux Parties contractantes, est nommé Président du tribunal. Le Président est nommé dans les deux mois qui suivent la date de nomination des deux autres membres.

4. S'il n'a pas été procédé aux nominations nécessaires dans les délais prévus au paragraphe 3 du présent article, l'une ou l'autre Partie contractante peut demander au Président de la Cour internationale de Justice de procéder à ces nominations. Si le Président est un ressortissant de l'une ou l'autre des Parties contractantes ou si toute autre raison l'empêche de s'acquitter de cette fonction, le Vice-Président est invité à procéder auxdites nominations. Si le Vice-Président est lui aussi un ressortissant de l'une ou l'autre des Parties contractantes ou est empêché de s'acquitter de cette fonction, le membre suivant dans l'ordre d'ancienneté de la Cour internationale de Justice qui n'est un ressortissant d'aucune des deux Parties contractantes est invité à procéder auxdites nominations.

5. Le tribunal arbitral statue à la majorité des voix. Ses décisions sont contraignantes pour les deux Parties contractantes.

6. Le tribunal arbitral arrête sa propre procédure.

7. Chaque Partie contractante prend à sa charge les frais de son propre arbitre et ses frais de représentation dans la procédure arbitrale. Les frais du Président ainsi que tous les autres frais sont répartis en parts égales entre les deux Parties contractantes. Le tribunal arbitral arrête sa propre

procédure. Toutefois, le tribunal peut ordonner dans sa décision qu'une part plus élevée des coûts soit supportée par l'une des deux Parties contractantes.

Article 11. Règlement des différends liés aux investissements entre une Partie contractante et un investisseur de l'autre Partie contractante

1. Le présent article s'applique aux différends entre une Partie contractante et un investisseur de l'autre Partie contractante concernant un manquement allégué à une obligation de la première Partie contractante en vertu du présent Accord qui cause une perte ou un dommage pour l'investisseur ou son investissement.

2. Un tel différend doit, si possible, être réglé par voie de négociations ou de consultations. S'il n'est pas ainsi réglé dans un délai de six mois à compter de la date à laquelle le différend a été soulevé par l'une ou l'autre partie, l'investisseur peut choisir de le soumettre en vue de son règlement :

a) À une juridiction ou à un tribunal administratif compétent de la Partie contractante impliquée dans le différend ;

b) Conformément à toute procédure de règlement des différends convenue avant la naissance du différend ;

c) Par arbitrage conformément au présent article :

i. En application de la Convention pour le règlement des différends relatifs aux investissements entre États et ressortissants d'autres États (« Convention CIRDI »), si la Convention CIRDI est disponible ;

ii. En application du Règlement du Mécanisme supplémentaire du Centre international pour le règlement des différends relatifs aux investissements (« Mécanisme supplémentaire du CIRDI »), si le Mécanisme supplémentaire du CIRDI est disponible ;

iii. En application du Règlement d'arbitrage de la Commission des Nations Unies pour le droit commercial international (« CNUDCI ») ; ou

iv. Si les deux parties au différend en conviennent, à toute autre institution d'arbitrage ou conformément à tout autre règlement d'arbitrage.

3. Chacune des Parties contractantes consent à ce qu'un différend soit soumis à l'arbitrage international conformément aux procédures établies dans le présent Accord. Le consentement et la soumission d'une réclamation à l'arbitrage en application du présent article répondent aux conditions :

a) Du chapitre II de la Convention CIRDI (De la compétence du Centre) et du Règlement du mécanisme supplémentaire du CIRDI concernant le consentement écrit des parties au différend ; et

b) De l'article II de la Convention de New York qui exige un « accord écrit ».

4. Le consentement visé au paragraphe 3 ne s'applique qu'à la condition :

a) Que l'investisseur renonce par écrit au droit d'engager toute autre procédure de règlement des différends concernant le même différend et se retire de toute procédure de ce type en cours avant sa conclusion, si l'investisseur soumet la réclamation à l'arbitrage en son propre nom ; ou

b) Que l'investisseur et l'investissement renoncent par écrit au droit d'engager toute autre procédure de règlement des différends concernant le même différend et se retirent de toute procédure de ce type en cours avant sa conclusion, si l'investisseur soumet la réclamation à l'arbitrage au nom d'une personne morale de la Partie contractante qui est partie au différend que l'investisseur possède ou contrôle directement ou indirectement.

5. La demande de mesures provisoires n'impliquant pas le paiement de réparations devant les tribunaux judiciaires ou administratifs d'une partie à un différend soumis à l'arbitrage en application du présent article, afin de préserver ses droits et intérêts en attendant le règlement du différend, n'est pas considéré comme une soumission du différend en vue d'un règlement aux fins de la limitation du consentement d'une Partie contractante en vertu du paragraphe 4, et est autorisée au titre de l'arbitrage en vertu de l'une quelconque des dispositions de l'alinéa c) du paragraphe 2.

6. Un différend peut être soumis à l'arbitrage à l'expiration d'une période de 90 jours à compter de la date à laquelle la Partie contractante partie au différend a reçu la notification de l'intention de procéder de la sorte, et au plus tard trois ans à compter de la date à laquelle l'investisseur a eu, ou aurait dû prendre connaissance, pour la première fois des événements ayant donné lieu au différend. La notification de l'intention précise :

a) Le nom et l'adresse de l'investisseur qui est partie au différend et de l'investissement ;

b) Les dispositions du présent Accord qui sont présumées avoir été violées et toutes autres dispositions s'y rapportant ;

c) Les points de fait et de droit sur lesquels repose la réclamation ; et

d) La mesure de réparation recherchée et le montant approximatif du préjudice réclamé.

7. À moins que les parties au différend n'en conviennent autrement, le tribunal se compose de trois arbitres, un nommé par chacune des parties au différend et le troisième, qui présidera le tribunal arbitral, nommé d'un commun accord par les parties au différend. Si un tribunal n'est pas constitué dans un délai de 75 jours à compter de la date à laquelle une réclamation est soumise à l'arbitrage en vertu du présent article, le Secrétaire général du CIRDI, à la demande d'une partie au différend, nomme, à sa discrétion, l'arbitre ou les arbitres non encore nommés. Le Secrétaire général du CIRDI ne peut pas nommer un ressortissant de l'une ou l'autre des Parties comme président du tribunal arbitral.

8. Les parties au différend peuvent convenir du lieu juridique d'un arbitrage conformément au règlement d'arbitrage applicable en vertu de l'alinéa c) du paragraphe 2. À défaut d'accord, le tribunal détermine le lieu conformément aux règles d'arbitrage en vigueur, à condition que ce lieu soit sur le territoire d'un État partie à la Convention de New York.

9. Une Partie contractante ne peut invoquer pour sa défense, aux fins d'une demande reconventionnelle, d'un droit à compensation ou pour toute autre raison, qu'une indemnisation ou une autre compensation portant sur la totalité ou une partie des dommages allégués a été ou sera obtenue au titre d'une indemnité, d'une garantie ou d'un contrat d'assurance.

10. Dans sa décision, le tribunal arbitral expose ses conclusions en fait et en droit, en les motivant, et peut, à la demande d'une partie, décider des formes de réparation suivantes :

a) Une déclaration indiquant que la Partie contractante n'a pas respecté les obligations découlant du présent Accord ;

b) Une réparation pécuniaire, qui comprend des intérêts à compter du moment où la perte ou le dommage a été subi jusqu'à ce que le paiement ait été effectué ;

c) La restitution en nature, pour autant que la Partie contractante puisse verser une réparation pécuniaire en lieu et place d'une restitution, si celle-ci se révèle impossible ; et

d) Toute autre forme de réparation, si les parties au différend en conviennent.

11. Les décisions arbitrales sont définitives et contraignantes pour les parties au différend. Chaque Partie contractante doit prévoir, sur son territoire, l'application effective des décisions rendues conformément au présent article et exécute sans retard la décision rendue dans le cadre d'une procédure à laquelle elle est partie.

Article 12. Application d'autres règles

1. Si les lois et règlements de l'une ou l'autre des Parties contractantes ou les obligations découlant du droit international en vigueur actuellement ou établies ultérieurement entre les Parties contractantes, en plus du présent Accord, contiennent des dispositions d'ordre général ou spécifique, donnant aux investissements des investisseurs de l'autre Partie contractante le droit à un traitement plus favorable que celui prévu par le présent Accord, ces dispositions prévalent sur le présent Accord, dans la mesure où elles sont plus favorables.

2. Chaque Partie contractante se conforme à toutes les autres obligations qui peuvent être entrées en vigueur en ce qui concerne les investissements sur son territoire par des investisseurs de l'autre Partie contractante.

Article 13. Application du présent Accord

1. Le présent Accord s'applique aux investissements existant à la date d'entrée en vigueur du présent Accord, ainsi qu'aux investissements réalisé ou acquis après cette date.

2. Les dispositions du présent Accord ne s'appliquent pas aux réclamations découlant d'événements survenus ou aux réclamations réglées avant son entrée en vigueur.

Article 14. Refus d'accorder des avantages

1. Une Partie peut refuser d'accorder les avantages du présent Accord à un investisseur de l'autre Partie contractante qui est une personne morale de cette autre Partie, et aux investissements de cet investisseur, si des personnes d'une Partie tierce possèdent ou contrôlent la personne morale et si la Partie qui refuse d'accorder les avantages adopte ou maintient, à l'égard de la Partie tierce ou d'une personne de la Partie tierce, des mesures qui interdisent les transactions avec la personne morale ou qui seraient violées ou contournées si les avantages du présent Accord étaient accordés à cette personne morale.

2. Sous réserve d'une notification et de consultations préalables, une Partie peut refuser d'accorder les avantages prévus par le présent Accord à un investisseur de l'autre Partie qui est une personne morale de cette autre Partie, et aux investissements de cet investisseur, si la personne morale n'exerce aucune activité commerciale substantielle sur le territoire de l'autre Partie et si des personnes d'une Partie tierce, ou de la Partie qui refuse d'accorder les avantages, possèdent ou contrôlent la personne morale.

Article 15. Exception en matière de sécurité

Aucune disposition du présent Accord ne peut être interprétée comme :

a) Obligeant une Partie à fournir des renseignements dont la divulgation serait, à son avis, contraire aux intérêts essentiels de sa sécurité ;

b) Empêchant une Partie de prendre les mesures qu'elle estime nécessaires à la protection des intérêts essentiels de sa sécurité ; ou

c) Empêchant une Partie de prendre des mesures en application de ses engagements au titre de la Charte des Nations Unies, en vue du maintien de la paix et de la sécurité internationales.

Article 16. Entrée en vigueur, durée et dénonciation

1. Le présent Accord entre en vigueur 30 jours après la date à laquelle les Parties contractantes se sont mutuellement informées par écrit de l'accomplissement de leurs formalités juridiques respectives requises pour l'entrée en vigueur du présent Accord.

2. Le présent Accord reste en vigueur pendant 10 ans et reste ensuite en vigueur pendant une durée indéterminée, à moins que l'une ou l'autre Partie contractante ne notifie par écrit à l'autre Partie contractante, un an à l'avance, son intention de dénoncer le présent Accord.

3. En ce qui concerne les investissements effectués avant la dénonciation du présent Accord, les dispositions des articles 1 à 15 du présent Accord restent en vigueur pendant une nouvelle période de 10 ans à compter de la date de sa dénonciation.

4. Le présent Accord peut être révisé par consentement mutuel des Parties contractantes. Toute révision ou dénonciation du présent Accord s'effectue sans préjudice des droits ou obligations découlant du présent Accord avant la date d'entrée en vigueur de ladite révision ou dénonciation.

EN FOI DE QUOI, les soussignés, à ce dûment autorisés par leurs Gouvernements respectifs, ont signé le présent Accord.

FAIT à Kigali, le 29 mai 2009, en double exemplaire en langues coréenne et anglaise, tous les textes faisant également foi. En cas de divergence d'interprétation, le texte anglais prévaut.

Pour le Gouvernement de la République de Corée :

[KIM YOUNG-JUN]

Pour le Gouvernement de la République du Rwanda :

[MUSEMINALI]

No. 54041

Republic of Korea
and
China

Agreement between the Government of the Republic of Korea and the Government of the People's Republic of China on Sea-Land Intermodal Freight Vehicle Transportation (with protocol). Weihai, 7 September 2010

Entry into force: *25 November 2010, in accordance with article 18*

Authentic texts: *Chinese, English and Korean*

Registration with the Secretariat of the United Nations: *Republic of Korea, 10 November 2016*

République de Corée
et
Chine

Accord entre le Gouvernement de la République de Corée et le Gouvernement de la République populaire de Chine relatif au transport de fret intermodal maritime-terrestre par véhicule (avec protocole). Weihai, 7 septembre 2010

Entrée en vigueur : *25 novembre 2010, conformément à l'article 18*

Textes authentiques : *chinois, anglais et coréen*

Enregistrement auprès du Secrétariat de l'Organisation des Nations Unies : *République de Corée, 10 novembre 2016*

[TEXT IN CHINESE – TEXTE EN CHINOIS]

大韩民国政府
和
中华人民共和国政府
陆海联运汽车货物运输协定

大韩民国政府和中华人民共和国政府（以下简称“双方”）；

认识到陆海联运汽车货物运输是满足两国之间日益增长的贸易需求的重要运输方式；

为提高物流效率和运输便利化，促进两国之间的经济贸易发展；

本着对等和互利的原则；

达成协议如下：

第一条

定义

就本协定而言：

（一）“陆海联运汽车货物运输”是指两国的货运车辆搭乘船舶，按照双方商定的口岸、区域或运输线路，从事的 运输活动；

（二）陆海联运汽车货物运输包括甩挂运输和汽车运输等方式。

第二条

分阶段实施

一、陆海联运汽车货物运输分阶段实施。第一阶段以甩挂运输的方式实施；第二阶段以汽车货物运输方式实施。

二、上述各阶段的具体实施方案在本协定的议定书中确定。

三、第一阶段在本协定及其议定书生效后开始实施；基于第一阶段的实施结果，双方应努力促成实现第二阶段的运输方式。

第三条

运行许可

一、双方相互允许对方符合本协定及其议定书规定的运输车辆根据本协定从事运输活动。

二、本协定适用的口岸、区域或运输线路、行车许可证的数量等，由双方在本协定的议定书中确定。

第四条

实行方式

陆海联运汽车货物运输实行“韩中陆海联运汽车货物运输行车许可证”制度，其具体内容由双方在本协定的议定书中确定。

第五条

国籍识别标志及安全标准等

一、两国的运输车辆应使用各自的国际汽车运输国籍识别标志，分别为：

大韩民国：ROK。

中华人民共和国：CHN

二、双方应相互承认对方车辆管理机关颁发的汽车登记号牌。

三、一国的运输车辆进入另一国时，其车辆安全标准，技术标准，使用燃料和尾气排放等环境标准应符合另一国的规定。

四、两国的运输车辆应悬挂本国车辆号牌，随车携带本国车辆登记证件、安全检验标志或文本，其中车辆登记证件应当附有另一国语言的翻译文本。

第六条

信息交换

双方应交换有关各自许可的运输车辆及相关事宜的信息。

第七条

运输限制

一、一国的运输企业及其运输车辆不得从事起点、终点均在当事另一国境内的运输；

二、一国的运输企业及其运输车辆未经另一方相关管理部门允许，不得从事过境另一国领土往、返第三国的运输。

第八条

办理保险

一国的运输企业对其进入另一国的运输车辆，本着对等原则办理保险。如另一国的法律规定办理强制性保险，应遵守其法律、法规规定。

第九条

税款担保

一国的运输企业必须向另一国海关提供符合该另一国法律规定的税款担保。

第十条

遵守法律及规定

一、一国的运输车辆进入另一国时，应遵守本协定及其议定书规定。本协定及其议定书未尽事宜，双方共同参加的国际条约有规定的，按照国际条约执行；双方共同参加的国际条约没有规定的，应按照另一国的国家法律及规定执行。

二、一国的运输车辆及所载货物进入另一国时，应按照另一国的法律及规定办理有关手续并接受另一方相关管理机关的监督及管理。

第十一条

海运协定

陆海联运汽车货物运输活动中涉及的海运问题适用于 1993 年 5 月 27 日签署的《大韩民国政府和中华人民共和国政府海运协定》。

第十二条

相关设施建设

一、双方应改善其领土内的港口、口岸、区域相关的基础设施，努力促进陆海联运汽车货物运输的发展。

二、双方应努力推动信息化建设事业，以促进陆海联运汽车货物运输的发展。

第十三条

主管机关、管理机构

一、双方执行本协定及其相关议定书的主管机关为：

大韩民国：大韩民国国土海洋部。

中华人民共和国：中华人民共和国交通运输部；

二、双方的主管机关应各自设立或指定管理机构，对依据本协定及其议定书进行的陆海联运汽车货物运输实施管理。

第十四条

合作委员会

一、双方的主管机关应在本协定生效后联合成立陆海联运汽车货物运输合作委员会。

二、合作委员会应定期，或在必要时，应一方的要求，轮流在两国举行会议，评估本协定及其议定书的执行情况并协商解决在执行中出现的问题。

第十五条

协商

如对本协定的解释或适用产生分歧，双方应通过友好协商解决。

第十六条

协定的修改

经双方书面协商一致，可对本协定进行修改。

第十七条

协定的终止

一方可要求终止本协定，但需以书面形式通知另一方；本协定自另一方接到该书面通知1年后终止。

第十八条

协定的生效

双方应当通过外交途径相互书面通知已完成使本协定生效所必需的国内法律程序，本协定自后一份通知收到之日起第30天生效。

本协定由双方授权的代表签署，以昭信守。

本协定于二〇一〇年九月七日在威海签订，一式两份，每份均用韩文、中文和英文写成。如对文本的解释发生分歧，以英文本为准。

大韩民国政府

代表

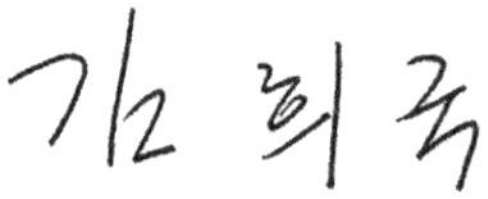

中华人民共和国政府

代表

大韩民国政府和中华人民共和国政府
关于实施《大韩民国政府和
中华人民共和国政府陆海联运汽车货物运输协定》
第一阶段议定书

大韩民国政府和中华人民共和国政府（以下简称“双方”），根据《大韩民国政府和中华人民共和国政府陆海联运汽车货物运输协定》（以下简称“协定”），就陆海联运汽车货物运输的第一阶段的实施达成协议如下：

第一条
定义

就本议定书而言，相关术语定义如下：

（一）“被牵引挂车”（以下简称“挂车”），是指符合两国技术标准和道路通行要求的无动力载货车；

（二）“韩中陆海联运汽车货物运输行车许可证”（以下简称“行车许可证”）是指允许另一国的挂车在一国领土内的道路上行驶的通行证明；

（三）“合作委员会”是指根据协定第十四条成立的陆海联运汽车货物运输合作委员会。

第二条
适用口岸

一、本议定书所适用的口岸为韩中客货班轮挂靠的港口口岸。

二、具体口岸由合作委员会另行商议确定。

第三条

行车许可证

根据协定第四条，一国的挂车在另一国境内的道路上行驶时，应当具有另一方发放的行车许可证。行车许可证的发放、使用和管理办法如下：

（一）双方主管机关每年 11 月底以前商定下一年度行车许可证的数量。行车许可证数量不足时，双方主管机关可通过协商追加。

（二）从事陆海联运汽车货物运输的挂车应在显著位置显示挂车登记号牌和国籍识别标志。

（三）一国挂车经营者应向另一方管理机构申请行车许可证。

（四）一方管理机构向经检查合格的另一国的挂车发放行车许可证，一车一证，往返一次有效。

（五）行车许可证有效期不超过 3 个月，必要时如需延期，经发证管理机构批准后，可延长 3 个月，此种延期仅限一次。

（六）相关挂车返回时，应向发证的管理机构归还发放的行车许可证。

（七）行车许可证的格式、内容、申请程序及具体操作流程等，由合作委员会协商确定。

第四条

安全标准及技术标准

一、一国的挂车进入另一国时应符合另一国的车辆技术标准、安全标准和道路运输规定。

二、一方可对抵达本国港口的另一国的挂车是否符合本国技术标准、安全标准、道路运输规定进行检查。对不符合其标准和规定的挂车，双方可拒绝发放行车许可证。

第五条

载运货物

一国挂车上所载货物必须符合另一国有关法律、法规的规定。

第六条

信息交换

一、为在每年 11 月底以前交换如下信息，双方主管机关应尽最大努力提供协助：

（一）双方主管机关的名称、地址、负责人、联系人及其联系方式；

（二）挂车的技术标准、安全标准；

（三）必要的其它信息。

二、双方主管机关应及时通报上述信息的变更情况。

第七条

货运信息管理

双方主管机关应努力建立以下可相互共享的信息系统：

（一）开发使用统一的信息系统，共享数据库；

（二）实行统一格式的电子单证；

（三）利用无线射频标签等技术，建立统一的挂车自动识别、货物跟踪系统。

第八条

协商

如对本议定书的解释产生分歧，双方应通过合作委员会协商解决。

第九条

议定书的修改

双方经书面协商一致，可对本议定书进行修改。

第十条

议定书的终止

双方可要求终止本议定书，但一方需以书面形式通知另一方。本议定书自另一方接到书面通知之日起 1 年后终止。

第十一条

议定书的生效

双方应当通过外交途径相互书面通知已完成使本议定书生效所必需的国内法律程序，本议定书自后一份通知收到之日起第 30 天生效。

本协定由双方授权的代表签署，以昭信守。

本议定书于二〇一〇年九月**七**日在威海签订，一式两份，每份均用韩文、中文和英文写成。如对文本的解释发生分歧，以英文本为准。

大韩民国政府 代表	中华人民共和国政府 代表

[TEXT IN ENGLISH – TEXTE EN ANGLAIS]

AGREEMENT BETWEEN THE GOVERNMENT OF THE REPUBLIC OF KOREA AND THE GOVERNMENT OF THE PEOPLE'S REPUBLIC OF CHINA ON SEA-LAND INTERMODAL FREIGHT VEHICLE TRANSPORTATION

The Government of the Republic of Korea and the Government of the People's Republic of China (hereinafter referred to as "the Parties"),

Recognizing that sea-land intermodal freight vehicle transportation is an important transport mode to meet the increasing demand of trade between the two countries,

Desiring to enhance logistics efficiency and transportation facilitation and to promote the development of the economies of and trade between the two countries, and

Based on the principles of reciprocity and mutual benefit,

Have agreed as follows:

Article 1
Definitions

For the purpose of this Agreement:

a) "Sea-land intermodal freight vehicle transportation" means transportation by freight vehicles of the two countries between the ports, zones or along transportation routes agreed upon by the Parties after being shipped by vessels.

b) "Sea-land intermodal freight vehicle transportation" includes methods such as trailer chassis transportation and tractor trailer transportation and so forth.

Article 2
Phased-in Implementation

1. Sea-land intermodal freight vehicle transportation shall be implemented on a phased-in basis. Trailer chassis transportation without a tractor shall be in the first phase, and trailer chassis transportation with a tractor shall be in the second.

2. Specific implementing arrangements for each phase will be set out in the protocols to this Agreement.

3. The first phase shall be implemented after this Agreement and its protocol enter into force. Based on the result of the first phase, the Parties shall endeavor to move to the second phase.

Article 3

Operation Permit

1. The Parties shall mutually allow transportation vehicles of the other country that satisfy the requirements of this Agreement and its protocols to undertake sea-land intermodal freight vehicle transportation under this Agreement.

2. Ports, zones or transportation routes and the number of transportation permits subject to this Agreement shall be set out by the Parties in the protocols to this Agreement.

Article 4

Implementation Method

Sea-land intermodal freight vehicle transportation shall be implemented through the Korea-China sea-land intermodal freight vehicle transportation permit system, and the specifics shall be set out in the protocols to this Agreement.

Article 5

International Distinguishing Signs and Safety Standards

1. Transportation vehicles of the two countries shall use their respective international transportation distinguishing signs. The distinguishing sign for each country is as follows:

a) for the Republic of Korea: ROK;

b) for the People's Republic of China: CHN.

2. The Parties shall mutually recognize the vehicle registration numbers issued by the vehicle authorities of the other Party.

3. When transportation vehicles of one country enter the territory of the other Party, they must satisfy the vehicle safety standards, technical standards and environmental standards, including those relating to fuel and exhaust gases, of the other Party.

4. Transportation vehicles of the two countries shall carry the vehicle registration number plates, vehicle registration certificates, safety inspection signs and documents of their own countries, accompanied by a translation of the registration certificates into the language of the other country.

Article 6

Exchange of Information

The Parties shall exchange information on the vehicles approved for operation under this Agreement and other relevant matters.

Article 7

Limitation on Operation

1. Transportation companies and their vehicles of one country may not undertake transportation activities of which the origin and the destination are both within the territory of the other Party.

2. Transportation companies and their vehicles of one country cannot undertake transit transportation to a third country by passing through the territory of the other Party without the permission of the relevant administrative bodies of the other Party.

Article 8
Insurance

Transportation companies of both countries shall follow the principle of reciprocity in purchasing insurance policies for their transportation vehicles that enter the territory of the other Party. However, if certain insurance is compulsory under the laws and regulations of either Party, such requirements shall be met.

Article 9
Tax Guarantee

The transportation companies of one country shall provide the customs authorities of the other Party with the tax guarantee required under the laws and regulations of the other Party.

Article 10
Compliance with Laws, Regulations, Rules and Provisions

1. Transportation vehicles of one country entering the territory of the other Party shall comply with the provisions of this Agreement and its protocols. For issues not provided for in this Agreement or its protocols, the international treaties to which the Parties are both parties shall apply. For issues not provided for in those international treaties, the laws, regulations, rules and provisions of the other Party shall apply.

2. Transportation vehicles of one country and the cargo carried therein shall go through the necessary procedures according to the laws, regulations, rules and provisions of the other Party, and accept supervision and administration by the relevant authorities of the other Party.

Article 11

Maritime Agreement

Shipping issues arising from sea-land intermodal freight vehicle transportation are subject to the Agreement on Maritime Transport between the Government of the Republic of Korea and the Government of the People's Republic of China signed on May 27, 1993.

Article 12

Construction of Relevant Facilities

1. The Parties shall make efforts to facilitate sea-land intermodal freight vehicle transportation by improving infrastructure in the ports and zones and transportation routes within their own territories.

2. The Parties shall endeavor to promote informatization in their territories to facilitate the development of sea-land intermodal freight vehicle transportation.

Article 13

Competent Authorities and Administrative Agencies

1. The competent authorities of the Parties responsible for implementing this Agreement and its protocols are:

   a) for the Republic of Korea: the Ministry of Land, Transport and Maritime Affairs

   b) for the People's Republic of China: the Ministry of Transport.

2. The competent authorities of the Parties shall each set up or designate an administrative agency to administrate the sea-land intermodal freight vehicle transportation under this Agreement and its protocols.

Article 14

Cooperation Committee

1. The competent authorities of the Parties shall establish a cooperation committee on sea-land intermodal freight vehicle transportation (hereinafter referred to as "the Cooperation Committee") when this Agreement enters into force.

2. The Cooperation Committee shall hold meetings in the two countries alternately on a regular basis or at the request of either Party when necessary, to assess the implementation of this Agreement and its protocols, and resolve any problems arising from the implementation thereof.

Article 15

Consultation

Any disputes arising from the interpretation or application of this Agreement or its protocols shall be resolved by the Parties through friendly consultations.

Article 16

Amendments

This Agreement may be amended with written agreement of both Parties.

Article 17

Termination

Either Party may terminate this Agreement by giving written notice to the other Party. Such termination shall take effects one year after the date of the receipt of the notice by the other Party.

Article 18

Entry into Force

The Parties shall notify each other in writing through diplomatic channels of the completion of their domestic legal procedures required to bring this Agreement into force. This Agreement shall enter into force 30 days after the date of the second notification.

IN WITNESS WHEREOF, the undersigned, being duly authorized thereto by their respective Governments, have signed this Agreement.

Done at Weihai, on this Seventh day of September 2010, in duplicate in the Korean, Chinese and English languages, all texts being equally authentic. In case of any divergence in interpretation, the English text shall prevail.

FOR THE GOVERNMENT OF THE REPUBLIC OF KOREA	FOR THE GOVERNMENT OF THE PEOPLE'S REPUBLIC OF CHINA

PROTOCOL BETWEEN THE GOVERNMENT OF THE REPUBLIC OF KOREA AND THE GOVERNMENT OF THE PEOPLE'S REPUBLIC OF CHINA ON THE FIRST PHASE IMPLEMENTATION OF THE AGREEMENT BETWEEN THE GOVERNMENT OF THE REPUBLIC OF KOREA AND THE GOVERNMENT OF THE PEOPLE'S REPUBLIC OF CHINA ON SEA-LAND INTERMODAL FREIGHT VEHICLE TRANSPORTATION

The Government of the Republic of Korea and the Government of the People's Republic of China (hereinafter referred to as "the Parties"),

Based on the Agreement between the Government of the Republic of Korea and the Government of the People's Republic of China on Sea-Land Intermodal Freight Vehicle Transportation (hereinafter referred to as "the Agreement"),

Have agreed as follows on the first phase implementation of the Agreement:

Article 1
Definitions

For the purpose of this Protocol:

a) "trailer chassis" (hereinafter referred to as a "trailer") is a non-powered freight vehicle that satisfies the technical standards of and requirements for operation on the roads of the Parties in the condition required by its country of origin.

b) "Korea-China sea-land intermodal freight vehicle transportation permit" (hereinafter referred to as the "transportation permit") is the certificate that permits a trailer of one country to operate on roads within the other country.

c) "Cooperation Committee" refers to the cooperation committee on sea-land intermodal freight vehicle transportation established according to Article 14 of the Agreement.

Article 2
Applicable Ports

1. Ports applicable to this Protocol are the seaports at which Korean and Chinese passenger-cargo liners call.

2. The specific ports shall be determined through consultations of the Cooperation Committee.

Article 3
Transportation Permit

According to Article 4 of the Agreement, trailers of one country operating on roads within the territory of the other Party shall possess transportation permits issued by the other Party. The issuance, usage and administration of transportation permits shall be subject to the following:

a) the competent authorities of the Parties shall consult with each other to determine the number of transportation permits for the following year before the end of November every year. The competent authorities of the Parties may decide to issue additional transportation permits through consultations when transportation permits are insufficient;
b) trailers undertaking sea-land intermodal freight vehicle transportation shall display the trailer registration number and national distinguishing sign in an easily seen place;
c) trailer operators of one country shall apply for transportation permits from the designated administrative agency of the other Party;
d) the administrative agency of one Party shall issue transportation permits to trailers of the other country which pass the required inspections. One transportation permit shall be issued to each trailer and shall be valid for one round trip;

e) the validity of a transportation permit shall be no longer than three months, and when necessary, it may be extended only once for another three months upon the approval of the issuing administrative agency;

f) the relevant trailers shall return the transportation permits to the administrative agencies that issued the transportation permits, on the way back to their own countries;

g) the formats, contents, application procedures and other specific operation procedures of the transportation permits shall be determined by the Cooperation Committee through consultations.

Article 4

Safety Standards and Technical Standards

1. Trailers of one country entering the territory of the other Party shall meet the vehicle technical standards, safety standards and road transportation requirements of the other Party.

2. Either Party may conduct inspections of trailers of the other country arriving at its seaports to check whether the trailers meet its technical standards, safety standards and road transportation rules and provisions. The Parties may refuse to issue transportation permits to trailers that do not meet the aforementioned standards and rules and provisions.

Article 5

Cargo

Cargo carried in the trailers of one country shall meet the provisions of the relevant laws and regulations of the other Party.

Article 6

Information Exchange

1. The competent authorities shall make utmost efforts to exchange the following information before the end of November every year:

a) the name and address of the officials in charge, and the focal point and his or her contact details, of the competent authorities of the Parties;
b) technical and safety standards of the trailers; and
c) other information as deemed necessary by the Parties.

2. The competent authorities of the Parties shall promptly inform each other of any changes in the aforementioned information.

Article 7
Management of Cargo Information

The competent authorities of the Parties shall make efforts to share information through:

a) the development and application of a unified information system and a common database;
b) the use of e-documents in unified formats; and
c) the establishment of an automatic trailer identification system and cargo tracing system based on RFID and other technologies.

Article 8
Dispute Resolution

Any disputes arising from the interpretation or implementation of this Protocol shall be resolved through consultations of the Cooperation Committee.

Article 9
Amendments

This Protocol may be amended with the mutual written consent of the Parties.

Article 10

Termination

Either Party may terminate this Protocol by giving written notice to the other Party. Such termination shall take effect one year after the date of the receipt of the notice by the other Party.

Article 11

Entry into Force

The Parties shall notify each other in writing through diplomatic channels of the completion of their domestic legal procedures required to bring this Protocol into force. This Protocol shall enter into force 30 days after the date of the second notification.

IN WITNESS WHEREOF, the undersigned, duly authorized thereto by their respective Governments, have signed this Protocol.

Done at Weihai, on this seventh day of September 2010, in duplicate in the Korean, Chinese and English languages, all texts being equally authentic. In case of any divergence in interpretation, the English text shall prevail.

FOR THE GOVERNMENT OF THE REPUBLIC OF KOREA	FOR THE GOVERNMENT OF THE PEOPLE'S REPUBLIC OF CHINA

[TEXT IN KOREAN – TEXTE EN CORÉEN]

대한민국 정부와 중화인민공화국 정부 간의
해상육상 복합 화물자동차 운송 협정

대한민국 정부와 중화인민공화국 정부(이하 "당사자"라 한다)는,

해상육상 복합 화물자동차 운송이 양국 간의 날로 늘어나는 무역 수요를 충족하는 중요한 운송방식임을 인식하고,

물류효율과 운송편의성을 제고하고 양국 간의 경제와 무역발전의 촉진을 희망하며,

상호주의와 호혜의 원칙에 근거하여,

다음과 같이 합의하였다.

제 1 조
정의

이 협정에서

가. "해상육상 복합 화물자동차 운송"이란 양국의 화물자동차를 선박에 적재하여 당사자가 합의한 항구, 구역 또는 운송노선을 따라 운송하는 것을 말한다.

나. "해상육상 복합 화물자동차 운송"은 피견인 트레일러 운송과 트랙터 견인 트레일러 운송 등의 방식을 포함한다.

제 2 조
단계적 실시

1. 해상육상 복합 화물자동차 운송은 단계적으로 실시한다. 1단계는 트랙터가 없는 피견인 트레일러 운송방식으로 실시하고, 2단계는 트랙터가 있는 트레일러 운송방식으로 실시한다.

2. 단계별 구체적 이행방법은 이 협정의 의정서에서 규정한다.

3. 제1단계는 이 협정 및 이 협정의 의정서가 효력을 발생한 이후 실시하며, 제1단계 결과를 기초로, 당사자는 제2단계 운송방식으로 확대하도록 노력한다.

제 3 조
운행 허가

1. 당사자는 이 협정 및 이 협정의 의정서 규정에 부합하는 상대방 운송차량이 이 협정에 따라 해상육상 복합 화물자동차 운송을 하는 것을 상호 허락한다.

2. 이 협정에 따른 항구, 구역 또는 운송노선, 운행허가증 수량은 당사자가 이 협정의 의정서에서 규정한다.

제 4 조
실행방식

해상육상 복합 화물자동차 운송은 한중 해상육상 복합 화물자동차 운송 허가제도에 따라 실시되며, 세부사항은 이 협정의 의정서에 규정된다.

제 5 조
국적식별표지 및 안전기준

1. 양국 운송차량은 자국의 국제자동차운송 국적식별표지를 사용해야 하며, 그 표지는 각각 다음과 같다.

가. 대한민국: ROK

나. 중화인민공화국: CHN

2. 당사자는 상대방 국가의 차량관리기관이 발급한 자동차등록번호를 상호 인정한다.

3. 어느 한 쪽 당사자의 운송차량이 다른 쪽 당사자의 영토에 진입할 때, 그 차량은 다른 쪽 당사자의 자동차 안전기준과 기술기준, 사용연료 및 배기가스에 관한 환경기준에 부합하여야 한다.

4. 양국의 운송차량은 자국의 차량등록번호판, 차량등록증, 안전검사증과 서류를 소지해야 하며, 상대국 언어로 번역된 차량등록증이 동반되어야 한다.

제 6 조
정보 교환

당사자는 이 협정 하에서 운행이 허가된 차량과 관련 사항에 대한 정보를 교환한다.

제 7 조
운송제한

1. 어느 한 쪽 나라의 운송회사 및 그 차량은 시발점과 종점이 모두 상대국 영토 내인 운송활동에 종사할 수 없다.

2. 어느 한 쪽 나라의 운송회사 및 그 차량은 다른 쪽 당사자의 관련 행정기관의 허가 없이 다른 쪽 당사자의 영토를 통한 제3국으로의 통과 운송에 종사할 수 없다.

제 8 조
보험가입

양국의 운송회사는 다른 쪽 당사자의 영토에 진입하는 운송차량에 대한 보험증권 구입에 있어 상호주의 원칙에 따른다. 다만, 만약 어느 한 쪽 당사자의 법령에 따라 특정 보험이 강제적일 경우에는 그에 따른다.

제 9 조
세금 담보

어느 한 쪽 나라의 운송회사는 다른 쪽 당사자의 법령에 따라 필요한 세금 담보를 다른 쪽 당사자의 세관당국에 제공한다.

제 10 조

법령, 규칙 및 규정 준수

1. 다른 쪽 당사자의 영토에 진입하는 어느 한 쪽 당사자의 운송차량은 이 협정 및 이 협정 의정서의 규정을 준수한다. 이 협정 및 이 협정의 의정서에서 규정하지 않은 사항에 대해서는 양국이 모두 당사자인 국제조약의 규정이 적용된다. 그러한 조약에서 규정하지 않은 사항에 대해서는 다른 쪽 당사자의 법률 및 규정이 적용된다.

2. 어느 한 쪽 나라의 운송차량 및 적재된 화물은 다른 쪽 당사자의 법령, 규칙, 규정에 따라 필요한 절차를 거쳐야 하며, 다른 쪽 당사자의 관련 기관의 검사 및 관리를 받아야 한다.

제 11 조

해운협정

해상육상 복합 화물자동차 운송과 관련하여 발생하는 해운문제에는 1993년 5월 27일에 서명한 「대한민국 정부와 중화인민공화국 정부 간의 해상운송에 관한 협정」이 적용된다.

제 12 조

관련 시설의 건설

1. 당사자는 자국 영토 내의 항만, 구역, 운송노선 관련 기초시설을 개선함으로써 해상육상 복합화물 운송이 활성화될 수 있도록 노력한다.

2. 당사자는 해상육상 복합 화물자동차 운송의 활성화를 위한 자국 내 정보화 사업을 추진하도록 노력한다.

제 13 조
관할당국 및 관리기구

1. 당사자의 이 협정 및 이 협정의 의정서를 집행하는 관할당국은 다음과 같다.
   가. 대한민국: 대한민국 국토해양부
   나. 중화인민공화국: 중화인민공화국 교통운수부

2. 당사자의 관할당국은 이 협정 및 이 협정의 의정서에 기초한 해상육상 복합 화물자동차 운송을 관리하기 위하여 각자 관리기구를 설치 또는 지정한다.

제 14 조
협력위원회

1. 이 협정이 효력을 발생할 때, 당사자의 관할당국은 공동으로 해상육상 복합 화물자동차 운송 협력위원회(이하 "협력위원회"라 한다)를 설립한다.

2. 이 협정 및 이 협정 의정서의 집행상황을 평가하고 이 협정을 집행하는 과정에서 나타나는 문제를 해결하기 위해 협력위원회는 정기적으로 또는 필요 시 다른 쪽 당사자의 요청에 따라 양국에서 번갈아 회의를 개최한다.

제 15 조
협의

이 협정 또는 이 협정 의정서의 해석 또는 적용에 관한 분쟁은 당사자의 우호적인 협의를 통하여 해결된다.

제 16 조
개정

이 협정은 당사자의 서면합의에 의해 개정될 수 있다.

제 17 조

종료

어느 한 쪽 당사자는 서면으로 다른 쪽 당사자에게 통보하여 이 협정을 종료할 수 있다. 이 협정은 다른 쪽 당사자가 서면 통보를 받은 날로부터 1년 후 종료된다.

제 18 조

발효

당사자는 이 협정이 효력을 발생하는 데 필요한 국내 법률절차를 완료하였음을 서면으로 외교적 경로를 통하여 상호 통보한다. 이 협정은 나중의 통보일부터 30일 후에 발효된다.

이상의 증거로, 아래 서명자는 그들 각자의 정부로부터 정당하게 권한을 위임받아 이 협정에 서명하였다.

2010년 9월 7 일 위해에서 동등하게 정본인 한국어, 중국어 및 영어로 각 2부씩 작성하였다. 해석상의 차이가 있을 경우에는 영어본이 우선한다.

대한민국 정부를 대표하여

중화인민공화국 정부를 대표하여

대한민국 정부와 중화인민공화국 정부 간의 해상육상 복합 화물자동차 운송 협정 1단계 실시에 대한 대한민국 정부와 중화인민공화국 정부 간의 의정서

대한민국 정부와 중화인민공화국 정부(이하 "당사자"라 한다)는,

대한민국 정부와 중화인민공화국 정부 간 해상육상 복합 화물자동차 운송 협정(이하 "협정"이라 한다)에 근거하여,

협정의 1단계 실시에 대하여 다음과 같이 합의하였다.

제 1 조
정의

이 의정서에서의 목적상

가. "피견인 트레일러"(이하 "트레일러"라 한다)는 그 원산지에서 요구되는 조건에서 당사자의 기술기준과 도로운행요건에 부합하는 무동력 화물자동차를 말한다.

나. "한·중 해상육상 복합 화물자동차 운송 허가증"(이하 "운송 허가증"이라 한다)은 한쪽 나라의 트레일러가 다른 쪽 나라의 도로에서 운행하는 것을 허가하는 증명서이다.

다. "협력위원회"는 협정 제14조에 따라 설립된 해상육상 복합 화물자동차 운송 협력위원회를 말한다.

제 2 조
적용 항구

1. 이 의정서에 적용되는 항구는 한국 및 중국의 객화정기선이 기항하는 해항이다.

2. 구체적인 항구는 협력위원회의 협의를 통해 결정한다.

제 3 조
운송 허가증

협정 제4조에 따라, 다른 쪽 당사자 영토 내의 도로에서 운행하는 한쪽 나라의 트레일러는 다른 쪽 당사자가 발급한 운송 허가증을 소지한다. 운송 허가증의 발급, 사용 및 관리는 다음에 따른다.

가. 당사자의 관할당국은 매년 11월 말 이전에 다음 연도의 운송 허가증 수량을 결정하기 위하여 서로 협의한다. 운송 허가증이 부족한 경우 당사자의 관할당국은 협의를 통해 추가적인 운송 허가증을 발급하는 것을 결정할 수 있다.

나. 해상육상 복합 화물자동차 운송을 하는 트레일러는 잘 보이는 곳에 트레일러 등록번호와 국가식별표시를 둔다.

다. 한쪽 나라의 트레일러 운행자는 다른 쪽 당사자의 지정된 행정기관에 운송 허가증을 신청한다.

라. 한쪽 당사자의 행정기관은 요구된 검사를 통과하는 다른 쪽 나라의 트레일러에 운송 허가증을 발급한다. 각 트레일러 당 운송 허가증 한 부가 발급되며 1회의 왕복 운행에 대하여 유효하다.

마. 운송 허가증의 효력은 3개월을 초과하지 않으며, 필요한 경우, 발급 행정기관의 승인으로 1회에 한해 3개월간 연장될 수 있다.

바. 관련 트레일러는 자국으로 돌아갈 때 운송 허가증을 발급한 행정기관에 운송 허가증을 반납한다.

사. 운송 허가증의 양식, 내용, 신청 절차 및 다른 세부 시행 절차는 협력위원회에서 협의를 통해 결정된다.

제 4 조
안전기준 및 기술기준

1. 다른 쪽 당사자의 영토에 진입하는 한쪽 나라의 트레일러는 다른 쪽 당사자의 자동차 기술기준, 안전기준 및 도로운송요건을 준수한다.

2. 어느 한 쪽 당사자는 자국의 해항에 도착한 다른 쪽 나라의 트레일러에 대하여 해당 트레일러가 자국의 기술기준, 안전기준 및 도로운송요건을 준수하였는지를 확인하기 위해 검사를 실행할 수 있다. 당사자는 앞서 언급한 기준, 규칙 및 규정을 준수하지 않은 트레일러에 대해 운송 허가증의 발급을 거부할 수 있다.

제 5 조
화물

한쪽 나라의 트레일러에 적재된 화물은 다른 쪽 당사자의 관련 법령을 준수한다.

제 6 조
정보교환

1. 관할당국은 매년 11월 말 이전에 다음의 정보를 교환하기 위해 최대한 노력한다.

가. 당사자의 관할당국 담당 공무원의 이름과 주소 및 연락관과 해당 연락관의 연락처

나. 트레일러 기술기준 및 안전기준, 그리고

다. 당사자에 의해 필요하다고 간주되는 그 밖의 정보

2. 당사자의 관할당국은 앞서 언급한 정보의 모든 변경사항을 신속하게 서로 통보한다.

제 7 조
화물정보 관리

당사자의 관할당국은 다음을 통해 정보 공유를 위해 노력한다.

가. 통일된 정보 시스템 및 공동 데이터베이스의 개발 및 적용,

나. 통일된 양식의 전자문서 사용, 그리고

다. RFID(무선인식) 및 그 밖의 기술에 근거한 자동 트레일러 식별 시스템 및 화물 추적 시스템의 수립

제 8 조
분쟁 해결

이 의정서의 해석 또는 이행으로부터 발생하는 모든 분쟁은 협력위원회의 협의를 통하여 해결된다.

제 9 조
개정

이 의정서는 당사자의 상호 서면합의에 의해 개정될 수 있다.

제 10 조
종료

어느 한 쪽 당사자는 다른 쪽 당사자에게 서면으로 통보하여 이 의정서를 종료할 수 있다. 그러한 종료는 다른 쪽 당사자가 통보를 받은 날부터 1년 후 효력이 발생한다.

제 11 조
발효

당사자는 이 의정서의 발효를 위하여 요구되는 국내법 절차가 완료되었음을 서면으로 외교 경로를 통하여 서로 통보한다. 이 의정서는 두 번째 통보일부터 30일 후에 발효한다.

이상의 증거로, 아래 서명자는 그들 각자의 정부로부터 정당하게 권한을 위임받아 이 의정서에 서명하였다.

2010년 9월 7 일 위해에서 동등하게 정본인 한국어, 중국어 및 영어로 각 2부씩 작성하였다. 해석상의 차이가 있을 경우에는 영어본이 우선한다.

대한민국 정부를 대표하여

중화인민공화국 정부를 대표하여

[TRANSLATION – TRADUCTION]

ACCORD ENTRE LE GOUVERNEMENT DE LA RÉPUBLIQUE DE CORÉE ET LE GOUVERNEMENT DE LA RÉPUBLIQUE POPULAIRE DE CHINE RELATIF AU TRANSPORT DE FRET INTERMODAL MARITIME-TERRESTRE PAR VÉHICULE

Le Gouvernement de la République de Corée et le Gouvernement de la République populaire de Chine (ci-après dénommés « Parties »),

Reconnaissant l'importance du transport de fret intermodal maritime-terrestre par véhicule pour répondre à la demande croissante en matière d'échanges commerciaux entre les deux pays,

Désireux de renforcer l'efficacité logistique, de faciliter les opérations de transport et de promouvoir le développement des économies et du commerce entre les deux pays,

Se fondant sur les principes de la réciprocité et de l'avantage mutuel,

Sont convenus de ce qui suit :

Article premier. Définitions

Aux fins du présent Accord :

a) L'expression « transport de fret intermodal maritime-terrestre par véhicule » désigne le transport par des véhicules de transport de marchandises des deux pays entre les ports, les zones ou sur les voies de transport convenus par les Parties, après qu'ils ont été expédiés par des navires ;

b) L'expression « transport de fret intermodal maritime-terrestre par véhicule » comprend, entre autres, les opérations de transport par un châssis de remorque et par un ensemble véhicule tracteur-remorque.

Article 2. Mise en œuvre progressive

1. Le transport de fret intermodal maritime-terrestre par véhicule est mis en œuvre de manière progressive. Les opérations de transport par un châssis de remorque sans véhicule tracteur débutent lors de la première phase, et les opérations de transport par un châssis de remorque avec véhicule tracteur commencent lors de la seconde phase.

2. Les modalités spécifiques de mise en œuvre de chaque phase sont définies dans les protocoles au présent Accord.

3. La première phase est mise en œuvre après l'entrée en vigueur du présent Accord et de son protocole. Les Parties décideront du passage à la seconde phase en fonction des résultats obtenus lors de la première phase.

Article 3. Autorisation de circuler

1. Les Parties autorisent mutuellement les véhicules de transport de l'autre pays qui répondent aux critères définis dans le présent Accord et ses protocoles à effectuer des opérations de transport de fret intermodal maritime-terrestre par véhicule dans le cadre du présent Accord.

2. Les ports, zones ou voies de transport et le nombre d'autorisations de circuler qui font l'objet du présent Accord sont définis par les Parties dans les protocoles au présent Accord.

Article 4. Méthode de mise en œuvre

Le transport de fret intermodal maritime-terrestre par véhicule est mis en œuvre par le biais d'un système de délivrance d'autorisations d'effectuer des opérations de transport de fret intermodal maritime-terrestre par véhicule entre la Corée et la Chine, dont les modalités sont définies dans les protocoles au présent Accord.

Article 5. Signes distinctifs internationaux et normes de sécurité

1. Les véhicules de transport des deux pays utilisent leurs signes distinctifs respectifs pour le transport international. Le signe distinctif de chaque pays est le suivant :

a) Pour la République de Corée : ROK ;

b) Pour la République populaire de Chine : CHN.

2. Chaque Partie reconnaît les numéros d'immatriculation délivrés par les services d'immatriculation des véhicules de l'autre Partie.

3. Les véhicules de transport d'un pays qui entrent sur le territoire de l'autre Partie doivent satisfaire aux normes de sécurité, techniques et écologiques imposées par l'autre Partie, y compris celles relatives au carburant et aux gaz effluents.

4. Les véhicules de transport des deux pays doivent porter des plaques d'immatriculation et avoir les certificats d'immatriculation, accompagnés d'une traduction dans la langue de l'autre pays, ainsi qu'une vignette et les documents du contrôle technique de leur pays.

Article 6. Échange de renseignements

Les Parties échangent des renseignements sur les véhicules autorisés à circuler en vertu du présent Accord et sur d'autres sujets pertinents.

Article 7. Circulation limitée

1. Les sociétés de transport d'un pays et leurs véhicules ne peuvent effectuer des opérations de transport lorsque le lieu de départ et le lieu de destination sont tous deux situés sur le territoire de l'autre Partie.

2. Les sociétés de transport d'un pays et leurs véhicules ne peuvent pas effectuer d'opérations de transport en transit vers un pays tiers en traversant le territoire de l'autre Partie sans l'autorisation des organes administratifs compétents de cette autre Partie.

Article 8. Assurance

Les sociétés de transport des deux pays doivent respecter le principe de la réciprocité lors de la souscription de polices d'assurance pour leurs véhicules de transport qui entrent sur le territoire de l'autre Partie. Toutefois, si une assurance particulière est obligatoire en vertu des lois et règlements de l'une ou l'autre Partie, ces exigences doivent être respectées.

Article 9. Certificat fiscal

Les sociétés de transport d'un pays fournissent aux autorités douanières de l'autre Partie le certificat fiscal requis par les lois et règlements de cette autre Partie.

Article 10. Respect des lois, règlements, règles et dispositions

1. Les véhicules de transport d'un pays qui entrent sur le territoire de l'autre Partie respectent les dispositions du présent Accord et de ses protocoles. Pour les questions non couvertes par le présent Accord ou ses protocoles, les traités internationaux auxquels les Parties sont toutes deux parties s'appliquent. Pour les questions non couvertes pas ces traités internationaux, les lois, règlements, règles et dispositions de l'autre Partie s'appliquent.

2. Les véhicules de transport d'un pays et le fret transporté par eux sont soumis aux procédures nécessaires conformément aux lois, règlements, règles et dispositions de l'autre Partie, et font l'objet d'une supervision et d'une administration par les autorités compétentes de l'autre Partie.

Article 11. Accord maritime

Les questions liées au transport maritime qui découlent du transport de fret intermodal maritime-terrestre par véhicule sont soumises à l'Accord relatif au transport maritime entre le Gouvernement de la République de Corée et le Gouvernement de la République populaire de Chine, signé le 27 mai 1993.

Article 12. Construction des installations pertinentes

1. Les Parties s'efforcent de faciliter le transport de fret intermodal maritime-terrestre par véhicule en améliorant les infrastructures des ports et des zones ainsi que les voies de transport sur leur propre territoire.

2. Les Parties s'efforcent de promouvoir l'informatisation sur leurs territoires afin de faciliter le développement du transport de fret intermodal maritime-terrestre par véhicule.

Article 13. Autorités compétentes et organismes administratifs

1. Les autorités compétentes des Parties, responsables de la mise en œuvre du présent Accord sont les suivantes :

a) Pour la République de Corée : le Ministère du territoire, des transports et des affaires maritimes ;

b) Pour la République populaire de Chine : le Ministère des transports.

2. Les autorités compétentes des Parties créent ou désignent respectivement un organisme administratif chargé de gérer les opérations de transport de fret intermodal maritime-terrestre par véhicule effectuées dans le cadre du présent Accord et de ses protocoles.

Article 14. Comité de coopération

1. À l'entrée en vigueur du présent Accord, les autorités compétentes des Parties créent un comité de coopération sur le transport de fret intermodal maritime-terrestre par véhicule (ci-après dénommé « Comité de coopération »).

2. Le Comité de coopération se réunit alternativement dans les deux pays à intervalles réguliers ou à la demande de l'une ou l'autre Partie lorsque cela est nécessaire, afin d'évaluer la mise en œuvre du présent Accord et de ses protocoles et de régler tout problème découlant de cette mise en œuvre.

Article 15. Consultations

Tout différend découlant de l'interprétation ou de l'application du présent Accord ou de ses protocoles est réglé par des consultations amicales entre les Parties.

Article 16. Amendements

Le présent Accord peut être modifié par consentement écrit des Parties.

Article 17. Dénonciation

L'une ou l'autre Partie peut dénoncer le présent Accord en adressant une notification écrite à l'autre Partie. La dénonciation prend effet un an après la date de réception de la notification par l'autre Partie.

Article 18. Entrée en vigueur

Les Parties se notifient, par écrit et par la voie diplomatique, l'accomplissement de leurs procédures juridiques internes requises pour l'entrée en vigueur du présent Accord. Le présent Accord en vigueur 30 jours après la date de réception de la deuxième notification.

EN FOI DE QUOI, les soussignés, à ce dûment autorisés par leurs Gouvernements respectifs, ont signé le présent Accord.

FAIT à Weihai, le 7 septembre 2010, en double exemplaire en langues coréenne, chinoise et anglaise, tous les textes faisant également foi. En cas de divergence d'interprétation, le texte anglais prévaut.

Pour le Gouvernement de la République de Corée :
[KIM HEE-HUK]

Pour le Gouvernement de la République populaire de Chine :
[WENG MENG YONG]

PROTOCOLE ENTRE LE GOUVERNEMENT DE LA RÉPUBLIQUE DE CORÉE ET LE GOUVERNEMENT DE LA RÉPUBLIQUE POPULAIRE DE CHINE SUR LA PREMIÈRE PHASE DE MISE EN ŒUVRE DE L'ACCORD ENTRE LE GOUVERNEMENT DE LA RÉPUBLIQUE DE CORÉE ET LE GOUVERNEMENT DE LA RÉPUBLIQUE POPULAIRE DE CHINE RELATIF AU TRANSPORT DE FRET INTERMODAL MARITIME-TERRESTRE PAR VÉHICULE

Le Gouvernement de la République de Corée et le Gouvernement de la République populaire de Chine (ci-après dénommés « Parties »),

Dans le cadre de l'Accord entre le Gouvernement de la République de Corée et le Gouvernement de la République populaire de Chine relatif au transport de fret intermodal maritime-terrestre par véhicule (ci-après dénommé « Accord »),

Sont convenus comme suit de la première phase de mise en œuvre de l'Accord :

Article premier. Définitions

Aux fins du présent Protocole :

a) L'expression « châssis de remorque » (ci-après dénommé « remorque ») est un véhicule de transport de marchandises non motorisé qui répond aux normes techniques et aux exigences requises pour circuler sur les routes des Parties et qui se trouve dans l'état requis par son pays d'origine ;

b) L'expression « autorisation d'effectuer des opérations de transport de fret intermodal maritime-terrestre entre la Corée et la Chine » (ci-après dénommée « autorisation de circuler ») est l'attestation qui permet à une remorque d'un pays de circuler sur les routes de l'autre pays ;

c) L'expression « Comité de coopération » désigne le Comité de coopération sur le transport de fret intermodal maritime-terrestre par véhicule créé en vertu de l'article 14 de l'Accord.

Article 2. Ports concernés

1. Les ports auxquels s'applique le présent Protocole sont les ports maritimes dans lesquels font escale les paquebots mixtes coréens et chinois.

2. Les ports spécifiques sont déterminés au moyen de consultations du Comité de coopération.

Article 3. Autorisation de circuler

Conformément à l'article 4 de l'Accord, les remorques d'un pays qui circulent sur les routes situées sur le territoire de l'autre Partie doivent disposer d'une autorisation de circuler délivrée par l'autre Partie. La délivrance, l'utilisation et l'administration des autorisations de circuler sont soumises aux conditions suivantes :

a) Les autorités compétentes des Parties se consultent pour déterminer le nombre d'autorisations de circuler à délivrer pour l'année suivante avant la fin du mois de novembre de chaque année. Les autorités compétentes des Parties peuvent décider, par des consultations, de délivrer des autorisations de circuler supplémentaires si celles-ci sont en nombre insuffisant ;

b) Les remorques qui effectuent des opérations de transport de fret intermodal maritime-terrestre doivent porter le numéro d'immatriculation de la remorque et le signe distinctif du pays à un endroit bien visible ;

c) Les conducteurs de remorques d'un pays doivent demander une autorisation de circuler auprès de l'organisme administratif désigné de l'autre Partie ;

d) L'organisme administratif de l'une des Parties délivre des autorisations de circuler pour les remorques de l'autre pays qui satisfont aux contrôles requis. Une autorisation de circuler est délivrée pour chaque remorque et est valable pour un trajet aller-retour ;

e) La durée de validité d'une autorisation de circuler n'excède pas trois mois et, si nécessaire, elle peut être prolongée, une seule fois pour une nouvelle période de trois mois, avec l'accord de l'organisme administratif qui l'a délivrée ;

f) Pour les remorques concernées, les autorisations de circuler sont rendues aux organismes administratifs qui les ont délivrées sur le trajet du retour vers leur propre pays ;

g) Le format, le contenu, les procédures de demande et les autres procédures opérationnelles spécifiques des autorisations de circuler sont déterminés par le Comité de coopération par voie de consultations.

Article 4. Normes techniques et de sécurité

1. Les remorques d'un pays qui entrent sur le territoire de l'autre Partie doivent répondre aux normes techniques et de sécurité ainsi qu'aux exigences en matière de transport routier imposées par l'autre Partie.

2. Chaque Partie peut procéder à des inspections des remorques de l'autre pays qui arrivent dans ses ports maritimes afin de vérifier si elles répondent à ses normes techniques et de sécurité et à ses règles et dispositions en matière de transport routier. Les Parties peuvent refuser de délivrer des autorisations de circuler pour les remorques qui ne répondent pas aux normes, règles et dispositions susmentionnées.

Article 5. Fret

Le fret transporté par les remorques d'un pays doit être conforme aux dispositions des lois et règlements en la matière de l'autre Partie.

Article 6. Échange de renseignements

1. Les autorités compétentes s'efforcent d'échanger les renseignements suivants avant la fin du mois de novembre de chaque année :

a) Le nom et l'adresse des fonctionnaires des autorités compétentes des Parties responsables, ainsi que la personne référente et ses coordonnées ;

b) Les normes techniques et de sécurité des remorques ; et

c) Toute autre information que les Parties jugent utile d'échanger.

2. Les autorités compétentes des Parties s'informent dès que possible de toute modification des renseignements susmentionnés.

Article 7. Gestion des informations relatives au fret

Les autorités compétentes des Parties s'efforcent d'échanger des informations grâce :

a) À la création et à l'utilisation d'un système d'information unifié et d'une base de données commune ;

b) À l'utilisation de documents électroniques dans des formats normalisés ; et

c) À la mise en place d'un système d'identification automatique des remorques et d'un système de traçage des marchandises qui utilisent l'identification par radiofréquence (RFID) et d'autres technologies.

Article 8. Règlement des différends

Tout différend découlant de l'interprétation ou de l'application du présent Protocole est réglé par des consultations du Comité de coopération.

Article 9. Amendements

Le présent Protocole peut être modifié par consentement mutuel écrit des Parties.

Article 10. Dénonciation

L'une ou l'autre Partie peut dénoncer le présent Protocole en adressant une notification écrite à l'autre Partie. La dénonciation prend effet un an après la date de réception de la notification par l'autre Partie.

Article 11. Entrée en vigueur

Les Parties se notifient, par écrit et par la voie diplomatique, l'accomplissement de leurs procédures juridiques internes requises pour l'entrée en vigueur du présent Protocole. Le présent Protocole entre en vigueur 30 jours après la date de réception de la deuxième notification.

EN FOI DE QUOI, les soussignés, à ce dûment autorisés par leurs Gouvernements respectifs, ont signé le présent Protocole.

FAIT à Weihai, le 7 septembre 2010, en double exemplaire en langues coréenne, chinoise et anglaise, tous les textes faisant également foi. En cas de divergence d'interprétation, le texte anglais prévaut.

Pour le Gouvernement de la République de Corée :

[KIM HEE-KUK]

Pour le Gouvernement de la République populaire de Chine :

[WENG MENG YONG]

No. 54042

Republic of Korea and Rwanda

Framework Agreement for development cooperation between the Government of the Republic of Korea and the Government of the Republic of Rwanda. New York, 12 February 2013

Entry into force: *7 August 2013 by notification, in accordance with article 10*

Authentic texts: *English and Korean*

Registration with the Secretariat of the United Nations: *Republic of Korea, 10 November 2016*

République de Corée et Rwanda

Accord-cadre sur la coopération pour le développement entre le Gouvernement de la République de Corée et le Gouvernement de la République du Rwanda. New York, 12 février 2013

Entrée en vigueur : *7 août 2013 par notification, conformément à l'article 10*

Textes authentiques : *anglais et coréen*

Enregistrement auprès du Secrétariat de l'Organisation des Nations Unies : *République de Corée, 10 novembre 2016*

[TEXT IN ENGLISH – TEXTE EN ANGLAIS]

FRAMEWORK AGREEMENT FOR DEVELOPMENT COOPERATION BETWEEN THE GOVERNMENT OF THE REPUBLIC OF KOREA AND THE GOVERNMENT OF THE REPUBLIC OF RWANDA

The Government of the Republic of Korea and the Government of the Republic of Rwanda (hereinafter referred to as the "Parties"),

Desiring to promote poverty reduction and the sustainable economic and social development of the Republic of Rwanda through grant aid as well as to further strengthen the friendly relations existing between the two countries,

Have agreed as follows:

ARTICLE 1
OBJECTIVE

1. The purpose of this Agreement is to set forth the general terms and conditions for development cooperation between the Parties.

2. (a) Further detailed terms and procedures in regard to specific grant aid programs under this Agreement shall be set out in subsidiary arrangements between the Parties.
   (b) Subsidiary arrangements shall make specific references to this Agreement and the terms of this Agreement shall, unless stipulated otherwise, apply to such subsidiary arrangements.

3. Should there be any discrepancy between this Agreement and the subsidiary arrangements, this Agreement shall prevail.

ARTICLE 2
DEFINITIONS

For the purpose of this Agreement, the following terms shall apply:

(a) development cooperation: cooperation, specifically referred to in Article 3, that the Government of the Republic of Korea (hereinafter referred to as the "Korean Government") provides to the Government of the Republic of Rwanda (hereinafter referred to as the "Rwandan Government") in the manner established in this Agreement and in accordance with the provisions hereof;

(b) experts: Korean nationals with expertise and skills in given sectors (including medical personnel) who are sent to the Republic of Rwanda by the Korean Government as part of development cooperation;
(c) volunteers: Korean nationals with expertise and skills in given sectors but not included in the category of experts, who are sent to the Republic of Rwanda by the Korean Government as part of development cooperation;
(d) concerned authorities: institutions of Rwandan Government that have been appointed as counterparts for specific development cooperation under this Agreement;
(e) families: spouses and children of dispatched personnel, who are sent to the Republic of Rwanda by the Korean Government;
(f) office: an overseas office of the Korea International Cooperation Agency (hereinafter referred to as "KOICA"), the executing agency for grant aid of the Korean Government;
(g) representatives: resident representatives dispatched to the Republic of Rwanda by KOICA for the overall management and coordination of its grant aid programs (hereinafter referred to as the "Programs") in the Republic of Rwanda;
(h) staff: personnel dispatched to the Republic of Rwanda by KOICA to implement the Programs in the Republic of Rwanda; and
(i) dispatched personnel: the experts, volunteers, representatives and staff as referred to above.

ARTICLE 3
CONTRIBUTIONS OF THE KOREAN GOVERNMENT

1. The Korean Government shall, subject to budgetary limitations and in accordance with its domestic laws and regulations, carry out at its own expense one or more of the following forms of grant aid:
(a) inviting nationals of the Republic of Rwanda to training programs in the Republic of Korea;
(b) dispatching experts to the Republic of Rwanda for consultation and on-the-spot training programs;
(c) dispatching volunteers to the Republic of Rwanda;
(d) providing the Rwandan Government with equipment, machinery and materials in connection with the Programs;

(e) constructing facilities necessary for implementing the Programs;
(f) coordinating with the concerned authorities to implement the Programs; and
(g) providing the Rwandan Government with other forms of grant aid as may be mutually agreed upon by the Parties.

2. Prior to concluding any arrangements on specific Programs, the Korean Government shall hold consultation in a spirit of partnership with the Rwandan Government.

3. The Korean Government shall take all available measures to ensure that all dispatched personnel sent to the Republic of Rwanda in connection with the Programs under this Agreement respect the laws and regulations of the Republic of Rwanda and maintain close contact with the Rwandan Government.

ARTICLE 4
CONTRIBUTIONS OF THE RWANDAN GOVERNMENT

1. The Rwandan Government shall, to the utmost possible extent, facilitate the carrying out of all operations in the Republic of Rwanda under this Agreement and its subsidiary arrangements.

2. The Rwandan Government shall ensure that the skills and knowledge acquired by its nationals as a result of the Programs as provided in Article 3 of this Agreement shall be used to contribute to the economic and social development of the Republic of Rwanda, and not be utilized for military purposes.

3. The Rwandan Government shall permit all the dispatched personnel and their families to enter, leave and sojourn in the territory of the Republic of Rwanda and exempt them from alien restrictions.

4. The Rwandan Government shall promptly issue to all the dispatched personnel and their families all permits, identification cards and licenses for residence, work, research and medical practice in connection with the Programs under this Agreement.

5. The Rwandan Government shall take the necessary measures to ensure the security of all the dispatched personnel and their families staying in the Republic of Rwanda, and provide them with access to medical services and facilities of the highest quality available in the country.

6. The Rwandan Government shall accord all the dispatched personnel and their families the privileges and immunities as stipulated in Article 6 of this Agreement.

ARTICLE 5
OFFICE

1. The Rwandan Government shall permit KOICA to establish (if not already established) and maintain offices in its territory and shall allow the representatives and the staff to discharge duties to be assigned to them by KOICA in connection with the Programs under this Agreement.

2. The Rwandan Government shall accord the office the privileges and immunities that are required for the performance of the duties under this Agreement. Further details concerning such privileges and immunities shall be stipulated in the subsidiary arrangements to this Agreement following consultation between the Parties.

ARTICLE 6
PRIVILEGES AND IMMUNITIES

1. The Rwandan Government shall accord all the dispatched personnel and their families the privileges and immunities that are required for the performance of the duties under this Agreement. Further details concerning such privileges and immunities shall be stipulated in the subsidiary arrangements to this Agreement following consultation between the Parties.

2. The privileges and immunities accorded under paragraph 1 of this Article are not applicable to citizens or permanent residents of the Republic of Rwanda.

3. The Rwandan Government shall accord all the dispatched personnel, their families and the office the privileges and immunities no less favorable than those accorded to dispatched personnel, their families and offices of any third country or of any international organization performing a similar mission in the Republic of Rwanda.

ARTICLE 7
EQUIPMENT, MACHINERY AND MATERIALS

1. Equipment, machinery and materials provided by the Korean Government to the Republic of Rwanda in connection with the Programs under this Agreement shall become the property of the Rwandan Government upon being delivered from the port of disembarkation to the concerned authorities. The equipment, machinery and materials shall be utilized for the purpose for which they are provided unless otherwise agreed upon by the Parties, and shall not be utilized for military purposes.

2. The Rwandan Government shall exempt the equipment, machinery and materials referred to in paragraph 1 of this Article from consular fees, customs duties, taxes and any other charges of a similar nature, as well as from the requirements of obtaining import licenses and certificates of foreign exchange coverage.

3. In case the Korean Government provides the Rwandan Government with equipment, machinery or materials purchased in the Republic of Rwanda, the Rwandan Government shall exempt such equipment, machinery and materials from taxes including value added tax and other obligatory charges.

4. The expenses for the transportation within the Republic of Rwanda of the equipment, machinery and materials referred to in paragraphs 1 and 3 of this Article and the expenses for their replacement, maintenance and repair shall be borne by the Rwandan Government.

ARTICLE 8
MONITORING AND EVALUATION

1. The Parties shall regularly, through mutual consultation, review the progress of the Programs in the Republic of Rwanda under this Agreement.

2. For the follow-up and evaluation of cooperation between the Parties as well as for the planning of future cooperation, KOICA and the concerned authorities shall be available to each other for mutual consultation and give each other such information as may be reasonably requested.

ARTICLE 9
SETTLEMENT OF DISPUTES

Any differences or disputes concerning the interpretation or implementation of this Agreement shall be settled through mutual consultation between the Parties.

ARTICLE 10
ENTRY INTO FORCE, TERMINATION AND AMENDMENTS

1. Each Party shall notify the other Party in writing through diplomatic channels of the completion of its domestic procedures required to bring this Agreement into force. This Agreement shall enter into force on the date of the later notification.

2. This Agreement shall remain in force for a period of three (3) years and shall thereafter be automatically renewed for subsequent periods of three (3) years, unless either Party gives the other Party written notice of its intention to terminate the Agreement at least six (6) months prior to its expiration.

3. This Agreement may be amended or supplemented with the mutual written consent of the Parties.

IN WITNESS WHEREOF the undersigned, being duly authorized thereto by their respective Governments, have signed this Agreement.

DONE in duplicate at New York, on the 12th day of February, 2013, in the Korean and English languages, both texts being equally authentic.

FOR THE GOVERNMENT OF THE REPUBLIC OF KOREA	FOR THE GOVERNMENT OF THE REPUBLIC OF RWANDA

[TEXT IN KOREAN – TEXTE EN CORÉEN]

대한민국 정부와 르완다공화국 정부 간의
개발협력을 위한 기본협정

대한민국 정부와 르완다공화국 정부(이하 "당사자"라 한다)는,

양국 간에 존재하는 우호 관계를 더욱 강화할 뿐 아니라 무상원조를 통하여 르완다공화국의 빈곤 감소와 지속가능한 경제 및 사회 발전을 증진하기를 희망 하며,

다음과 같이 합의하였다.

제1조
목적

1. 이 협정의 목적은 당사자 간의 개발협력을 위한 일반적인 조건을 규정하는 것이다.

2. 가. 이 협정에 따른 특정 무상원조 프로그램에 대한 보다 구체적인 조건과 절차는 당사자 간의 보충 약정에 규정된다.
   나. 보충 약정은 이 협정의 구체적 사항을 기술하고, 달리 규정되지 않는 한 이 협정의 조건은 그러한 보충 약정에 적용된다.

3. 이 협정과 보충 약정 간 차이가 있는 경우, 이 협정이 우선한다.

제2조
정의

이 협정의 목적상, 다음의 용어가 적용된다.
   가. 개발협력: 대한민국 정부(이하 "한국 정부"라 한다)가 이 협정에서 정한 방식으로 이 협정의 규정에 따라 르완다공화국 정부(이하 "르완다 정부"라 한다)에 제공하는 제3조에 구체적으로 언급된 협력
   나. 전문가: 의료인력을 포함하여 한국 정부가 개발협력의 일환으로 르완다공화국에 파견하는 정해진 부분의 전문지식과 기술을 보유한 한국 국민

다. 봉사단원: 전문가 범주에 포함되지는 않으나 한국 정부가 개발협력의 일환으로 르완다공화국에 파견하는 정해진 부분의 전문지식과 기술을 보유한 한국 국민

라. 관계 당국: 이 협정에 따른 특정 개발협력을 위하여 상대기관으로 지정된 르완다 정부의 기관

마. 가족: 한국 정부가 르완다공화국에 보낸 파견인력의 배우자와 자녀

바. 사무소: 한국 정부의 무상원조 시행기관인 한국국제협력단(이하 "KOICA"라 한다)의 해외 사무소

사. 대표: 르완다공화국에서의 무상원조 프로그램(이하 "프로그램"이라 한다)의 전반적 관리 및 조정을 위해 KOICA가 르완다공화국에 파견한 상주 대표

아. 직원: 르완다공화국에서 프로그램을 이행하기 위하여 KOICA가 르완다공화국에 파견한 인력, 그리고

자. 파견인력: 위에서 언급된 전문가, 봉사단원, 대표 및 직원

제3조
한국 정부의 기여

1. 한국 정부는 예산한도 내에서 국내법령에 따라 자체 비용으로 다음 형태의 무상원조를 하나 이상 수행한다.

가. 대한민국 내 연수프로그램에 르완다공화국 국민 초청

나. 컨설팅 및 현지 연수프로그램을 위해 전문가를 르완다공화국에 파견

다. 봉사단원을 르완다공화국에 파견

라. 르완다 정부에 프로그램과 관련된 장비, 기계류 및 물자 제공

마. 프로그램 이행에 필요한 시설 건축

바. 프로그램 이행을 위해 관계 당국과 조정, 그리고

사. 당사자 간 상호 합의된 그 밖의 형태의 무상원조를 르완다 정부에 제공

2. 특정 프로그램에 관한 모든 약정을 체결하기 전에 한국 정부는 르완다 정부와의 파트너십 정신에 기초하여 협의를 갖는다.

3. 한국 정부는 이 협정에 따른 프로그램과 관련하여 르완다공화국에 보낸 모든 파견인력이 르완다공화국의 법령을 존중하고, 르완다 정부와 긴밀한 연락을 유지하도록 보장하기 위하여 모든 이용가능한 조치를 한다.

제4조

르완다 정부의 기여

1. 르완다 정부는 이 협정과 이 협정의 보충 약정에 따라 르완다공화국 내 모든 사업의 수행이 최대한 원활히 이루어지도록 한다.

2. 르완다 정부는 이 협정 제3조에 규정된 프로그램의 결과로 자국민이 획득한 기술과 지식이 르완다공화국의 경제 및 사회 발전에 기여하도록 사용되고, 군사적 목적으로 사용되지 않도록 보장한다.

3. 르완다 정부는 모든 파견인력과 그 가족에게 르완다공화국 영역에서 입국, 출국 및 체류를 허가하고, 그들에게 외국인 규제를 면제한다.

4. 르완다 정부는 이 협정에 따른 프로그램과 관련된 거주, 근로, 연구 및 의료행위를 위한 모든 허가증, 신분증 및 면허증을 모든 파견인력과 그 가족에게 신속히 발급한다.

5. 르완다 정부는 르완다공화국에 체류하는 모든 파견인력과 그 가족의 안전을 보장하기 위하여 필요한 조치를 하며, 그 국가에서 이용가능한 최상의 수준의 의료 서비스 및 시설에 대한 접근을 그들에게 제공한다.

6. 르완다 정부는 모든 파견인력과 그 가족에게 이 협정 제6조에 규정된 특권과 면제를 부여한다.

제5조
사무소

1. 르완다 정부는 그 영역에서 KOICA가 사무소를 (이미 설립되지 않았다면) 설립하고 유지하도록 허가하고 그 대표 및 직원이 이 협정에 따른 프로그램과 관련하여 KOICA가 그들에게 부여하는 임무를 수행할 수 있도록 허용한다.

2. 르완다 정부는 이 협정에 따른 임무 수행에 필요한 특권과 면제를 사무소에 부여한다. 그러한 특권과 면제에 관한 추가적인 세부 사항은 당사자 간 협의에 따라 이 협정의 보충 약정에 규정된다.

제6조
특권 및 면제

1. 르완다 정부는 모든 파견인력과 그 가족에게 이 협정에 따른 임무 수행에 필요한 특권과 면제를 부여한다. 그러한 특권과 면제에 관한 추가적인 세부 사항은 당사자 간 협의에 따라 이 협정의 보충 약정에 규정된다.

2. 제1항에 따라 부여되는 특권과 면제는 르완다공화국의 국민이나 영주권자에게는 적용되지 않는다.

3. 르완다 정부는 르완다공화국에서 유사한 임무를 수행하는 어떠한 제3국 또는 국제기구의 파견인력과 그 가족 및 사무소에게 부여되는 것보다도 불리하지 않은 특권과 면제를 모든 파견인력과 그 가족 및 사무소에 부여한다.

제7조
장비, 기계류 및 물자

1. 이 협정에 따른 프로그램과 관련하여 한국 정부가 르완다공화국에 제공하는 장비, 기계류 및 물자는 하역항으로부터 관계 당국에 인도되는 때에 르완다 정부의 재산이 된다. 이들 장비, 기계류 및 물자는 당사자 간 달리 합의되지 않는 한 제공된 목적으로 사용되어야 하며, 군사적 목적으로 사용되지 아니한다.

2. 르완다 정부는 이 조의 제1항에 언급된 장비, 기계류 및 물자에 대하여 수입허가서 및 외환준비금증명서 취득에 필요한 요건들과 영사수수료, 관세, 조세 및 그 밖의 유사한 성질의 모든 부과금을 면제한다.

3. 한국 정부가 르완다공화국에서 구입한 장비, 기계류 또는 물자를 르완다 정부에 제공하는 경우, 르완다 정부는 그러한 장비, 기계류 및 물자에 대하여 부가가치세를 포함한 조세 및 그 밖의 의무적 부과금을 면제한다.

4. 이 조의 제1항 및 제3항에 언급된 장비, 기계류 및 물자를 르완다공화국 내에서 수송하는 데에 드는 비용과 그 교체, 유지 및 보수 비용은 르완다 정부가 부담한다.

제8조
관찰 및 평가

1. 당사자는 상호 협의를 통하여 이 협정에 따른 르완다공화국 내 프로그램의 진전을 정기적으로 검토한다.

2. 향후 협력 계획과 당사자 간 협력의 후속조치 및 평가를 위하여 KOICA와 관계 당국은 상호 협의를 위하여 상호 이용이 가능하도록 하고 합당하게 요구된 그러한 정보를 상호 제공한다.

제9조
분쟁해결

이 협정의 해석이나 이행과 관련한 모든 의견차이나 분쟁은 당사자 간 상호 협의를 통하여 해결한다.

제10조

발효, 종료 및 개정

1. 각 당사자는 외교경로를 통하여 이 협정의 발효에 필요한 국내절차의 완료를 다른 쪽 당사자에 서면으로 통보한다. 이 협정은 나중 통보일에 발효한다.

2. 이 협정은 3년간 유효하며, 어느 한쪽 당사자가 다른 쪽 당사자에게 이 협정의 종료의사를 적어도 만료 6개월 전에 서면으로 통보하지 않는 한 3년의 후속 기간씩 자동적으로 연장된다.

3. 이 협정은 당사자 간 상호 서면 동의에 의해 개정되거나 보완될 수 있다.

이상의 증거로 아래 서명자들은 그들 각자의 정부로부터 정당하게 권한을 위임받아 이 협정에 서명하였다.

2013년 2 월 12 일 뉴욕 에서 동등하게 정본인 한국어와 영어로 각 2부씩 작성하였다.

대한민국 정부를 대표하여

르완다공화국 정부를 대표하여

[TRANSLATION – TRADUCTION]

ACCORD-CADRE SUR LA COOPÉRATION POUR LE DÉVELOPPEMENT ENTRE LE GOUVERNEMENT DE LA RÉPUBLIQUE DE CORÉE ET LE GOUVERNEMENT DE LA RÉPUBLIQUE DU RWANDA

Le Gouvernement de la République de Corée et le Gouvernement de la République du Rwanda (ci-après dénommés « Parties »),

Désireux de promouvoir la réduction de la pauvreté et le développement économique et social durable de la République du Rwanda au moyen d'une subvention ainsi que de renforcer les liens d'amitié qui existent entre les deux pays,

Sont convenus de ce qui suit :

Article premier. Objectif

1. Le présent Accord vise à définir les conditions générales de la coopération pour le développement entre les Parties.

2. a) Des précisions sur les modalités et les procédures concernant les programmes spécifiques de subvention prévus par le présent Accord sont définies dans des accords subsidiaires établis entre les Parties ;

   b) Les accords subsidiaires font spécifiquement référence au présent Accord et les termes du présent Accord, sauf dispositions contraires, s'appliquent à ces accords subsidiaires.

3. En cas de divergence entre le présent Accord et les accords subsidiaires, le présent Accord prévaut.

Article 2. Définitions

Aux fins du présent Accord, les définitions ci-après sont applicables :

a) L'expression « coopération pour le développement » désigne la coopération, spécifiquement visée à l'article 3, que le Gouvernement de la République de Corée (ci-après dénommé le « Gouvernement coréen ») apporte au Gouvernement de la République du Rwanda (ci-après dénommé le « Gouvernement rwandais ») de la manière établie dans le présent Accord et conformément aux dispositions de celui-ci ;

b) Le terme « experts » désigne les ressortissants coréens ayant une expertise et des compétences dans des secteurs donnés (y compris le personnel médical) qui sont envoyés en République du Rwanda par le Gouvernement coréen dans le cadre de la coopération pour le développement ;

c) Le terme « volontaires » désigne les ressortissants coréens ayant une expertise et des compétences dans des secteurs donnés, mais qui n'entrent pas dans la catégorie des experts, et qui sont envoyés en République du Rwanda par le Gouvernement coréen dans le cadre de la coopération pour le développement ;

d) L'expression « autorités concernées » désigne les institutions du Gouvernement rwandais qui ont été désignées comme homologues dans le cadre spécifique de la coopération pour le développement relevant du présent Accord ;

e) Le terme « familles » désigne les conjoints et les enfants des membres du personnel détachés en République du Rwanda par le Gouvernement coréen ;

f) Le terme « bureau » désigne un bureau à l'étranger de l'Agence de coopération internationale de la République de Corée (ci-après dénommée « KOICA ») qui intervient en tant qu'agent d'exécution des subventions du Gouvernement coréen ;

g) Le terme « représentants » désigne les représentants résidents envoyés en République du Rwanda par la KOICA pour la gestion et la coordination globales de ses programmes de subvention (ci-après dénommés « programmes ») en République du Rwanda ;

h) Le terme « personnel » désigne le personnel détaché en République du Rwanda par la KOICA pour mettre en œuvre les programmes en République du Rwanda ; et

i) L'expression « personnel détaché » désigne les experts, les volontaires, les représentants et le personnel visés ci-dessus.

Article 3. Contributions du Gouvernement coréen

1. Le Gouvernement coréen, sous réserve des limitations budgétaires et conformément à ses lois et règlements internes, met en œuvre à ses frais une ou plusieurs des formes suivantes de subvention :

a) Invitation de ressortissants de la République du Rwanda à participer à des programmes de formation en République de Corée ;
b) Détachement d'experts en République du Rwanda pour des consultations et des programmes de formation sur place ;
c) Détachement de volontaires en République du Rwanda ;
d) Fourniture au Gouvernement rwandais d'équipements, d'appareils et de documentation en rapport avec les programmes ;
e) Construction des installations nécessaires à la mise en œuvre des programmes ;
f) Coordination avec les autorités concernées en vue de la mise en œuvre des programmes ; et
g) Fourniture d'autres aides sous forme de dons au Gouvernement rwandais dont peuvent convenir les Parties.

2. Dans un esprit de partenariat, le Gouvernement coréen consulte le Gouvernement rwandais avant de conclure tout accord portant sur des programmes spécifiques.

3. Le Gouvernement coréen prend toutes les mesures disponibles pour s'assurer que tout le personnel détaché en République du Rwanda, dans le cadre des programmes prévus par le présent Accord, respecte les lois et les règlements de la République du Rwanda et reste en contact étroit avec le Gouvernement rwandais.

Article 4. Contributions du Gouvernement rwandais

1. Le Gouvernement rwandais facilite, dans toute la mesure du possible, l'exécution de toutes les opérations menées en République du Rwanda dans le cadre du présent Accord et de ses accords subsidiaires.

2. Le Gouvernement rwandais veille à ce que les compétences et les connaissances acquises par ses ressortissants, dans le cadre des programmes prévus à l'article 3 du présent Accord, soient utilisées aux fins de contribuer au développement économique et social de la République du Rwanda et ne soient pas utilisées à des fins militaires.

3. Le Gouvernement rwandais autorise l'entrée et le séjour de tout le personnel détaché et de leurs familles sur le territoire de la République du Rwanda, ainsi que leur sortie de celui-ci, et les exempte des restrictions relatives aux étrangers.

4. Le Gouvernement rwandais délivre rapidement à tout le personnel détaché et à leurs familles tous les permis, les documents d'identité ainsi que les permis relatifs au séjour, au travail, à la recherche et à la pratique médicale dans le cadre des programmes prévus au titre du présent Accord.

5. Le Gouvernement rwandais prend les mesures nécessaires en vue de garantir la sécurité du personnel détaché et de leurs familles séjournant en République du Rwanda, et leur donne accès aux services et installations de santé de la meilleure qualité disponibles dans le pays.

6. Le Gouvernement rwandais accorde au personnel détaché et à leurs familles les privilèges et immunités établis à l'article 6 du présent Accord.

Article 5. Bureau

1. Le Gouvernement rwandais autorise la KOICA à établir (si ce n'est déjà fait) et à maintenir des bureaux sur son territoire et permet aux représentants et au personnel de s'acquitter des tâches qui leur seront confiées par la KOICA dans le cadre des programmes prévus par le présent Accord.

2. Le Gouvernement rwandais accorde au bureau les privilèges et immunités requis pour l'exécution de ses missions en vertu du présent Accord. Des précisions concernant ces privilèges et immunités sont énoncées dans des accords subsidiaires au présent Accord après consultation entre les Parties.

Article 6. Privilèges et immunités

1. Le Gouvernement rwandais accorde au personnel détaché et à leurs familles les privilèges et immunités requis pour l'exécution de leurs missions en vertu du présent Accord. Après consultation entre les Parties, des précisions concernant ces privilèges et immunités sont énoncées dans les accords subsidiaires au présent Accord.

2. Les privilèges et immunités accordés en vertu du paragraphe 1 du présent article ne sont pas applicables aux citoyens ou aux résidents permanents de la République du Rwanda.

3. Le Gouvernement rwandais accorde au personnel détaché, à leurs familles et au bureau des privilèges et immunités non moins favorables que ceux accordés au personnel détaché, à leurs familles et aux bureaux de tout pays tiers ou de toute organisation internationale accomplissant une mission similaire en République du Rwanda.

Article 7. Équipement, appareils et documentation

1. L'équipement, les appareils et la documentation fournis par le Gouvernement coréen à la République du Rwanda dans le cadre des programmes prévus par le présent Accord deviennent la propriété du Gouvernement rwandais dès leur livraison aux autorités concernées, et ce, à partir du port de débarquement. L'équipement, les appareils et la documentation sont utilisés aux fins pour lesquelles ils ont été fournis, sauf accord contraire entre les Parties, et ne sont pas utilisés à des fins militaires.

2. Le Gouvernement rwandais exonère des frais consulaires, des droits de douane, des taxes et de toutes autres charges de nature similaire l'équipement, les appareils et la documentation visés au paragraphe 1 du présent article, ainsi que de l'obligation d'obtenir des licences d'importation et des certificats de couverture du risque de change.

3. Dans le cas où le Gouvernement coréen fournit au Gouvernement rwandais de l'équipement, des appareils ou de la documentation achetés en République du Rwanda, le Gouvernement rwandais exonère lesdits équipement, appareils et documentation des taxes, y compris la taxe sur la valeur ajoutée et autres frais obligatoires.

4. Les frais de transport, à l'intérieur de la République du Rwanda, de l'équipement, des appareils et de la documentation visés aux paragraphes 1 et 3 du présent article ainsi que les frais de leur remplacement, de leur entretien et de leur réparation sont à la charge du Gouvernement rwandais.

Article 8. Suivi et évaluation

1. Les Parties examinent régulièrement, par consultation mutuelle, l'état d'avancement des programmes menés en République du Rwanda dans le cadre du présent Accord.

2. En ce qui concerne le suivi et l'évaluation de la coopération entre les Parties ainsi que la planification de la coopération future, la KOICA et les autorités concernées se tiennent à la disposition l'une de l'autre en vue de consultations mutuelles et se communiquent les informations qu'elles peuvent raisonnablement demander.

Article 9. Règlement des différends

Toute différence ou différend concernant l'interprétation ou la mise en œuvre du présent Accord est réglé au moyen de consultations mutuelles entre les Parties.

Article 10. Entrée en vigueur, dénonciation et modifications

1. Chaque Partie notifie par écrit à l'autre Partie, par la voie diplomatique, l'accomplissement des procédures internes requises pour l'entrée en vigueur du présent Accord. Le présent Accord entre en vigueur à la date de la dernière de ces notifications.

2. Le présent Accord demeure en vigueur pendant une période de trois ans et est ensuite reconduit automatiquement pour des périodes supplémentaires de trois ans, à moins que l'une des Parties ne notifie par écrit à l'autre Partie, au moins six mois avant la date d'expiration prévue de l'Accord, son intention de le dénoncer.

3. Le présent Accord peut être modifié ou complété, avec l'accord écrit des Parties.

EN FOI DE QUOI, les soussignés, à ce dûment autorisés par leurs Gouvernements respectifs, ont signé le présent Accord.

FAIT à New York, le 12 février 2013, en deux exemplaires en langues coréenne et anglaise, les deux textes faisant également foi.

Pour le Gouvernement de la République de Corée :
[KIM SUNG-HWAN]

Pour le Gouvernement de la République du Rwanda :
[LOUISE MUSHIKIWABO]

No. 54043

Republic of Korea and Saudi Arabia

Agreement between the Government of the Republic of Korea and the Government of the Kingdom of Saudi Arabia for cooperation in the peaceful uses of nuclear energy. Seoul, 15 November 2011

Entry into force: *14 August 2012, in accordance with article 16*

Authentic texts: *Arabic, English and Korean*

Registration with the Secretariat of the United Nations: *Republic of Korea, 10 November 2016*

République de Corée et Arabie saoudite

Accord de coopération entre le Gouvernement de la République de Corée et le Gouvernement du Royaume d'Arabie saoudite en matière d'utilisation de l'énergie nucléaire à des fins pacifiques. Séoul, 15 novembre 2011

Entrée en vigueur : *14 août 2012, conformément à l'article 16*

Textes authentiques : *arabe, anglais et coréen*

Enregistrement auprès du Secrétariat de l'Organisation des Nations Unies : *République de Corée, 10 novembre 2016*

3. يمكن تعديل هذه الاتفاقية بعد موافقة الطرفين الخطية، وتدخل التعديلات حيز النفاذ وفقاً للفقرة (1) من هذه المادة.

4. في حالة انتهاء العمل بهذه الاتفاقية أو إنهائها، فإن الالتزامات التي تتضمنها المواد (السابعة والثامنة والتاسعة والعاشرة والحادية عشرة والثالثة عشرة) من هذه الاتفاقية تبقى سارية المفعول ما لم يتفق الطرفان على غير ذلك.

وإشهاداً بذلك، قام الموقعان أدناه اللذان فوضتاهما حكوماتهما بذلك بتوقيع هذه الاتفاقية.

أبرمت هذه الاتفاقية بتاريخ 19 ذو الحجة 1432هـ الموافق 15 نوفمبر 2011م في مدينة سيؤول بكوريا، وحررت من نسختين باللغات : الكورية والعربية والإنجليزية، والنصوص متساوية في الحجية، وفي حالة الاختلاف في التفسير فإن النص الإنجليزي هو المرجع.

عن حكومة حكومة جمهورية كوريا	**عن المملكة العربية السعودية**

3. إذا رأى أي طرف أن من الضروري ممارسة الحقوق أعلاه بموجب هذه المادة ، فلا بد أن يشعر الطرف الآخر بذلك القرار كتابة.

المادة الخامسة عشرة

تسوية النزاعات

تسوى ودياً النزاعات الناشئة من تفسير هذه الاتفاقية أو تطبيقها، وذلك من خلال المفاوضات والمشاورات بين الطرفين.

المادة السادسة عشرة

تفعيل العمل بالاتفاقية ، ومدتها وإنهاؤها

1. تدخل هذه الاتفاقية حيز النفاذ في اليوم الذي يتبادل فيه الطرفان - عبر القنوات الدبلوماسية - إشعاراً بأنهما قد استكملا الإجراءات القانونية الداخلية اللازمة لسريانها.

2. تظل هذه الاتفاقية سارية المفعول لمدة (عشر) سنوات، وتمدد تلقائياً لمدد متتالية مدة كل منها (خمس) سنوات، ما لم يشعر أحد الطرفين الطرف الآخر – كتابة – برغبته في إنهاء العمل بها قبل (ستة) أشهر من موعد انتهائها .

2. تخضع لهذه الاتفاقية التقنية المنقولة بموجبها، مالم يتفق الطرفان على غير ذلك.

المادة الرابعة عشرة

إنهاء التعاون

1. إذا كان أي من طرفي الاتفاقية وفي أي وقت بعد نفاذ هذه الاتفاقية:

(أ) لم يمتثل لأحكام المواد (السابعة أو الثامنة أو التاسعة أو العاشرة أو الحادية عشرة).

(ب) أنهى أو انتهك عملياً اتفاقية الإجراءات الوقائية مع (IAEA).

فإن للطرف الآخر الحق في وقف العمل بتعاون آخر بموجب هذه الاتفاقية وتعليق العمل بهذه الاتفاقية أو إنهائه وطلب استرجاع أي مواد أو مواد نووية أو معدات نقلت بموجب هذه الاتفاقية وأي مادة انشطارية نووية خاصة منتجة عبر استخدام مواد نووية ومواد ومعدات نقلت بالطريقة نفسها.

2. إذا مارس أي من الطرفين حقوقه بموجب هذه المادة في طلب استرجاع أي مواد أو مواد نووية أو معدات فسوف يعيد إلى الطرف الآخر قيمة السوق المجزية لمثل تلك المواد والمواد النووية أو المعدات، بعد أن تكون المواد قد أزيلت من بلاد الطرف الآخر .

المادة الثانية عشرة

السلامة النووية وحماية البيئة

يتشاور الطرفان فيما يتعلق بالنشاطات التي تجري بمقتضى هذه الاتفاقية لتعريف السلامة والمضامين البيئية الدولية الناشئة من مثل تلك النشاطات، ويتعاونان لمنع الحوادث النووية الناشئة من منشآت نووية منقولة وفقاً لهذه الاتفاقية ولحماية البيئة الدولية من التلوث الإشعاعي والكيميائي والحراري الناشئ من مثل تلك النشاطات بموجب هذه الاتفاقية.

المادة الثالثة عشرة

مدة سريان التطبيق

1. تخضع المواد النووية والمواد والمعدات لشروط هذه الاتفاقية إلى أن:

(أ) تنقل تلك المواد إلى نطاق سلطة الطرف المتسلم وفقاً لحكم الفقرة (2) من المادة (السابعة) من هذه الاتفاقية.

(ب) يتقرر بالنسبة – إلى المواد النووية – أنها لم تعد قابلة للاستخدام أو الاستعادة عملياً من أجل تحويلها إلى أي شكل قابل للاستخدام في أي نشاط نووي ذي علاقة بناءاً على الإجراءات الوقائية المشار إليها في المادة (العاشرة) من هذه الاتفاقية. كما يقبل الطرفان ما تقرره (IAEA) بمقتضى أحكام إنهاء الإجراءات الوقائية الواردة في اتفاقية الإجراءات الوقائية ذات الصلة والتي تكون (IAEA) طرفاً فيها.

(ج) ما يتم الاتفاق عليه بين الطرفين خلافاً لما ورد أعلاه .

المادة العاشرة

الإجراءات الوقائية

1. إن الالتزام الوارد في المادة (التاسعة) من هذه الاتفاقية يمكن التحقق منه وفقاً لاتفاقية الإجراءات الوقائية بين كل طرف على حدة و(IAEA)، وفي حالة جمهورية كوريا وبموجب الاتفاقية بين حكومة جمهورية كوريا و(IAEA) حول تطبيقات الإجراءات الوقائية فيما يتعلق بالمعاهدة (وثيقة (IAEA) رقم INFCIRC/236) المستكملة بواسطة بروتوكول إضافي، وفي حالة المملكة العربية السعودية، فإنه بموجب الاتفاقية بين المملكة العربية السعودية ووكالة (IAEA) حول تطبيقات الإجراءات الوقائية فيما يتعلق بالمعاهدة (وثيقة (IAEA) رقم INFCIRC/746).

2. إذا تبين لأي من الطرفين – لأي سبب وفي أي وقت – أن (IAEA) لا تباشر إدارة مثل تلك الإجراءات الوقائية في إطار سلطة أحد طرفي الاتفاقية، فإن ذلك الطرف سوف يدخل في اتفاقية مع الطرف الآخر فوراً بما يتوافق مع طرق ومبادئ الإجراءات الوقائية لـ (IAEA) لأجل تطبيقات الإجراءات الوقائية على جميع المواضيع المنقولة وفقاً لهذه الاتفاقية.

المادة الحادية عشرة

الحماية المادية

يتخذ الطرفان الإجراءات المناسبة لتوفير الحماية المادية للمواد النووية والمعدات المنقولة بموجب هذه الاتفاقية والمواد الانشطارية النووية الخاصة المستخدمة في – أو المنتجة من خلال استخدام – المواد النووية والمواد أو المعدات المنقولة بالطريقة نفسها وذلك بمستوى لا يقل عن المستوى المحدد في وثيقة (IAEA) رقم (INFCIRC/225/Rev.5) بالإضافة إلى أي تعديل لاحق يتفق عليه الطرفان.

المادة الثامنة

التخصيب وإعادة المعالجة

1. لا يجوز تخصيب اليورانيوم المنقول على أساس هذه الاتفاقية أو المستخدم في أي معدة منقولة بالطريقة نفسها إلى (20٪) أو أكثر في النظائر(U-235) ما لم يتفق الطرفان على غير ذلك.

2. لا يجوز استخدام المعدة أو التقنية المنقولة بموجب هذه الاتفاقية والمعدة القائمة على مثل تلك التقنية لإنتاج اليورانيوم المخصب إلى (20٪) أو أكثر في النظائر (U-235)، مالم يتفق الطرفان على غير ذلك.

3. لا تجوز إعادة معالجة المواد النووية المنقولة بموجب هذه الاتفاقية والمواد النووية المستخدمة في — أو المنتجة من خلال استخدام — مواد نووية أو معدة منقولة بالطريقة نفسها، مالم يتفق الطرفان على غير ذلك.

المادة التاسعة

منع التطبيقات المتفجرة أو العسكرية

لا يجوز استخدام المواد النووية والمواد والمعدات والتقنية المنقولة وفقاً لهذه الاتفاقية والمواد الانشطارية النووية الخاصة المستخدمة في — أو المنتجة من خلال استخدام — المواد النووية والمواد أو المعدات المنقولة بالطريقة نفسها من أجل بحوث تصنيع الأسلحة النووية أو أي أداة نووية متفجرة أو تطويرها، أو لأجل أي غرض عسكري.

المادة السادسة

المعلومات

1. يمكن للطرفين استخدام أي معلومة متبادلة بكل حرية بما يطابق شروط هذه الاتفاقية، إلا في حالة أن يكون الطرف أو الأشخاص المخول لهم تقديم تلك المعلومة قد وضع قيوداً معروفة أو تحفظات تتعلق باستخدامها وتوزيعها.

2. يتخذ الطرفان جميع الإجراءات المناسبة بموجب قوانينهما ولوائحهما للمحافظة على القيود أو التحفظات المتعلقة باستخدام المعلومات وتوزيعها، ولحماية حقوق الملكية الفكرية وتشمل الأسرار التجارية والصناعية المتناقلة بين الأشخاص المفوضين في نطاق سلطة أي من الطرفين. ولتحقيق أغراض هذه الاتفاقية ، يقصد بـ " الملكية الفكرية " المعنى المنصوص في المادة (2) من اتفاقية تأسيس المنظمة العالمية للملكية الفكرية التي تم التوصل إليها في ستوكهولم يوم 14 يوليو 1967 م وتم تعديلها في 28 سبتمبر 1979 م.

المادة السابعة

النقل وإعادة النقل

1. تنقل المعلومات والمواد النووية والمواد والمعدات والتقنية بموجب هذه الاتفاقية مباشرة بين الطرفين أو عبر الأشخاص المفوضين. ويجب أن يخضع ذلك النقل لهذه الاتفاقية وأي شرط إضافي قد يتفق عليها الطرفان.

2. لا يجوز نقل المواد النووية والمواد والمعدات والتقنية المنقولة بموجب هذه الاتفاقية والمواد الخاصة القابلة للانشطار النووي المنتجة من خلال استخدام أي مواد نووية أو مواد أو معدات إلى أي شخص غير مخول له أو – ما لم يتفق عليه الطرفان كتابة – بما يتعدى نطاق سلطة الطرف المتسلم. ويمكن للطرفين التوصل إلى ترتيب لتسهيل تنفيذ هذا الحكم .

أ ـ تبادل زيارات العلماء والفنيين، وتدريبهم.

ب ـ تبادل المعلومات والبيانات العلمية والتقنية.

ج ـ تنظيم ندوات وحلقات دراسية ومجموعات عمل مشتركة.

د ـ نقل مواد نووية ومواد ومعدات وتقنيات.

هـ ـ تقديم المشورة التقنية والخدمات ذات الصلة.

و ـ تنفيذ البحوث أو المشروعات المشتركة حول موضوعات ذات منفعة متبادلة.

ز ـ أي شكل آخر للتعاون يتفق عليه الطرفان.

المادة الخامسة

الجهات المختصة وترتيبات التنفيذ

1 ـ يكون التعاون في المجالات المحددة في هذه الاتفاقية عبر الجهات المختصة التي اعتمدتها حكومتا البلدين. وقد اعتمدت حكومة المملكة العربية السعودية مدينة الملك عبدالله للطاقة الذرية والمتجددة، واعتمدت حكومة جمهورية كوريا وزارة التعليم والعلوم والتكنولوجيا، و وزارة اقتصاد المعرفة، و لجنة السلامة والأمن النووي.

2 ـ تحدد الجهات المختصة بعد التفاوض فيما بينها تفاصيل التعاون ونطاقه وبنوده وشروطه.

المادة الثالثة

مجالات التعاون

يتعاون الطرفان بموجب هذه الاتفاقية في المجالات الآتية:

(أ) البحوث الأساسية والتطبيقية فيما يتعلق بالاستخدامات السلمية للطاقة النووية وتطويرها.

(ب) بحوث تصميم محطات توليد القوة الكهربائية النووية والمفاعلات النووية الصغيرة ومتوسطة الحجم ومفاعلات البحوث، وتشييدها وتشغيلها وصيانتها وتنميتها.

(ج) تصنيع عناصر الوقود النووي الذي سيستخدم في محطات توليد القوة الكهربائية النووية والمفاعلات النووية الصغيرة ومتوسطة الحجم أو مفاعلات البحوث، والتزويد بها.

(د) دورة الوقود النووي ، وتشمل إدارة النفايات المشعة.

(ه) انتاج النظائر المشعة وتطبيقاتها في الصناعة والزراعة والطب.

(و) السلامة النووية والحماية من الإشعاع وحماية البيئة.

(ز) الضمانات النووية والحماية المادية.

(ح) السياسة النووية وتطوير الموارد البشرية.

(ط) أي مجال آخر يتفق عليه الطرفان.

المادة الرابعة

أشكال التعاون

يمكن تحقيق التعاون في المجالات المذكورة في المادة (الثالثة) من هذه الاتفاقية عبر الأشكال الآتية:

المادة الثانية

تعريف

لأغراض هذه الاتفاقية ، تعني هذه المصطلحات الآتية المعاني المبينة أمامها:

(أ) إرشادات: مجموعة مزودي الطاقة النووية للمنقولات النووية التي نشرتها (IAEA) في التعميم رقم (INFCIRC/254/Rev.9/Part1) بتاريخ 7 نوفمبر 2007 م.

(ب) المعدات: أي تسهيلات أو معدات أو مكونات مدرجة في الملحق (ب) من الإرشادات.

(ج) المواد: المواد غير النووية اللازمة للمفاعلات المدرجة في الملحق (ب) من الإرشادات.

(د) المواد النووية: أي مادة مصدرية أو أي مادة انشطارية خاصة سبق تعريفها في المادة (20) من النظام الأساسي للوكالة الدولية للطاقة الذرية (IAEA). إن أي تحديد لمعنى أو لفظ صادر من مجلس محافظي (IAEA) حول المادة (20) من النظام الأساسي لـ (IAEA) التي عدلت قائمة المواد التي تعد " مواد مصدرية " أو " مواد انشطارية خاصة " ،سيكون ساري المفعول بموجب هذه الاتفاقية عندما يطلع طرفا الاتفاقية أحدهما الآخر كتابة بأنهما قد قبلا ذلك التعديل.

(هـ) الشخص: أي فرد أو مؤسسة أو شركة مساهمة أو شراكة أو شركة أو جمعية أو اتحاد احتكاري أو معهد خاص أو عام أو مجموعة أو وكالة حكومية أو شركة حكومية، ولكن لا يشمل طرفي هذه الاتفاقية.

(و) التقنية : المعلومات المحددة المطلوبة من أجل تطوير أي معدة أو مادة وإنتاجها واستخدامها كما هو مبين في الملحق (أ) من الإرشادات.

إن حكومة المملكة العربية السعودية وحكومة جمهورية كوريا (المشار إليهما فيما بعد بـ " الطرفين ") ؛

إذ تلاحظان أن توظيف الطاقة النووية للأغراض السلمية هو عامل مهم في تعزيز التنمية الاجتماعية والاقتصادية للبلدين ؛

وإذ ترغبان في تقوية علاقات الصداقة القائمة بين البلدين ؛

وإدراكاً منهما بأن كلا البلدين عضو في الوكالة الدولية للطاقة الذرية ويشار إليها فيما بعد بـ (IAEA) وكلاهما عضو في معاهدة عدم انتشار الأسلحة النووية (ويشار إليها لاحقا بـ " المعاهدة ") ؛

وتأكيداً لرغبتهما مجدداً في إعطاء أولوية عليا للسلامة النووية والحماية البيئية في كلا البلدين أثناء تنفيذ برامجهما النووية ؛

وواضعتين نصب أعينهما الرغبة المشتركة لكلا البلدين في توسيع وتقوية التعاون في مجال تطوير وتطبيق الطاقة النووية للأغراض السلمية ؛

قد اتفقتا على الآتي:

المادة الأولى

الغرض

يشجع الطرفان ـ وعلى أساس من المساواة والمنفعة المتبادلة ـ ويعززان التعاون في مجال الاستخدامات السلمية للطاقة النووية وفقاً للقوانين واللوائح الخاصة المعمول بها في البلدين.

[TEXT IN ARABIC – TEXTE EN ARABE]

اتفاقية بين
حكومة جمهورية كوريا
وحكومة المملكة العربية السعودية للتعاون
في مجال الاستخدامات السلمية للطاقة النووية

[TEXT IN ENGLISH – TEXTE EN ANGLAIS]

AGREEMENT BETWEEN
THE GOVERNMENT OF THE REPUBLIC OF KOREA
AND
THE GOVERNMENT OF THE KINGDOM OF SAUDI ARABIA
FOR COOPERATION
IN THE PEACEFUL USES OF NUCLEAR ENERGY

The Government of the Republic of Korea and the Government of the Kingdom of Saudi Arabia (hereinafter referred to as "the Parties");

Noting that the utilization of nuclear energy for peaceful purposes is an important factor in the promotion of the social and economic development of the two countries;

Desiring to strengthen the friendly relations existing between the two countries;

Recognizing that both countries are Member States of the International Atomic Energy Agency (hereinafter referred to as "the IAEA") and parties to the Treaty on the Non-Proliferation of Nuclear Weapons (hereinafter referred to as "the Treaty");

Reaffirming their desire to place the highest priority on nuclear safety and environmental protection in both countries in the course of implementing their nuclear programs; and

Bearing in mind the common desire of both countries to expand and strengthen cooperation in the development and application of nuclear energy for peaceful purposes;

Have agreed as follows:

ARTICLE 1

Purpose

The Parties shall, on the basis of equality and mutual benefit, encourage and promote cooperation in the peaceful uses of nuclear energy, in accordance with their respective applicable laws and regulations.

ARTICLE 2

Definitions

For the purposes of this Agreement, the following terms shall have the meanings assigned thereto:

(a) "Guidelines" means the Nuclear Suppliers Group Guidelines for Nuclear Transfers published by the IAEA as INFCIRC/254/Rev.9/Part1 dated 7 November 2007;

(b) "Equipment" means any facilities, equipment, or components listed in Annex B of the Guidelines;

(c) "Material" means non-nuclear materials for reactors listed in Annex B of the Guidelines;

(d) "Nuclear material" means any source material or any special fissionable material as these terms are defined in Article 20 of the Statute of the IAEA. Any determination for a meaning or term by the Board of Governors of the IAEA on Article 20 of the IAEA Statute, which amends the list of material considered to be "source material" or "special fissionable material", shall have effect under this Agreement when both Parties to this Agreement have informed each other in writing that they accept such an amendment;

(e) "Person" means any individual, establishment, corporation, partnership, company, association, trust, public or private institute, group, governmental agency or corporation but does not include the Parties to this Agreement; and

(f) "Technology" means specific information required for the development, production, or use of any equipment or material as defined in Annex A of the Guidelines.

ARTICLE 3

Areas of Cooperation

Under this Agreement, the Parties shall cooperate in the following fields:

(a) Basic and applied research and development with respect to the peaceful uses of nuclear energy;

(b) Research on design, construction, operation, maintenance and development of nuclear power plants, small and medium-sized nuclear reactors or research reactors;

(c) Manufacture and supply of nuclear fuel elements to be used in nuclear power plants, small and medium-sized nuclear reactors or research reactors;

(d) Nuclear fuel cycle including radioactive waste management;

(e) Production of radioactive isotopes and applications thereof in industry, agriculture and medicine;

(f) Nuclear safety, radiation protection and environmental protection;

(g) Nuclear safeguards and physical protection;

(h) Nuclear policy and human resources development; and

(i) Other areas as may be agreed upon by the Parties.

ARTICLE 4

Forms of Cooperation

Cooperation in fields specified in Article 3 of this Agreement may take the following forms:

(a) Exchange of visits and training of scientists and technicians;

(b) Exchange of scientific and technical information and data;

(c) Organization of joint symposia, seminars and working groups;

(d) Transfer of nuclear material, material, equipment and technology;

(e) Provision of relevant technological consultancy and services;

(f) Execution of joint research or projects on subjects of mutual interest; and

(g) Other forms of cooperation as may be agreed upon by the Parties.

ARTICLE 5

Competent Authorities and Implementing Arrangements

1. Cooperation in the areas provided for in this Agreement shall be through the competent authorities designated by the Parties; the Government of the Republic of

Korea designated the Ministry of Education, Science and Technology, the Ministry of Knowledge Economy and the Nuclear Safety and Security Commission and the Government of the Kingdom of Saudi Arabia designated King Abdullah City for Atomic and Renewable Energy.

2. The competent authorities shall determine, through negotiation, the details, scope, terms and conditions of cooperation.

ARTICLE 6

Information

1. The Parties may without restriction use any information exchanged in conformity with the provisions of this Agreement, except in cases where the Party or authorized persons providing such information have previously made known restrictions or reservations concerning its use and dissemination.

2. The Parties shall take all appropriate measures in accordance with their respective laws and regulations to preserve the restrictions or reservations concerning the use and dissemination of information and to protect intellectual property rights including commercial and industrial secrets transferred between authorized persons within the jurisdiction of either Party. For the purpose of this Agreement, "intellectual property" is understood to have the meaning given in Article 2 of the Convention Establishing the World Intellectual Property Organization, done at Stockholm on 14 July 1967 and as amended on 28 September 1979.

ARTICLE 7

Transfers and Retransfers

1. Information, nuclear material, material, equipment and technology under this Agreement may be transferred directly between the Parties or through authorized persons. Such transfer shall be subject to this Agreement and any additional condition as may be agreed on by the Parties.

2. Nuclear material, material, equipment, and technology transferred pursuant to this Agreement and special fissionable material produced through the use of any such nuclear material, material, or equipment shall not be transferred to an unauthorized person or, unless the Parties agree in writing, beyond the jurisdiction of the receiving Party. An arrangement to facilitate the implementation of this provision may be established by the Parties.

ARTICLE 8

Enrichment and Reprocessing

1. Uranium transferred pursuant to this Agreement or used in any equipment so transferred shall not be enriched to twenty (20) percent or more in the isotope U-235, unless the Parties otherwise agree.

2. Equipment or technology transferred pursuant to this Agreement and equipment based on such technology shall not be used for the production of uranium enriched to twenty (20) percent or more in the isotope U-235, unless the Parties otherwise agree.

3. Nuclear material transferred pursuant to this Agreement and nuclear material used in or produced through the use of nuclear material or equipment so transferred shall not be reprocessed, unless the Parties otherwise agree.

ARTICLE 9

Prohibition of Explosive or Military Applications

Nuclear material, material, equipment and technology transferred pursuant to this Agreement and special fissionable material used in or produced through the use of nuclear material, material, or equipment so transferred shall not be used for research on, development or manufacture of nuclear weapons or any nuclear explosive device, or for any military purpose.

ARTICLE 10
Safeguards

1. The commitment contained in Article 9 of this Agreement shall be verified pursuant to the safeguards agreement between either Party and the IAEA; in the case of the Republic of Korea, pursuant to the Agreement between the Government of the Republic of Korea and the IAEA for the Application of Safeguards in connection with the Treaty (IAEA document INFCIRC/236) as complemented by the additional protocol, and in the case of the Kingdom of Saudi Arabia, pursuant to the Agreement between the Kingdom of Saudi Arabia and the IAEA for the Application of Safeguards in connection with the Treaty (IAEA document INFCIRC/746).

2. If a Party, for any reason or at any time, finds that the IAEA is not administering such safeguards within the jurisdiction of either Party that Party shall forthwith enter into an agreement with the other Party, which conforms to the IAEA safeguards principles and procedures for the application of safeguards to all items transferred pursuant to this Agreement.

ARTICLE 11
Physical Protection

The Parties shall take appropriate measures in order to provide the nuclear material and equipment transferred under this Agreement and special fissionable material used in or produced through the use of nuclear material, material, or equipment so transferred with physical protection at a level not lower than the level set out in the IAEA document INFCIRC/225/Rev.5 and in any subsequent amendments thereto accepted by the Parties.

ARTICLE 12

Nuclear Safety and Environment Protection

The Parties shall consult each other, with regard to activities under this Agreement, to identify safety and international environmental implications arising from such activities and shall cooperate in preventing nuclear accidents arising from nuclear facilities transferred pursuant to this Agreement and in protecting the international environment from radioactive, chemical or thermal contamination arising from such activities under this Agreement.

ARTICLE 13

Duration of Application

1. Nuclear material, material, and equipment shall remain subject to this Agreement until:

   (a) such items have been transferred beyond the jurisdiction of the receiving Party in accordance with the provisions of paragraph 2 of Article 7 of this Agreement;

   (b) in the case of nuclear material, a determination is made that it is no longer usable nor practicably recoverable for processing into a form in which it is usable for any nuclear activity relevant from the point of view of the safeguards referred to in Article 10 of this Agreement. Both Parties shall accept any determination made by the IAEA in accordance with the provisions for the termination of safeguards of the relevant safeguards agreement to which the IAEA is a party; or

   (c) otherwise agreed upon by the Parties.

2. Technology transferred under this Agreement shall remain subject to this Agreement until otherwise agreed upon by the Parties.

ARTICLE 14

Cessation of Cooperation

1. If either Party at any time following entry into force of this Agreement:

(a) does not comply with the provisions of Article 7, 8, 9, 10 or 11; or

(b) terminates or materially violates a safeguards agreement with the IAEA,

the other Party shall have the right to cease further cooperation under this Agreement, to suspend or terminate this Agreement and to require the return of any material, nuclear material and equipment transferred under this Agreement and any special fissionable material produced through the use of nuclear material, material and equipment so transferred.

2. If either Party exercises its rights under this Article to require the return of any material, nuclear material or equipment, it shall, after its removal from the territory of the other Party, reimburse the other Party for the fair market value of such material, nuclear material or equipment.

3. If either Party deems it necessary to exercise the above-mentioned rights under this Article, it shall notify the other Party of the same in writing.

ARTICLE 15

Settlement of Disputes

Any dispute arising out of the interpretation or application of this Agreement shall be settled amicably by negotiations or consultations between the Parties.

ARTICLE 16

Entry into Force, Duration and Termination

1. This Agreement shall enter into force on the date when both Parties, through diplomatic channels, exchange notices confirming completion of internal legal procedures necessary for the entry into force of this Agreement.

2. This Agreement shall remain in force for a period of ten (10) years, and shall be automatically extended for additional periods of five (5) years, unless either Party notifies the other Party, in writing, of its intention to terminate it, six (6) months prior to its expiry.

3. This Agreement may be amended at any time with the written consent of both Parties. Any such amendment shall enter into force in accordance with the procedures stipulated in paragraph 1 of this Article.

4. Notwithstanding the expiration or termination of this Agreement, the obligations contained in Articles 7, 8, 9, 10, 11 and 13 of this Agreement shall remain in force, unless otherwise agreed by the Parties.

IN WITNESS WHEREOF the undersigned, being duly authorized for this purpose by their respective Governments, have signed this Agreement.

Done at Seoul, this fifteenth day of November, 2011, in duplicate, in the Korean, Arabic and English languages, all texts being equally authentic. In case of any divergence of interpretation, the English text shall prevail.

FOR THE GOVERNMENT OF
THE REPUBLIC OF KOREA

FOR THE GOVERNMENT OF
THE KINGDOM OF SAUDI ARABIA

[TEXT IN KOREAN – TEXTE EN CORÉEN]

대한민국 정부와 사우디아라비아왕국 정부 간의 원자력의 평화적 이용에 관한 협력을 위한 협정

대한민국 정부와 사우디아라비아왕국 정부(이하 "당사자"라 한다)는,

원자력의 평화적 목적을 위한 이용이 양국의 사회·경제적 발전 증진의 중요한 요소임에 주목하고,

양국 간 기존의 우호관계를 강화하기를 희망하며,

양국이 국제원자력기구(이하 "IAEA"라 한다)의 회원국이고, 「핵무기의 비확산에 관한 조약」(이하 "조약"이라 한다)의 당사국임을 인식하며,

원자력계획의 이행과정에서 양국에서의 원자력 안전과 환경 보호에 최우선 순위를 부여한다는 그들의 희망을 재확인하고,

원자력의 평화적 목적을 위한 개발과 적용에 있어서 협력을 확대 및 강화하자는 양국의 공통의 희망을 유념하면서,

다음과 같이 합의하였다.

제1조
목적

당사자는 평등과 상호이익에 기초하여 각자의 적용 가능한 법령에 따라 원자력의 평화적 이용에 있어 협력을 장려하고 증진한다.

제2조
정의

이 협정의 목적상, 다음의 표현들은 다음에 부여된 의미를 가진다.

가. "지침"이란 IAEA가 2007년 11월 7일 INFCIRC/254/Rev.9/Part1으로 발간한 원자력 이전에 관한 원자력 공급국그룹 지침을 의미한다.

나. "장비"란 지침의 부속서 "나"에 열거된 모든 시설, 장비 또는 부품을 의미한다.

다. "물질"이란 지침의 부속서 "나"에 열거된 원자로용 비핵물질을 의미한다.

라. "핵물질"이란 IAEA의 헌장 제20조에서 정의된 표현들과 같이 모든 원료물질 또는 특수분열성물질을 의미한다. "원료물질" 또는 "특수분열성물질"로 간주되는 물질 목록을 개정하는 IAEA 이사회의 IAEA 헌장 제20조의 의미나 표현에 대한 어떠한 결정도, 이 협정의 양 당사자가 그러한 개정을 수락한다는 것을 서면으로 상호 통보한 때에만, 이 협정에 대해 효력을 가진다.

마. "자(者)"란 개인, 사업장, 법인, 조합, 회사, 사단, 신탁, 공공 또는 민간 기구, 단체, 정부 기관 또는 공사를 의미하며, 이 협정의 당사자는 이에 포함되지 아니한다. 그리고

바. "기술"이란 지침의 부속서 "가"에서 정의된 모든 장비 또는 물질의 개발, 생산 또는 이용을 위해 필요한 특정 정보를 의미한다.

제3조

협력 분야

이 협정에 따라, 당사자들은 다음의 분야에서 협력한다.

가. 원자력의 평화적 이용에 관한 기초 및 응용 연구와 개발

나. 원자력발전소, 중·소형 원자로 또는 연구용 원자로의 설계에 관한 연구, 건설, 운영, 유지 및 개발

다. 원자력발전소, 중·소형 원자로 또는 연구용 원자로에 사용될 핵연료 요소의 제조 및 공급

라. 방사성폐기물 관리를 포함하는 핵연료주기

마. 방사성동위원소의 생산과 산업·농업 및 의학 분야에서의 응용

바. 원자력 안전, 방사선 방호 및 환경 보호

사. 원자력안전조치 및 물리적 방호

아. 원자력정책 및 인력 개발, 그리고

자. 그 밖에 당사자가 합의하는 분야

제4조
협력 형태

이 협정의 제3조에 구체화된 분야의 협력은 다음의 형태로 수행될 수 있다.

가. 과학자와 기술자의 방문 및 훈련 교환

나. 과학 · 기술 정보 및 자료의 교환

다. 공동 심포지엄, 세미나, 작업반의 조직

라. 핵물질, 물질, 장비 및 기술의 이전

마. 관련 기술에 관한 자문 및 용역의 제공

바. 상호 관심 주제에 대한 공동연구 또는 사업 시행, 그리고

사. 그 밖에 당사자가 합의하는 협력 형태

제5조
권한 있는 당국 및 이행약정

1. 이 협정에 규정된 분야의 협력은 당사자가 지정한 권한 있는 당국에 의해 시행된다. 대한민국 정부는 교육과학기술부, 지식경제부 및 원자력안전위원회를, 사우디아라비아왕국 정부는 킹 압둘라 시 원자력 및 재생에너지원을 지정하였다.

2. 권한 있는 당국은 교섭을 통하여 협력의 세부 사항, 범위, 조건을 정한다.

제6조
정보

1. 당사자는, 정보를 제공하는 당사자 또는 인가받은 자가 그러한 정보의 이용 및 배포에 관한 제한 또는 유보를 사전에 알린 경우를 제외하고는, 이 협정의 규정에 부합되게 교환된 그 어떤 정보도 제한 없이 이용할 수 있다.

2. 당사자는 정보의 이용 및 배포에 관한 제한 또는 유보를 준수하고 어느 한쪽 당사자의 관할권 내에서 인가받은 자 간에 이전되는 상업적 · 산업적 비밀을 포함한 지식재산권을 보호하기 위하여 각자의 법령에 따라 적절한 모든 조

치를 한다. 이 협정의 목적상 "지식재산권"이란 1967년 7월 14일 스톡홀름에서 서명되고 1979년 9월 28일 개정된 「세계지적소유권기구」 제2조에서 규정된 의미를 가지는 것으로 이해된다.

제7조
이전 및 재이전

1. 이 협정에 따른 정보, 핵물질, 물질, 장비 및 기술은 당사자 간 직접 또는 인가받은 자를 통하여 이전될 수 있다. 그러한 이전은 이 협정 및 당사자가 합의하는 추가적 조건의 적용을 받는다.

2. 이 협정에 따라 이전된 핵물질·물질·장비 및 기술과 그러한 핵물질·물질 또는 장비를 이용하여 생산된 특수분열성물질은 인가받지 않은 자에게 이전되지 아니하며, 당사자가 서면으로 합의하지 아니하는 한 이전 받은 당사자의 관할권 밖으로 이전되지 아니한다. 당사자는 이 규정의 이행을 원활하게 하기 위하여 약정을 체결할 수 있다.

제8조
농축 및 재처리

1. 이 협정에 따라 이전된 또는 그렇게 이전된 모든 장비에서 이용된 우라늄은 당사자가 달리 합의하지 아니하는 한 U-235 동위원소 20% 또는 그 이상으로 농축되지 아니한다.

2. 이 협정에 따라 이전된 장비 또는 기술 및 그러한 기술에 근거한 장비는 당사자가 달리 합의하지 아니하는 한 U-235 동위원소 20% 또는 그 이상의 농축 우라늄의 생산을 위하여 이용되지 아니한다.

3. 이 협정에 따라 이전된 핵물질 및 그렇게 이전된 핵물질 또는 장비에서 이용되거나 이를 이용하여 생산된 핵물질은 당사자가 달리 합의하지 아니하는 한 재처리되지 아니한다.

제9조
폭발 또는 군사적 이용의 금지

이 협정에 따라 이전된 핵물질 · 물질 · 장비 · 기술 및 그렇게 이전된 핵물질 · 물질 · 장비에서 이용되거나 이를 이용하여 생산된 특수분열성물질은 핵무기 또는 핵폭발장치의 연구 · 개발 · 제조 또는 그 어떤 군사적 목적을 위해서도 이용되지 아니한다.

제10조
안전조치

1. 이 협정 제9조에 규정된 의무는 어느 한쪽 당사자와 IAEA 간의 안전조치협정에 따라 검증된다. 대한민국의 경우에는 추가의정서에 의하여 보완된 「대한민국 정부와 국제원자력기구 간의 조약에 관련된 안전조치의 적용을 위한 협정」(IAEA 문서 INFCIRC/236)에 의하고, 사우디아라비아왕국의 경우에는 「사우디아라비아왕국 정부와 국제원자력기구 간의 조약에 관련된 안전조치의 적용을 위한 협정」(IAEA 문서 INFCIRC/746)에 의한다.

2. 만약 한쪽 당사자가, 사유 또는 시기를 불문하고, IAEA가 어느 한쪽 당사자의 관할권 내에서 그러한 안전조치를 시행하지 아니하는 것을 발견한 경우, 그 당사자는 이 협정에 따라 이전되는 모든 품목에 대한 안전조치의 적용을 위하여 IAEA의 안전조치 원칙 및 절차에 부합되는 협정을 다른 쪽 당사자와 즉시 체결한다.

제11조
물리적 방호

당사자는 이 협정에 따라 이전된 핵물질 및 장비와 그렇게 이전된 핵물질, 물질 또는 장비에서 이용되거나 이를 이용하여 생산된 특수핵분열물질에 대하여 IAEA의 문서 INFCIRC/225/Rev.5 및 당사자에 의하여 수락된 그 후속 개정에 설정된 수준 보다 낮지 않은 수준의 물리적 방호를 제공하기 위하여 적절한 조치를 한다.

제12조

원자력 안전 및 환경 보호

당사자는 이 협정에 따른 활동과 관련하여 그러한 활동으로부터 발생하는 안전 및 국제환경에 대한 영향을 확인하기 위하여 상호 협의하며, 이 협정에 따라 이전된 원자력시설로부터 발생하는 원자력 사고를 방지하고 이 협정상의 활동으로부터 발생하는 방사능, 화학 또는 열 오염으로부터 국제 환경을 보호하기 위하여 협력한다.

제13조

적용 기간

1. 핵물질, 물질 및 장비는 아래의 시점까지 이 협정의 적용을 받는다.
   가. 그러한 품목이 이 협정 제7조제2항의 규정에 따라 이전받은 당사자의 관할권 밖으로 이전될 때까지
   나. 핵물질의 경우, 핵물질을 이 협정 제10조에 언급된 안전조치의 관점에서 적절한 모든 원자력 활동에 이용할 수 있는 형태로의 가공처리에 더 이상 이용할 수 없고 실질적으로 재생할 수 없다는 결정이 내려질 때까지. 양 당사자는 IAEA가 당사자인 관련 안전조치협정의 안전조치의 종료 규정에 따라 IAEA가 내린 모든 결정을 수락한다. 또는
   다. 당사자가 달리 합의할 때까지

2. 이 협정에 따라 이전된 기술은 당사자가 달리 합의할 때까지는 이 협정의 적용을 받는다.

제14조

협력 중지

1. 이 협정의 발효 이후 언제든지 어느 한쪽 당사자가 다음에 해당하는 경우,
   가. 제7조, 제8조, 제9조, 제10조 또는 제11조의 규정을 준수하지 않는 경우, 또는

나. IAEA와 체결한 안전조치협정을 종료하거나 현저히 위반하는 경우

다른 쪽 당사자는 이 협정에 따른 추가적 협력을 중지할 권리, 이 협정을 정지 또는 종료시킬 권리 및 이 협정에 따라 이전된 모든 물질 · 핵 물질 · 장비와 그렇게 이전된 핵물질 · 물질 · 장비를 이용하여 생산된 모든 특수분열성 물질의 반환을 요구할 권리를 가진다.

2. 어느 한쪽 당사자가 이 조항에 따라 물질, 핵물질 또는 장비의 반환을 요구하는 권리를 행사하는 경우, 그 당사자는 그러한 물질, 핵물질 또는 장비를 다른 쪽 당사자의 영역으로부터 이전한 후 적정한 시장가치를 반영하여 다른 쪽 당사자에게 보상한다.

3. 만약 어느 한쪽 당사자가 이 조항에 따라 상기에서 언급된 권리를 행사할 필요가 있다고 간주하는 경우, 이를 다른 쪽 당사자에게 서면으로 통보한다.

제 15 조

분쟁 해결

이 협정의 해석 또는 적용으로부터 발생하는 모든 분쟁은 당사자 간의 교섭 또는 협의를 통하여 우호적으로 해결한다.

제16조

발효, 유효기간 및 종료

1. 이 협정은 양 당사자가 외교 경로를 통하여 이 협정의 발효를 위해 필요한 국내적 법적 절차를 완료하였음을 확인하는 통지를 교환하는 날에 발효한다.

2. 이 협정은 10년간 유효하며, 어느 한 쪽 당사자가 협정 만료 6개월 이전에 다른 쪽 당사자에게 이 협정을 종료한다는 의사를 서면으로 통보하지 아니하는 한, 추가적으로 5년마다 자동적으로 연장된다.

3. 이 협정은 언제든지 양 당사자의 서면 동의에 의하여 개정될 수 있다. 그러한 개정은 이 조 제1항에 규정된 절차에 따라 발효한다.

4. 이 협정의 만료 또는 종료에도 불구하고, 이 협정의 제7조, 제8조, 제9조, 제10조, 제11조 및 제13조에 포함된 의무는 당사자가 달리 합의하지 아니하는 한 계속 유효하다.

이상의 증거로, 아래 서명자는 그들 각자의 정부로부터 정당하게 권한을 위임받아 이 협정에 서명하였다.

2011년 11월 15일 서울에서 동등하게 정본인 한국어, 아랍어 및 영어로 각 2부씩 작성하였다. 해석상의 차이가 있을 경우에는 영어본이 우선한다.

대한민국 정부를 대표하여

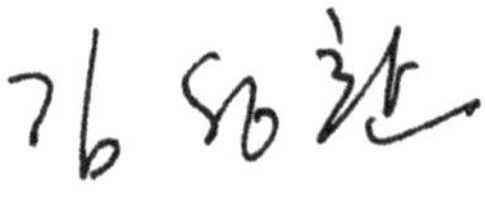

사우디아라비아왕국 정부를 대표하여

[TRANSLATION – TRADUCTION]

ACCORD DE COOPÉRATION ENTRE LE GOUVERNEMENT DE LA RÉPUBLIQUE DE CORÉE ET LE GOUVERNEMENT DU ROYAUME D'ARABIE SAOUDITE EN MATIÈRE D'UTILISATION DE L'ÉNERGIE NUCLÉAIRE À DES FINS PACIFIQUES

Le Gouvernement de la République de Corée et le Gouvernement du Royaume d'Arabie saoudite (ci-après dénommés « Parties »),

Notant que l'utilisation de l'énergie nucléaire à des fins pacifiques est un facteur important de la promotion du développement social et économique des deux pays,

Désireux de renforcer les liens d'amitié qui existent entre les deux pays,

Reconnaissant que les deux pays sont des États Membres de l'Agence internationale de l'énergie atomique (ci-après dénommée « AIEA ») et parties au Traité sur la non-prolifération des armes nucléaires (ci-après dénommé « Traité »),

Réaffirmant leur désir d'accorder la plus haute priorité à la sûreté nucléaire et à la protection de l'environnement dans les deux pays dans le cadre de la mise en œuvre de leurs programmes nucléaires, et

Gardant à l'esprit le désir commun à leurs deux pays d'élargir et de renforcer la coopération en matière de production et d'utilisation de l'énergie nucléaire à des fins pacifiques,

Sont convenus de ce qui suit :

Article premier. Objectif

Les Parties, sur la base des principes d'égalité et d'intérêt mutuel, encouragent et facilitent la coopération en matière d'utilisation de l'énergie nucléaire à des fins pacifiques, conformément à leurs lois et règlements respectifs applicables.

Article 2. Définitions

Aux fins du présent Accord, les termes suivants ont le sens indiqué ci-après :

a) Le terme « Directives » désigne les Directives du Groupe des fournisseurs nucléaires relatives aux transferts d'articles nucléaires publiées par l'AIEA sous la cote INFCIRC/254/Rev.9/Part1 et datées du 7 novembre 2007 ;

b) Le terme « équipement » désigne les installations, le matériel ou les composants énumérés à l'annexe B des Directives ;

c) Le terme « matière » désigne les matières non nucléaires utilisées pour les besoins des réacteurs qui sont énumérées à l'annexe B des Directives ;

d) L'expression « matière nucléaire » désigne toute matière brute ou tout produit fissile spécial, tels qu'ils sont définis à l'article XX du Statut de l'AIEA. Toute décision du Conseil des gouverneurs de l'AIEA relative à l'article XX du Statut de l'AIEA qui modifie la liste des matières considérées comme des « matières brutes » ou des « produits fissiles spéciaux » n'entre en vigueur dans le cadre du présent Accord qu'une fois que chacune des Parties a informé l'autre par écrit qu'elle acceptait cette modification ;

e) Le terme « personne » désigne les personnes physiques, sociétés de capitaux, sociétés de personnes, compagnies, associations, fiducies, instituts publics ou privés, groupes, organismes publics ou sociétés publiques, mais ne comprend pas les Parties au présent Accord ; et

f) Le terme « technologie » désigne les informations particulières nécessaires à la mise au point, à la production ou à l'utilisation des équipements et des matières définis à l'annexe A des Directives.

Article 3. Domaines de coopération

Dans le cadre du présent Accord, les Parties coopèrent dans les domaines suivants :

a) La recherche fondamentale et appliquée ainsi que le développement en matière d'utilisation de l'énergie nucléaire à des fins pacifiques ;

b) La recherche concernant la conception, la construction, l'exploitation, l'entretien et le développement des centrales nucléaires, des petits et moyens réacteurs nucléaires ou des réacteurs de recherche ;

c) La fabrication et la fourniture d'éléments combustibles nucléaires destinés à être utilisés dans les centrales nucléaires, les petits et moyens réacteurs nucléaires ou les réacteurs de recherche ;

d) Le cycle du combustible nucléaire, y compris la gestion des déchets radioactifs ;

e) La production d'isotopes radioactifs et leurs applications dans les domaines de l'industrie, de l'agriculture et de la médecine ;

f) La sûreté nucléaire, la radioprotection et la protection de l'environnement ;

g) Les garanties nucléaires et la protection physique ;

h) La politique nucléaire et le développement des ressources humaines ; et

i) D'autres domaines convenus d'un commun accord par les Parties.

Article 4. Formes de coopération

La coopération dans les domaines visés à l'article 3 du présent Accord peut prendre les formes suivantes :

a) L'échange de visites et la formation de scientifiques et de techniciens ;

b) L'échange d'informations et de données et renseignements scientifiques et techniques ;

c) L'organisation de symposiums, de colloques et de groupes de travail conjoints ;

d) Le transfert de matières nucléaires, de matières, d'équipements et de technologies ;

e) La fourniture de conseils et de services technologiques appropriés ;

f) La réalisation de travaux de recherche ou de projets conjoints sur des sujets d'intérêt commun ; et

g) D'autres formes de coopération convenues d'un commun accord par les Parties.

Article 5. Autorités compétentes et accords de mise en œuvre

1. La coopération dans les domaines prévus par le présent Accord se fait par l'intermédiaire des autorités compétentes désignées par les Parties ; le Gouvernement de la République de Corée a désigné le Ministère de l'éducation, des sciences et de la technologie, le Ministère de l'économie de la connaissance et la Commission pour la sûreté et la sécurité nucléaires et le Gouvernement du Royaume d'Arabie saoudite a désigné la Cité du Roi Abdallah pour l'énergie nucléaire et renouvelable.

2. Les autorités compétentes déterminent, par voie de négociations, les détails, la portée et les conditions de la coopération.

Article 6. Informations

1. Les Parties peuvent librement utiliser les informations échangées conformément aux dispositions du présent Accord, sauf dans les cas où la Partie ou les personnes autorisées qui les ont fournies ont préalablement notifié à la Partie destinataire des restrictions ou réserves concernant leur utilisation et leur diffusion.

2. Les Parties prennent toutes les mesures appropriées dans le cadre de leurs lois et règlements respectifs afin de respecter les restrictions et réserves concernant l'utilisation et la diffusion des informations et de protéger les droits de propriété intellectuelle, y compris les secrets commerciaux et industriels transférés entre personnes autorisées relevant de la compétence de l'une ou l'autre des Parties. Aux fins du présent Accord, l'expression « propriété intellectuelle » a le sens que lui attribue l'article 2 de la Convention instituant l'Organisation mondiale de la propriété intellectuelle, faite à Stockholm le 14 juillet 1967 et telle qu'amendée le 28 septembre 1979.

Article 7. Transferts et retransferts

1. Les transferts d'informations, de matières nucléaires, de matières, d'équipements et de technologies en vertu du présent Accord peuvent s'effectuer directement entre les Parties ou par l'intermédiaire de personnes autorisées. Ces transferts sont soumis au présent Accord ainsi qu'à toute condition supplémentaire définie d'un commun accord par les Parties.

2. Les matières nucléaires, matières, équipements et technologies transférés en application du présent Accord et les produits fissiles spéciaux qui sont produits par l'utilisation de ces matières nucléaires, matières et équipements ne peuvent être transférés à une personne non autorisée ni, à moins que les Parties n'en conviennent par écrit, hors du territoire de la Partie destinataire. Les Parties peuvent établir un arrangement visant à faciliter la mise en œuvre de la présente disposition.

Article 8. Enrichissement et retraitement

1. L'uranium transféré en application du présent Accord ou utilisé dans tout équipement ainsi transféré ne peut être enrichi en isotope U-235 à un taux supérieur ou égal à 20 %, sauf si les Parties en conviennent autrement.

2. Les équipements ou technologies transférés en application du présent Accord et les équipements fondés sur ces technologies ne peuvent être utilisés pour produire de l'uranium enrichi en isotope U-235 à un taux supérieur ou égal à 20 %, sauf si les Parties en conviennent autrement.

3. Les matières nucléaires transférées en application du présent Accord et celles qui sont utilisées dans des matières nucléaires ou des équipements ainsi transférés ou sont produites à l'aide de ces matières nucléaires et équipements ne peuvent être retraitées, sauf si les Parties en conviennent autrement.

Article 9. Interdiction de l'utilisation à des fins militaires ou pour la fabrication d'explosifs

Les matières nucléaires, matières, équipements et technologies transférés en application du présent Accord et les produits fissiles spéciaux qui sont utilisés dans des matières nucléaires, matières ou équipements ainsi transférés ou sont produits à l'aide de ces matières nucléaires, matières et équipements ne peuvent être utilisés pour faire de la recherche sur les armes nucléaires ou les dispositifs explosifs nucléaires, ni pour les mettre au point ou les fabriquer, ni à des fins militaires.

Article 10. Garanties

1. Le respect de l'engagement énoncé à l'article 9 du présent Accord est vérifié conformément à l'accord de garanties conclu entre chacune des Parties et l'AIEA ; dans le cas de la République de Corée, conformément à l'Accord entre le Gouvernement de la République de Corée et l'AIEA relatif à l'application de garanties dans le cadre du Traité (document INFCIRC/236 de l'AIEA), tel que complété par le protocole additionnel, et, dans le cas du Royaume d'Arabie saoudite, conformément à l'Accord entre le Royaume d'Arabie saoudite et l'AIEA relatif à l'application de garanties dans le cadre du Traité (document INFCIRC/746 de l'AIEA).

2. Si une Partie estime, pour une raison quelconque ou à un moment quelconque, que l'AIEA n'applique pas ces garanties sur le territoire relevant de la compétence de l'une ou l'autre Partie, cette Partie conclut immédiatement avec l'autre Partie un accord conforme aux principes et aux procédures du système de garanties de l'AIEA pour assurer l'application de garanties à tous les articles transférés en vertu du présent Accord.

Article 11. Protection physique

Les Parties prennent les mesures appropriées pour assurer aux matières nucléaires et aux équipements transférés dans le cadre du présent Accord ainsi qu'aux produits fissiles spéciaux utilisés dans ces matières nucléaires, matières ou équipements ou produits au moyen de ces matières nucléaires, matières ou équipements une protection physique d'un niveau au moins égal à celui qui est fixé dans le document INFCIRC/225/Rev.5 de l'AIEA et dans toute version modifiée de ce document acceptée par les Parties.

Article 12. Sûreté nucléaire et protection de l'environnement

Les Parties se consultent au sujet des activités visées par le présent Accord pour déterminer les incidences de ces activités sur la sûreté et sur l'environnement international et coopèrent en vue de prévenir les accidents nucléaires qui pourraient résulter d'installations nucléaires transférées en application du présent Accord, ainsi que de protéger l'environnement international contre la pollution radioactive, chimique ou thermique résultant desdites activités menées dans le cadre du présent Accord.

Article 13. Durée d'application

1. Les matières nucléaires, matières et équipements restent soumis au présent Accord :

   a) Jusqu'à ce qu'ils soient transférés hors du territoire relevant de la compétence de la Partie destinataire conformément aux dispositions du paragraphe 2 de l'article 7 du présent Accord ;

   b) Dans le cas des matières nucléaires, jusqu'à ce qu'il soit décidé qu'elles ne sont plus utilisables ni récupérables en pratique pour être transformées sous une forme permettant de les utiliser pour mener des activités nucléaires présentant une utilité du point de vue des garanties visées à l'article 10 du présent Accord. Les deux Parties acceptent toute décision prise par l'AIEA conformément aux dispositions régissant la levée des garanties dans l'accord de garanties pertinent auquel l'AIEA est partie ;

   c) Ou jusqu'à ce que les Parties en conviennent autrement.

2. Les technologies transférées dans le cadre du présent Accord demeurent soumises au présent Accord tant que les Parties n'en conviennent pas autrement.

Article 14. Arrêt de la coopération

1. Si, à un moment quelconque après l'entrée en vigueur du présent Accord, l'une des Parties :

   a) Ne respecte pas les dispositions des articles 7, 8, 9, 10 ou 11 ; ou

   b) Dénonce un accord de garanties conclu avec l'AIEA ou enfreint des dispositions substantielles d'un tel accord ;

l'autre Partie a le droit de mettre fin à la coopération menée dans le cadre du présent Accord, de suspendre ou de dénoncer le présent Accord et d'exiger la restitution des matières, matières nucléaires et équipements transférés dans le cadre du présent Accord ainsi que celle des produits fissiles spéciaux produits à l'aide des matières nucléaires, matières et équipements ainsi transférés.

2. Si l'une des Parties exerce les droits que lui confère le présent article d'exiger la restitution de toute matière, de toute matière nucléaire ou de tout équipement, elle rembourse à l'autre Partie la juste valeur marchande de ces matières, matières nucléaires ou équipements après leur enlèvement du territoire de l'autre Partie.

3. Si l'une des Parties juge nécessaire d'exercer les droits susmentionnés dans le présent article, elle informe l'autre Partie de cette décision par écrit.

Article 15. Règlement des différends

Tout différend résultant de l'interprétation ou de l'application du présent Accord est réglé à l'amiable par voie de négociations ou de consultations entre les Parties.

Article 16. Entrée en vigueur, durée et dénonciation

1. Le présent Accord entre en vigueur à la date à laquelle les deux Parties s'informent mutuellement, par la voie diplomatique, qu'elles ont accompli les procédures juridiques internes nécessaires à cet effet.

2. Le présent Accord demeure en vigueur pendant une période de 10 ans et est ensuite reconduit tacitement pour des périodes supplémentaires de cinq ans, à moins que l'une des Parties n'informe l'autre Partie par écrit, six mois avant la date d'expiration de l'Accord, de son intention de le dénoncer.

3. Le présent Accord peut être amendé à tout moment si les deux Parties y consentent par écrit. Les amendements entrent en vigueur conformément aux procédures énoncées au paragraphe 1 du présent article.

4. Nonobstant l'expiration ou la dénonciation du présent Accord, les obligations contenues dans ses articles 7, 8, 9, 10, 11 et 13 demeurent en vigueur, sauf si les Parties en conviennent autrement.

EN FOI DE QUOI, les soussignés, à ce dûment autorisés par leurs Gouvernements respectifs, ont signé le présent Accord.

FAIT à Séoul, le 15 novembre 2011, en double exemplaire en langues coréenne, arabe et anglaise, tous les textes faisant également foi. En cas de divergence d'interprétation, le texte anglais prévaut.

Pour le Gouvernement de la République de Corée :

[KIM SUNG-HWAN]

Pour le Gouvernement du Royaume d'Arabie saoudite :

[HASHIM BEN ABDOULLAH YAMANI]

No. 54044

Republic of Korea
and
Sierra Leone

Agreement between the Government of the Republic of Korea and the Government of the Republic of Sierra Leone concerning a loan from the Economic Development Cooperation Fund for the Freetown City Administrative Complex Project. Freetown, 8 October 2013

Entry into force: *8 October 2013 by signature, in accordance with article 9*

Authentic text: *English*

Registration with the Secretariat of the United Nations: *Republic of Korea, 10 November 2016*

Not published in print, in accordance with article 12(2) of the General Assembly regulations to give effect to Article 102 of the Charter of the United Nations, as amended, and the publication practice of the Secretariat.

République de Corée
et
Sierra Leone

Accord entre le Gouvernement de la République de Corée et le Gouvernement de la République de Sierra Leone concernant un prêt du Fonds de coopération au développement économique pour le Projet de complexe administratif dans la ville de Freetown. Freetown, 8 octobre 2013

Entrée en vigueur : *8 octobre 2013 par signature, conformément à l'article 9*

Texte authentique : *anglais*

Enregistrement auprès du Secrétariat de l'Organisation des Nations Unies : *République de Corée, 10 novembre 2016*

Non disponible en version imprimée, conformément au paragraphe 2 de l'article 12 du règlement de l'Assemblée générale destiné à mettre en application l'Article 102 de la Charte des Nations Unies, tel qu'amendé, et à la pratique du Secrétariat en matière de publication.

No. 54045

Republic of Korea
and
Solomon Islands

Framework Agreement on grant aid between the Government of the Republic of Korea and the Government of Solomon Islands. Honiara, 12 March 2012

Entry into force: *12 March 2012 by signature, in accordance with article 10*

Authentic texts: *English and Korean*

Registration with the Secretariat of the United Nations: *Republic of Korea, 10 November 2016*

Not published in print, in accordance with article 12(2) of the General Assembly regulations to give effect to Article 102 of the Charter of the United Nations, as amended, and the publication practice of the Secretariat.

République de Corée
et
Îles Salomon

Accord cadre d'aide sous forme de subventions entre le Gouvernement de la République de Corée et le Gouvernement des Îles Salomon. Honiara, 12 mars 2012

Entrée en vigueur : *12 mars 2012 par signature, conformément à l'article 10*

Textes authentiques : *anglais et coréen*

Enregistrement auprès du Secrétariat de l'Organisation des Nations Unies : *République de Corée, 10 novembre 2016*

Non disponible en version imprimée, conformément au paragraphe 2 de l'article 12 du règlement de l'Assemblée générale destiné à mettre en application l'Article 102 de la Charte des Nations Unies, tel qu'amendé, et à la pratique du Secrétariat en matière de publication.

No. 54046

Republic of Korea and Solomon Islands

Framework Arrangement on grant aid for the year 2013 between the Government of the Republic of Korea and the Government of Solomon Islands. Honiara, 25 June 2013

Entry into force: *25 June 2013 by signature, in accordance with article 4*

Authentic texts: *English and Korean*

Registration with the Secretariat of the United Nations: *Republic of Korea, 10 November 2016*

Not published in print, in accordance with article 12(2) of the General Assembly regulations to give effect to Article 102 of the Charter of the United Nations, as amended, and the publication practice of the Secretariat.

République de Corée et Îles Salomon

Arrangement cadre d'aide sous forme de subventions pour l'année 2013 entre le Gouvernement de la République de Corée et le Gouvernement des Îles Salomon. Honiara, 25 juin 2013

Entrée en vigueur : *25 juin 2013 par signature, conformément à l'article 4*

Textes authentiques : *anglais et coréen*

Enregistrement auprès du Secrétariat de l'Organisation des Nations Unies : *République de Corée, 10 novembre 2016*

Non disponible en version imprimée, conformément au paragraphe 2 de l'article 12 du règlement de l'Assemblée générale destiné à mettre en application l'Article 102 de la Charte des Nations Unies, tel qu'amendé, et à la pratique du Secrétariat en matière de publication.

No. 54047

Republic of Korea
and
Spain

Treaty between the Republic of Korea and the Kingdom of Spain concerning mutual legal assistance in criminal matters. Seoul, 23 March 2009

Entry into force: *1 December 2012, in accordance with article 24*

Authentic texts: *English, Korean and Spanish*

Registration with the Secretariat of the United Nations: *Republic of Korea, 10 November 2016*

République de Corée
et
Espagne

Traité entre la République de Corée et le Royaume d'Espagne relatif à l'entraide judiciaire en matière pénale. Séoul, 23 mars 2009

Entrée en vigueur : *1er décembre 2012, conformément à l'article 24*

Textes authentiques : *anglais, coréen et espagnol*

Enregistrement auprès du Secrétariat de l'Organisation des Nations Unies : *République de Corée, 10 novembre 2016*

[TEXT IN ENGLISH – TEXTE EN ANGLAIS]

TREATY BETWEEN THE REPUBLIC OF KOREA AND THE KINGDOM OF SPAIN CONCERNING MUTUAL LEGAL ASSISTANCE IN CRIMINAL MATTERS

The Republic of Korea and the Kingdom of Spain (hereinafter referred to as "the Parties");

Desiring to maintain and strengthen the links that unite both countries;

Wishing to establish a more effective collaboration between the two States in the prevention, the investigation and the prosecution of criminal offences, particularly in the fight against organised crime and terrorism

Desiring to improve coordination and reciprocal assistance in criminal matters between the two States, pursuant to the domestic laws and regulations thereof;

Have agreed as follows:

PART I
GENERAL PROVISIONS

ARTICLE 1
SCOPE OF APPLICATION

1. The purpose of this Treaty is to regulate mutual legal assistance between the competent authorities of both Parties, in relation to matters of a criminal nature.

2. In accordance with the provisions of this Treaty and their respective national laws and regulations, the Parties shall provide each other with the widest form possible of legal assistance in the prevention, investigation and prosecution of criminal offences and any activities, punishment of which at the time of the request for assistance, falls within the jurisdiction of the judicial authority of the requesting Party.

3. Likewise, assistance shall be provided pursuant to the present Treaty in relation to criminal offences violating the laws pertaining to taxes, custom duties, exchange controls and other fiscal matters.

4. This Treaty shall not be applicable to:

a) the arrest of persons for extradition purposes or to extradition requests;
b) the execution of criminal court rulings, including the transfer of sentenced persons;
c) direct assistance to individuals or private persons or third States.

5. Assistance may be provided regardless of whether the conduct concerned would not constitute a criminal offence pursuant to the laws of the requested Party.

ARTICLE 2
CENTRAL AUTHORITIES

1. Each Party shall appoint a Central Authority to be responsible for sending and receiving directly the requests for assistance, pursuant to this Treaty.

2. The Korean Central Authority shall be the Minister of Justice. The Spanish Central Authority shall be the Ministry of Justice. Either Party may change the Central Authority appointed, and shall inform the other of the change through diplomatic channels.

3. The Central Authority shall communicate through diplomatic channels or directly with each other for the purpose of this Treaty.

ARTICLE 3
SCOPE OF THE ASSISTANCE

1. Assistance shall include:
   a) locating and identifying of persons;
   b) effecting serving of judicial documents;
   c) obtaining of evidence, including bills of exchange, documents or archives;
   d) the execution of search and seizure requests;
   e) obtaining of witness and expert evidence, as well as evidence from the accused, either directly or by video conference;

f) the serving of notices to witnesses, experts and the accused for the purpose of appearing voluntarily to assist the requesting Party;
g) carrying out the temporary transfer of detained persons with the aim of providing assistance to the requesting Party;
h) the search, freezing, confiscation and seizure of proceeds of crime and the instruments used to such ends;
i) the delivery of goods, including the return of objects and the loan of evidence to be produced in court;
j) the exchange of information referring to the criminal records and prior convictions of citizens of the requesting Party;
k) any other form of assistance under this Treaty not contrary to the legislation of the requested Party.

2. Except in the case foreseen in Article 13, this Treaty does not empower the authorities of the requesting Party to carry out in the territory of the requested Party functions which, pursuant to the legal system of the latter, are reserved to its own authorities.

ARTICLE 4
REFUSAL OF ASSISTANCE

1. The requested Party may refuse the assistance requested in the following cases:
    a) the request refers to an offence of a political nature. To such ends, terrorist crimes and any other offences that the requested Party may consider excluded from this category pursuant to any international agreement to which both Parties have acceded, shall not be construed as "political crimes"
    b) in the case the request refers to an offence classed by the requested State as exclusively military offences;
    c) if the execution may prejudice its sovereignty, security, public order or other essential public interests;
    d) if there are substantial grounds to believe that the request for assistance has been made for the purpose of investigating or prosecuting a person for reason of his race, religion, nationality, ethnic origin, political opinions, sex

or any other personal or social circumstance or with the intention of subjecting that person to any form of discrimination whatsoever or if such a person's situation may be prejudiced due to any of these reasons;

e) if the request for assistance refers to the indictment of a person for an offence for which he was convicted, acquitted, or pardoned in the requested Party or which he can no longer be brought to trial for by virtue of the statute of limitations if such a criminal offence has been committed within the jurisdiction of the requested Party;

f) in the case of requests implying coercive measures, if the acts or omissions alleged are not classed as a criminal offence, pursuant to the legislation of the requested Party.

2. The requested Party shall also refuse the assistance if the request refers to a criminal offence punished with the death penalty in the territory of the requesting Party but for which, in the territory of the requested Party the death penalty is not imposed or is generally not applied, unless the requesting Party were to provide guarantees, deemed sufficient by the requested Party, that the death penalty shall not be imposed or that, if imposed, it shall not be carried out.

3. The requested Party may refuse assistance if the requesting Party is unable to comply with the conditions imposed concerning confidentiality or any limitation regarding use of the material furnished under the terms of Article 9.

4. The requested Party may postpone the assistance if execution of the request could interfere with an ongoing investigation or proceeding in the requested Party.

5. Prior to refusing or postponing assistance pursuant to this Article, the requested Party, through its Central Authority:

a) shall promptly inform the requesting Party of the reasons for the refusal or postponement; and

b) shall consult with the requesting Party to determine whether the assistance can be offered within the time frame and under the conditions deemed necessary by the requested Party.

6. If the requesting Party accepts that assistance be executed within the time frame and under the conditions laid down as per paragraph 6(b), such time frame and conditions must be honoured.

PART II
PROCEDURE AND EXECUTION OF REQUESTS

ARTICLE 5
AUTHORITIES COMPETENT TO REQUEST ASSISTANCE

Under this Treaty, the authorities of the requested Party which, in accordance with its legal system, have the authority to investigate and prosecute crimes, shall be considered the competent authorities for the issue of requests for assistance.

ARTICLE 6
REQUEST FORMAT

1. Requests for assistance shall be made in writing and bear the signature of the competent authority. However, in the event of an emergency, requests may be transmitted via fax, electronic mail or by any other means providing written proof of their content. Confirmation of the said requests must be confirmed with the original document within 10 days of their transmission.

2. Requests for assistance and all documents attached thereto shall be accompanied by a translation into the language of the requested Party or into English.

ARTICLE 7
CONTENT OF THE REQUEST

1. Requests for assistance shall contain the following information:
    a) the name of the authority conducting the investigation, actions or proceeding to which the request relates;

b) a description of the subject matter and nature of the investigation, proceeding or inquiry including a summary of the specific offence involved;

c) as detailed a description as possible of the evidence, information or any other type of assistance being requested;

d) a statement of the purpose for which evidence, information or any other type of assistance is being requested and their connection with the facts being investigated;

e) a statement or text of the relevant laws on which the investigation or proceeding is based.

2. Where appropriate, requests for assistance may include:

a) information regarding the identity and whereabouts of the person who is the subject of the assistance requested;

b) a description of the relationship that the said person has with the investigation or proceeding and, if relevant, an indication of the form in which notification is to be served or statement taken;

c) a list of questions to be asked of the witness or a detailed description of the matter concerning which the witness is to be interrogated;

d) information concerning expenses and compensation to which the person appearing in the requesting State is entitled;

e) a detailed description of the place or the person to be searched, the objects to be seized and of the assets liable to confiscation or seizure;

f) requirements concerning the confidentiality of the request;

g) a description of any special proceeding which the requesting Party would like to see followed in the execution of the request;

h) a list of the requesting Party authorities who will participate in the execution of the request in the territory of the requested Party;

i) the time frame within which the request must be carried out and an explanation in the case of urgency;

j) any other information deemed useful for the requested Party in the execution of the request for assistance;

ARTICLE 8
EXECUTION OF THE REQUESTS

1. A request for assistance shall be executed promptly in accordance with the laws of the requested Party and, insofar as it is not prohibited by those laws, in the manner requested by the requesting Party.

2. The Central Authority of the requested Party shall promptly inform the requesting Party of any circumstance which could cause considerable delay in responding to the request.

3. In accordance with the provisions of Article 4, the requested Party shall likewise promptly communicate the reasons for postponement or refusal to comply with the request and the conditions under which, if relevant, it can be executed.

4. In the execution of the request the requested Party shall make an effort to maintain confidentiality under the terms laid down in Article 9.

ARTICLE 9
CONFIDENTIALITY AND LIMITS ON THE USE OF INFORMATION

1. Upon request by the requesting Party, the requested Party shall maintain confidentiality in respect of the request for assistance, its content and supporting documents and any action taken pursuant to the request. If the request cannot be executed without breaching the said confidentiality, the requested Party shall communicate this fact to the requesting Party who will then determine whether the request should be carried out regardless of the said breach.

2. Upon request by the requested Party, the requesting Party shall maintain confidentiality in respect of the evidence and information furnished in execution of the request for assistance, except to the extent the evidence and information is necessary for the proceeding or investigation described in the request.

3. The requested Party may make compliance with the request contingent upon specified terms or conditions relating to the use made of the information or evidence. In any case, the requesting Party may not use the evidence obtained for any purposes other than those specified in the request without the prior consent of the competent authority of the requested Party.

ARTICLE 10

INFORMATION REGARDING THE STATE OF THE REQUEST

1. Upon request by the Central Authority of the requesting Party, the Central Authority of the requested Party shall furnish information, within a reasonable period of time, regarding the way the request is being processed or the degree to which the request has been executed.

2. The Central Authority of the requested Party shall promptly inform the Central Authority of the requesting Party of the results obtained in carrying out the request and shall forward all information and evidence obtained to that Central Authority.

3. When the requested Party is unable or only partially able to comply with the request, the Central Authority of the requested Party shall promptly inform the Central Authority of the requesting Party of this circumstance and of the reasons therefore.

ARTICLE 11

EXPENSES

1. The requested Party shall cover the expenses arising from the execution of a request.

2. If expenses of an extraordinary nature are or will be required to execute a request, the Parties shall consult in advance to determine the terms and conditions under which the request shall be executed as well as the manner in which the costs shall be borne.

3. In any case, the requesting Party shall be responsible for the payment of expenses and fees corresponding to expert reports, translations, extraordinary expenses deriving from the use of special proceedings and subsistence allowances and travel expenses for persons travelling to the requesting Party pursuant to the terms laid down in provisions of Articles 13, 14, and 15.

PART III
FORMS OF ASSISTANCE

ARTICLE 12
NOTIFICATIONS

1. If the purpose of a request is to serve notice of a judicial decision, the authorities of the requested Party shall carry out the said notification in accordance with its procedural law.

2. If the purpose of a request is the delivery of objects or documents, the authorities of the requested Party shall undertake to deliver such objects or documents sent to it by the requesting Party for that purpose.

3. Notifications shall be made in one of the manners provided under the law of the requested Party or in the manner stipulated by the requesting Party provided this does not contravene the law of the requested Party.

4. Delivery shall be confirmed by means of a notice of receipt dated and signed by the addressee or by means of certification by the competent authority confirming that the proceeding was carried out. This certification of compliance shall be sent to the requesting Party. In the event that delivery is not possible, reasons shall be given explaining why.

ARTICLE 13
APPEARANCE IN THE TERRITORY OF THE REQUESTED PARTY

1. Any person who is within the territory of the requested Party and who is called upon to make a statement or testify, furnish evidence or provide an expert opinion shall appear before the competent authorities of the requested Party in accordance with the law of the latter. The requested Party will issue a subpoena to the person in question under comminatory sanctions in accordance with its laws and regulations.

2. Upon the request of the requesting Party, the parties to the relevant proceedings in the requesting Party, their legal representatives and representatives of the requesting Party may, subject to the laws and procedures of the requested Party, be present at the proceedings. The requested Party may, to the extent permitted by its law, allow such persons to question the person whose testimony or evidence is being taken. In the event that such direct questioning is not permitted, such persons shall be allowed to submit questions to be posed to the persons whose testimony or evidence is being taken.

3. In the case envisaged in the preceding paragraph, the requested Party shall inform the requesting Party with sufficient notice as to the date and place where the requested assistance will be carried out. The competent authorities shall consult with one another as necessary through their Central Authorities for the purpose of establishing a date agreeable to the competent authorities of both Parties.

4. If the person referred to in paragraph 1 were to claim immunity, privilege or incapacity in accordance with the law of the requested Party, the competent authority of the requested Party shall decide on the validity of such claim before complying with the request and shall communicate the said decision to the requesting Party through its Central Authority.

5. If the person referred to in paragraph 1 were to claim immunity, privilege or incapacity in accordance with the law of the requesting Party, the competent authority of the requested Party shall inform the other Party of this fact through its Central Authority in order to enable the competent authorities of the requesting Party to take appropriate action.

ARTICLE 14

APPEARANCE IN THE TERRITORY OF THE REQUESTING PARTY

1. If the judicial authorities of the requesting Party require the appearance of a witness, expert or defendant in their territory to give evidence or furnish any type of information, this should be made explicit in the request. The authorities of the requested Party shall invite the person in question to appear before the authorities in the territory of the requesting Party and shall inform the requesting Party as to the response of the person in question as soon as possible.

2. Requests to subpoena a witness, expert or defendant to appear before the authorities of the requesting Party must be received by the Central Authority of the requested Party sufficiently in advance of the date established for the appearance.

3. The subpoena requests referred to in this Article may not carry the threat of sanction nor punitive clauses; if they do, such clauses shall not take effect in the event that the witness, expert or defendant fails to appear.

4. In the request, the authorities of the requesting Party shall stipulate the travel and maintenance costs they will cover.

ARTICLE 15

APPEARANCE OF DETAINED PERSONS IN THE REQUESTING PARTY

1. Any person detained in the requested Party, and whose presence is required in the requesting Party for the purpose of assistance under the terms of this Treaty, shall be transferred to the territory of the requesting Party providing that the person in question is willing and the Central Authority of the requested Party grants its consent. If the detainee is unwilling, he/she may not be subjected to any sanction or punitive measure.

2. The transfer may be refused when the presence of the detainee is needed in a criminal proceeding underway in the territory of the requested Party, when the transfer

may entail a lengthening of the period of detention or when, for any other reason, the Central Authority of the requested Party deems the transfer inappropriate.

3. The authorities of the requesting Party shall keep the transferred person in custody the entire time he/she is in their territory. The period of time the detained person is held in the requesting State shall be subtracted from his/her provisional arrest or sentence. If the authorities of the requested Party inform the other Party that the person in question should no longer remain in custody, the said person shall immediately be set free and the provisions of Article 15 of this Treaty shall apply.

4. The authorities of the requesting Party must return the transferred person within the time frame established by the requested Party and, in any case, when his/her presence in the territory of the requesting Party is no longer necessary.

ARTICLE 16
VIDEO CONFERENCE

The Parties may agree to the taking of statements by means of video conference in accordance with conditions laid down on a case-by-case basis.

ARTICLE 17
SAFE CONDUCT

1. No witness or expert, regardless of his nationality, requested to appear before the authorities of the requesting Party may be accused, arrested or subjected to any other deprivation of their personal freedom in the territory of the said Party for events or prior convictions taking place before their departure from the territory of the requested Party, nor shall that person be obliged to give evidence in any proceeding or to assist in any investigation other than the proceeding or investigation to which the request relates.

2. No person, regardless of his nationality, subpoenaed to appear before the judicial authorities of the requesting Party to answer for events giving rise to judicial proceedings may be accused, arrested or subjected to any other deprivation of their personal freedom in the territory of the said State for events or prior convictions taking place before their departure from the territory of the requested State and which were not stipulated in the subpoena.

3. Paragraph 1 shall cease to apply if the person in question, having had the opportunity to depart from the territory of the requesting State, remains within the said territory for 15 consecutive days after his/her presence is no longer required, or returns to the said territory after having left.

ARTICLE 18
PRECAUTIONARY MEASURES

1. The competent authority of one Party, through its Central Authority, may request the identification or the adoption of precautionary measures in respect of assets, which are the direct or indirect instrumentalities or product of a crime, which are found in the territory of the other Party.

2. The requested Party shall adopt the precautionary measures in respect of the said assets, as provided by its legal system.

3. The requested Party shall undertake to resolve, in accordance with its laws and regulations, any request regarding protection of the rights of bona fide third parties in respect of the assets which are object of the measures envisaged in the preceding paragraphs.

4. The competent authority of the requested Party may establish a reasonable time frame limiting the duration of the measure requested, depending on the circumstances.

ARTICLE 19

EXCHANGE OF INFORMATION

1. The Parties may, without prior request, exchange information regarding criminal offences when they consider the said information to be useful in initiating or carrying out investigations or proceedings.

2. The Party providing the information may impose conditions regarding the use made of such information by the receiving Party. Acceptance of the said information means that the receiving Party shall comply with conditions imposed.

ARTICLE 20

CERTIFICATION AND AUTHENTICATION

For the purposes of this Treaty, the documents conveyed via the Central Authorities, shall not require any certification, authentication or any other formality.

ARTICLE 21

CONSULTATIONS

The Central Authorities of the two Parties may hold consultations with a view to promoting the more effective implementation of this Treaty and agree on the practical measures necessary to assist in the implementation thereof.

ARTICLE 22

DISPUTE RESOLUTION

Any dispute that may arise between the Parties, arising from the interpretation or implementation of this Treaty shall be resolved by consultation between the Central Authorities. In the event no solution is reached, diplomatic channels shall be used.

PART IV

FINAL PROVISIONS

ARTICLE 23

OTHER ARRANGEMENTS

1. This Treaty shall not prevent the Parties from assisting each other pursuant to the provisions of other international arrangements to which they are party.

2. This Treaty shall not prevent the Parties from developing other forms of co-operation, in accordance with their national laws and regulations.

ARTICLE 24

ENTRY INTO FORCE AND TERMINATION

1. This Treaty shall enter into force on the first day of the second month following the day in which the Parties have mutually notified each other through diplomatic channels that they have fulfilled their respective domestic requirements for the entry into force thereof.

2. This Treaty may be denounced by either Party at any time, by means of a Diplomatic Note. The denunciation shall be effective six (6) months after the receipt thereof by the other Party. The denunciation shall not affect any requests for assistance being processed at the time.

IN WITNESS WHEREOF, the undersigned, duly authorised by their respective Governments, have signed this Treaty.

Done in duplicate at Seoul, on the 23rd day of March, 2009, in the Korean, Spanish and English languages, all texts being equally authentic.

FOR THE REPUBLIC OF KOREA	FOR THE KINGDOM OF SPAIN
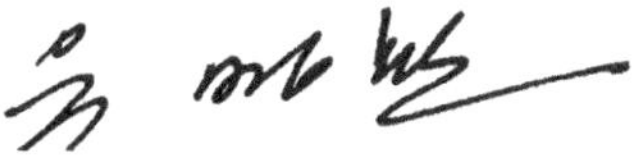	

[TEXT IN KOREAN – TEXTE EN CORÉEN]

대한민국과 스페인왕국 간의
형사사법공조조약

대한민국과 스페인왕국(이하 "당사국"이라 한다)은,

양국간 유대관계를 유지하고 강하하기를 희망하며,

형사 범죄의 예방·수사·기소, 특히 조직범죄와 테러리즘 퇴치를 위한 양국간 협력을 강화하기를 바라며,

국내법과 규정에 따라 양국간 형사사건에서의 업무 조정 및 상호 공조를 증진시키길 희망하며,

다음과 같이 합의하였다.

제 1 부 일반 규정

제 1 조
적용범위

1. 이 조약의 목적은 형사사법 분야에 있어서의 양 당사국의 권한있는 기관간 상호 사법공조를 규정하는 것이다.

2. 이 조약상의 규정 및 각국의 국내법과 규정에 따라 당사국은 공조 요청시 처벌권한이 요청 당사국 사법기관의 관할에 속하는 형사범죄 및 기타 활동의 예방·수사·기소에 있어서 가능한 한 가장 광범위한 공조를 상호 제공한다.

3. 또한 공조는 이 조약에 따라 조세, 관세, 외국환 관리 및 그 밖의 재정 문제와 관련된 법을 위반한 범죄에도 제공된다.

4. 이 조약은 다음 각목의 사항에 적용되지 아니한다.
   가. 범죄인 인도 목적 또는 범죄인 인도 요청에 따른 범죄인의 체포
   나. 수형자 이송을 포함한 형사법정 판결의 집행
   다. 개인 또는 제3국에 대한 직접적인 공조

5. 공조는 관련행위가 피요청국의 법에 따라 범죄를 구성하는지 여부와 관계없이 제공될 수 있다.

제 2 조
중앙기관

1. 각 당사국은 이 조약에 따라 공조요청을 직접 발송·접수할 책임이 있는 중앙기관을 지정한다.

2. 대한민국의 중앙기관은 법무부장관이다. 스페인의 중앙기관은 법무부이다. 어느 한쪽 당사국은 지정한 중앙기관을 변경할 수 있으며, 이 경우 외교경로를 통하여 변경 사실을 다른 쪽 당사국에게 통보한다.

3. 이 조약의 목적상 중앙기관은 외교경로를 통하거나 상호간에 직접 연락한다.

제 3 조
공조범위

1. 공조는 다음 각목의 사항을 포함한다.
   가. 사람의 소재 파악 및 확인
   나. 사법서류의 송달 실시
   다. 환어음, 서류 또는 공문서를 포함한 증거 확보
   라. 수색 및 압수 요청의 집행
   마. 직접 또는 화상회의를 통한 피의자, 증인 및 감정인으로부터의 증거 확보
   바. 증인, 감정인 및 피의자가 요청국을 지원하기 위해 자발적으로 출두할 것을 요청하는 통지서의 송달
   사. 요청국에 대한 공조 제공을 목적으로 한 구금자의 일시적 이송 이행
   아. 범죄취득물 및 그러한 목적에 사용된 도구의 수색, 동결, 몰수 및 압류
   자. 물건의 반환 및 법원에서 이용할 증거물의 대여를 포함한 물건의 송달
   차. 요청국 시민의 범죄기록 및 이전 유죄판결과 관련된 정보의 교환
   카. 피요청국의 법률에 저촉되지 아니하고 이 조약의 목적에 부합하는 그 밖의 공조

2. 제13조에서 언급된 경우를 제외하고 이 조약은 요청국 기관이 피요청국의 법체계에 따라 그에 유보된 기능을 피요청국의 영역에서 수행할 권한을 부여하지 아니한다.

제 4 조
공조의 거절

1. 피요청국은 다음 각목에 해당하는 경우 공조를 거절할 수 있다.
   가. 공조요청이 정치적 성격의 범죄와 관련있는 경우. 테러리즘 및 양 당사국이 가입한 국제협정에 따라 피요청국이 정치적 성격의 범죄에서 제외된다고 간주하는 그 밖의 범죄는 정치적 범죄로 해석되지 아니한다.
   나. 피요청국에 의해 순수 군사범죄로 분류되는 범죄와 관련된 공조 요청인 경우
   다. 공조이행이 피요청국의 주권·안보·공공질서 또는 그 밖의 본질적인 공익을 침해할 우려가 있는 경우
   라. 공조요청이 인종·종교·국적·출신·정치적 견해·성별, 그 밖의 개인적·사회적 환경을 이유로 또는 어떤 자를 차별할 의도로 그 자를 수사 또는 기소하기 위하여 이루어졌거나 그 자의 지위가 위의 사유 등으로 인하여 불이익을 받을 것이라고 믿을 만한 충분한 근거가 있는 경우
   마. 공조 요청이 피요청국에서 유·무죄선고 또는 사면된 범죄를 저지른 자에 대한 기소와 관련된 경우 또는 그러한 범죄가 피요청국의 관할권 내에서 발생하였을 경우 제한 법령에 따라 더 이상 기소할 수 없는 범죄를 저지른 자에 대한 기소와 관련된 경우
   바. 작위 또는 부작위가 피요청국의 법률에 따라 형사 범죄로 분류되지 아니함에도 불구하고 강제 조치를 수반하는 공조요청의 경우

2. 또한 피요청국은 공조요청이 요청국의 영역에서 사형을 선고받을 수 있는 범죄이나 피요청국의 영역에서는 사형이 부과되지 아니하거나 일반적으로 적용되지 아니하는 범죄와 관련된 경우 요청국이 사형을 부과하지 아니하거나 비록 부과하더라도 집행하지 아니하겠다고 충분히 보장하지 아니하는 한 공조를 거절할 수 있다.

3. 피요청국은 요청국이 제9조의 조건하에서 제공된 자료 이용에 관한 비밀유지 또는 여하한 제한과 관련하여 부과된 조건에 응할 수 없는 경우 공조요청을 거절할 수 있다.

4. 피요청국은 공조이행이 피요청국에서 진행중인 수사 또는 재판절차를 방해할 우려가 있는 경우 공조제공을 연기할 수 있다.

5. 피요청국은 이 조에 따라 공조를 거절하거나 연기하기에 앞서 중앙기관을 통하여 다음 각목의 조치를 취한다.

가. 요청국에 공조거절 또는 연기 사유를 추가 통보한다.

나. 피요청국이 필요하다고 판단한 기한과 조건 하에서 공조가 제공될 수 있는지 여부를 결정하기 위하여 요청국과 협의하여야 한다.

6. 요청국이 이 조 제5항 나목에 제시된 기한과 조건에 따른 공조 이행을 수락하는 경우 그러한 기한과 조건은 준수되어야 한다.

제 2 부 공조요청 절차 및 이행

제 5 조
공조요청의 권한 있는 기관

이 조약 아래에서 자국의 법체제에 따라 범죄의 수사 및 기소 권한을 가지고 있는 피요청국의 기관은 공조요청을 할 수 있는 권한 있는 기관으로 간주된다.

제 6 조
공조요청서의 형식

1. 공조요청은 서면으로 이루어지고 권한있는 기관의 서명이 있어야 한다. 그러나 긴급한 경우 공조요청은 팩스, 전자 메일 또는 요청 내용의 서면 증거를 제공할 수 있는 여타 다른 수단에 의해 전달될 수 있다. 상기 언급된 공조요청의 확인은 공조요청일로부터 10일 이내에 원본서류를 통해 이루어져야 한다.

2. 공조요청서와 이와 관련된 모든 서류들은 피요청국의 언어본 또는 영어로 된 번역문이 첨부되어야 한다.

제 7 조
공조요청서의 내용

1. 공조요청서는 다음 각목의 사항을 포함한다.

가. 공조요청과 관련된 수사, 활동 또는 재판절차를 행하는 권한있는 기관의 이름
나. 특정 범죄에 대한 요약을 포함한 수사, 재판절차 또는 심리의 대상사건 및 성격에 대한 설명
다. 요청된 증거, 정보 또는 여타 다른 유형의 공조에 관한 가능한 한 자세한 설명
라. 증거, 정보 또는 여타 다른 유형의 공조 요청 및 이들과 사실과의 관련성 수사의 목적을 담고 있는 진술서
마. 수사 또는 재판절차의 기초가 되고 있는 관련법의 진술서 또는 내용

2. 적절한 경우 공조요청서는 다음 각목의 사항을 포함할 수 있다.
가. 공조요청 대상자의 신원 및 소재에 관한 정보
나. 상기 대상자와 수사 또는 재판절차와의 관계 설명 및 관련있는 경우 송달되는 통지서나 확보될 진술서의 형식에 대한 지시
다. 증인에게 행할 질문의 목록 또는 증인의 심문과 관련된 문제에 대한 상세한 설명
라. 비용 및 요청국에 출석하는 사람이 받을 수 있는 비용 및 보상에 관한 정보
마. 수색대상장소 또는 수색대상자, 압수물 및 압수 또는 몰수될 자산에 대한 상세한 설명
바. 공조요청의 비밀유지와 관련된 요구사항
사. 피요청국이 공조를 이행함에 있어 요청국이 원하는 특별 절차에 대한 설명
아. 피요청국의 영역에서의 공조요청 이행에 참석할 요청국의 기관 목록
자. 공조요청이 이행되어야 하는 기한 및 긴급한 상황의 경우 그에 관한 설명
차. 공조요청 이행시 피요청국에 유용하다고 판단되는 그 밖의 정보

제 8 조

공조요청의 이행

1. 공조요청은 피요청국의 법에 따라 신속하게 이행되어야 하며, 피요청국의 법에 의하여 금지되지 아니하는 한 요청국이 요청한 방식으로 이행되어야 한다.

2. 피요청국의 중앙기관은 공조요청의 이행에 상당한 지연을 초래할 수 있는 사정이 있는 경우 이를 요청국에 신속히 통보한다.

3. 또한 피요청국은 제4조에 따라 공조요청 이행을 연기하거나 거절하는 경우 그 사유 및 관련있는 경우 공조요청이 이행될 수 있는 조건을 즉각 통보한다.

4. 피요청국은 공조요청 이행시 제9조에 명시된 조건에 따라 비밀을 유지하기 위하여 노력한다.

제 9 조
비밀유지 및 정보사용의 제한

1. 요청국의 요청이 있는 경우 피요청국은 공조 요청사실, 요청 내용, 보충서류 및 요청에 따라 취한 모든 조치에 대하여 비밀을 유지하여야 한다. 비밀을 유지하고서는 공조요청을 이행할 수 없는 경우 피요청국은 요청국에 당해 사실을 통보하여야 하며 요청국은 비밀 침해와 상관없이 공조요청이 이행될 지 여부를 결정한다.

2. 피요청국의 요청이 있는 경우 요청국은 공조요청서에 기술된 재판절차 또는 수사를 위해 필요한 증거 및 정보를 제외하고는 공조요청의 이행에 의해 제공된 증거 및 정보에 대하여 비밀을 유지하여야 한다.

3. 피요청국은 정보 또는 증거의 이용에 관한 특정 조건을 전제로 공조요청에 응할 수 있다. 요청국은 어떠한 경우에도 피요청국의 권한있는 기관의 사전 동의 없이 공조요청서에 기재된 목적 이외의 다른 목적으로 획득한 증거를 사용하지 아니한다.

제 10 조
공조요청상태에 관한 정보

1. 요청국 중앙기관의 요청이 있는 경우 피요청국 중앙기관은 합당한 기간 내에 공조요청의 처리 방식 또는 공조요청의 이행 정도에 관한 정보를 제공하여야 한다.

2. 피요청국의 중앙기관은 공조이행으로 얻은 결과를 요청국의 중앙기관에 즉시 통보해야 하고 피요청국의 중앙기관이 획득한 모든 정보와 증거를 송달하여야 한다.

3. 피요청국이 공조요청에 응할 수 없거나 단지 일부 응할 수 있는 경우 피요청국의 중앙기관은 이의 사정과 이유를 요청국의 중앙기관에 즉각 통보하여야 한다.

제 11 조
비 용

1. 피요청국은 공조이행으로부터 발생하는 비용을 부담한다.

2. 예외적 성격의 비용이 공조요청을 이행하는데 필요한 경우 양 당사국은 비용 부담 방식 및 공조요청의 이행 조건을 정하기 위하여 사전에 협의한다.

3. 요청국은 전문가 보고서 및 번역에 소요되는 비용 및 수수료, 특별 재판절차의 이용으로 초래된 특수 비용, 제13조, 제14조 및 제15조에 규정된 조건에 따라 요청국으로 이동하는 자에 대한 수당 및 여비를 지불할 책임이 있다.

제 3 부 공조 형태

제 12 조
통 보

1. 공조요청의 목적이 사법결정 통지서의 송달인 경우 피요청국 기관은 자국의 법적 절차에 따라 이를 수행한다.

2. 공조요청의 목적이 물건 또는 서류의 송달인 경우 피요청국 기관은 요청국이 그러한 목적을 위하여 피요청국에 보내온 물건 또는 서류를 송달하는데 착수한다.

3. 통보는 피요청국의 법에 의해 규정된 방법 중 한 가지 또는 통보가 피요청국의 법에 저촉되지 아니하는 한 요청국이 규정한 방법으로 이루어진다.

4. 송달은 수취인의 수령일자 및 서명이 있는 수령확인증 또는 당해 절차 이행을 확인해 주는 권한있는 기관의 증명서에 의하여 확인된다. 이 이행 증명서는 요청국에 송부된다. 송달이 불가능한 경우 그 이유가 제시되어야 한다.

제 13 조
피요청국 영역으로의 출두

1. 피요청국의 영역에 있으며 진술 또는 증언, 증거 또는 전문가 의견 제공을 요청받은 자는 피요청국의 법에 따라 그 권한있는 기관 앞에 출두하여야 한다. 피요청국은 자국의 법과 규정에 따라 강제제재 하에 있는 당사자에게 소환장을 발부하여야 한다.

2. 요청국의 요청이 있는 경우 요청국에 있는 관련 재판절차의 당사자들, 그들의 법적 대리인들 및 요청국의 대리인들은 피요청국의 법과 절차에 따라 당해 재판절차에 참석할 수 있다. 피요청국은 법이 허용하는 범위 내에서 그러한 자들이 증언을 하거나 증거를 제공하는 사람에게 질의하도록 허용할 수 있다. 그러한 직접 질의가 허용되지 아니하는 경우 그러한 자들은 증언을 하거나 증거를 제공하는 자에게 제기할 질문서를 제출하는 것이 허용된다.

3. 이 조 제2항과 관련된 경우, 피요청국은 공조가 이행될 일자 및 장소를 충분한 여유를 갖고 요청국에 통보하여야 한다. 권한있는 기관들은 양 당사국의 권한있는 기관들이 수용 가능한 일자를 정하기 위하여 그들의 중앙기관을 통해 필요한 경우 서로 협의한다.

4. 제1항에서 언급된 자가 피요청국의 법률에 따라 면책, 특권 또는 행위능력상실을 주장하는 경우 피요청국의 권한있는 기관은 공조요청에 응하기 전 그러한 주장의 합법성 여부를 결정하여야 하고 자국의 중앙기관을 통해 요청국에 그러한 결정을 통보하여야 한다.

5. 제1항에서 언급된 자가 요청국의 법률에 따라 면책, 특권 또는 행위능력상실을 주장하는 경우 피요청국의 권한있는 기관은 요청국의 권한있는 기관이 적절한 조치를 취할 수 있도록 그 중앙기관을 통해 요청국에게 동 사실을 통보하여야 한다.

제 14 조
요청국 영역으로의 출두

1. 요청국의 사법기관이 증거 또는 여하한 형태의 정보를 획득하기 위하여 요청국 영역으로 증인, 감정인 또는 피고인의 출두를 요청하는 경우 이러한 요청은 공조요청시 명시되어야 한다. 피요청국 기관은 요청국의 영역에 있는 기관에 출두하라고 당사자에게 요청하고 가능한 한 빨리 당사자의 반응을 요청국에 통보한다.

2. 요청국의 기관에 출두할 증인, 감정인 혹은 피고인에 대한 소환 요청은 출두일에 앞서 충분한 시간을 두고 피요청국의 중앙기관에 의하여 접수되어야 한다.

3. 이 조에서 언급된 소환 요청은 제재 또는 징벌조항을 통한 위협을 수반하여서는 아니 된다. 위 조항이 존재할 경우 그러한 조항은 증인, 감정인 또는 피고인이 출두하지 아니하는 경우에 효력을 발생하지 아니한다.

4. 공조요청시 요청국 기관은 그들이 지불할 여비 및 수당을 규정하여야 한다.

제 15 조
피구금자의 요청국으로의 출두

1. 이 조약의 조건에 따라 공조를 위해 요청국으로의 출두를 요청받은, 피요청국에 구금중인 자는 당사자가 희망하고 피요청국의 중앙기관이 출두에 동의하는 경우 요청국의 영역으로 이송된다. 피구금자가 희망하지 아니하는 경우 그/그녀는 어떠한 제재나 징벌조치도 받아서는 안 된다.

2. 피구금자가 피요청국의 영역에서 진행중인 형사 재판절차에 필요하거나 이송이 구금기간의 연장을 수반할 경우 또는 피요청국의 중앙기관이 그 밖의 다른 이유로 이송이 부적절하다고 간주하는 경우 이송은 거절될 수 있다.

3. 요청국의 기관은 그/그녀가 요청국의 영역에 있는 동안 이송된 자를 계속 구금한다. 피구금자가 요청국에 있는 기간은 그/그녀의 일시적인 체포 또는 형복역기간으로부터 공제된다. 피요청국 기관이 요청국에 이송된 자를 더 이상 구금해서는 아니 된다고 요청국에 통보하는 경우 그 자는 즉시 석방되며 이 조약 제15조 조항이 적용된다.

4. 요청국 기관은 피요청국이 설정한 기한 내에 또는 그/그녀의 출두가 요청국의 영역에서 더 이상 필요하지 아니하는 경우 이송된 자를 송환하여야 한다.

제 16 조
화상회의

당사국은 개별 사건별로 설정된 조건에 따라 화상회의를 통한 진술 확보에 동의할 수 있다.

제 17 조
신변안전

1. 국적에 상관없이 요청국의 기관에 출두하도록 요청받은 증인 또는 감정인은 피요청국 영역을 떠나기 전에 발생한 사건 또는 이전 유죄판결을 이유로 요청국의 영역에서 고소·체포 또는 개인의 자유에 대한 어떠한 박탈도 받지 아니하며, 공조요청과 관련된 절차 또는 수사 이외의 어떠한 절차에도 증거를 제출하거나 어떠한 수사에도 협조할 의무가 없다.

2. 국적에 상관없이 사법 절차를 발생시킨 사건에 대해 답변할 목적으로 요청국의 사법 기관에 출두하도록 소환된 자는 피요청국 영역을 떠나기 전에 발생했으며 소환장에 규정되지 아니한 사건 또는 이전 유죄판결을 이유로 요청국의 영역에서 고소·체포 또는 개인의 자유에 대한 어떠한 박탈도 받지 아니한다.

3. 제1항은 요청국 영역을 떠날 수 있는 기회를 가진 당사자가 그/그녀의 출석이 더 이상 요구되지 않은 후 15일 이내 요청국을 떠나지 아니하였거나 출국 후 요청국에 돌아온 경우에는 적용되지 아니한다.

제 18 조
예방조치

1. 어느 한쪽 당사국의 권한있는 기관은 자국의 중앙기관을 통하여 다른 쪽 당사국의 영역에서 발견된, 범죄의 직간접 수단이거나 취득물인 자산에 대하여 예방조치를 확인하거나 채택하도록 요청할 수 있다.

2. 피요청국은 자국의 법체제에 따라 상기 자산과 관련한 예방조치를 채택한다.

3. 피요청국은 자국의 법과 규정에 따라 이전 조항에서 말한 조치의 대상인 자산과 관련하여 선의의 제3자의 권리 보호에 관한 어떠한 요청도 해결해야 한다.

4. 피요청국의 권한있는 기관은 사정에 따라 요청된 조치의 지속기간을 제한하는 합리적인 시한을 설정할 수 있다.

제 19 조
정보의 교환

1. 당사국은 어떠한 정보가 수사 또는 재판절차를 개시하거나 이행하는데 있어 유용하다고 간주할 경우 범죄와 관련된 그러한 정보를 사전 공조요청 없이 교환할 수 있다.

2. 정보를 제공한 당사국은 수용국의 정보 이용에 관한 조건을 설정할 수 있다. 그러한 정보의 수용은 수용국이 부여된 조건에 응하여야 한다는 것을 의미한다.

제 20 조
확인 및 인증

이 조약의 목적상 중앙기관을 통해 전달된 서류는 어떠한 형태의 확인, 인증 또는 여타 다른 형식을 요하지 아니한다.

제 21 조
협 의

양 당사국의 중앙기관은 이 조약의 보다 효율적인 이행을 위해 협의할 수 있으며 그 이행을 돕기 위해 필요한 실질적인 조치에 합의할 수 있다.

제 22 조
분쟁해결

이 조약의 해석 또는 이행에서 발생하는 당사국간 분쟁은 중앙기관간 협의를 통해 해결되어야 한다. 해결에 도달하지 아니한 경우 외교경로를 사용한다.

제 4 부 최종 조항

제 23 조
그 밖의 협정

1. 이 조약은 양 당사국이 당사자인 다른 국제협정상의 규정에 따라 양 당사국이 상호간 공조하는 것을 방해하지 아니한다.

2. 이 조약은 국내법과 규정에 따라 양 당사국이 다른 형태의 협력을 전개하는 것을 방해하지 아니한다.

제 24 조
발효 및 종료

1. 이 조약은 양 당사국이 발효에 필요한 그들의 국내절차를 완료하였다고 외교경로를 통하여 상호 통보한 날로부터 둘째 달 초일에 발효한다.

2. 어느 한쪽 당사국은 외교 각서를 통해 언제든지 이 조약을 종료할 수 있다. 조약은 다른 쪽 당사국이 그러한 통보를 접수한 날로부터 6개월 후에 종료된다. 종료는 그 당시 진행중인 공조요청에는 영향을 미치지 아니한다.

이상의 증거로, 아래 서명자는 그들 각자의 정부로부터 정당하게 권한을 위임 받아 이 조약에 서명하였다.

서울에서 2009년 3월 23일 동등하게 정본인 한국어, 스페인어, 영어로 각 2 부를 작성하였다.

대한민국을 대표하여

스페인왕국을 대표하여

[TEXT IN SPANISH – TEXTE EN ESPAGNOL]

CONVENIO ENTRE LA REPÚBLICA DE COREA Y EL REINO DE ESPAÑA RELATIVO A LA ASISTENCIA JUDICIAL EN MATERIA PENAL

La República de Corea y el Reino de España (denominados en lo sucesivo "las Partes");

Deseando mantener y reforzar los lazos que unen a los dos países;

Deseando establecer una cooperación más eficaz entre los dos Estados en la prevención, investigación y persecución de los delitos, especialmente en la lucha contra la delincuencia organizada y el terrorismo;

Deseando mejorar la coordinación y la asistencia recíproca en materia penal entre los dos Estados, de conformidad con sus leyes y reglamentos nacionales;

Han convenido en lo siguiente:

TÍTULO I
DISPOSICIONES GENERALES

ARTÍCULO 1
ÁMBITO DE APLICACIÓN

1. El presente Convenio tiene por finalidad regular la asistencia judicial mutua entre las autoridades competentes de ambas Partes, en relación con asuntos de naturaleza penal.

2. De conformidad con las disposiciones del presente Convenio y con sus leyes y reglamentos nacionales respectivos, las Partes se prestarán la asistencia judicial más amplia posible para la prevención, investigación y persecución de los delitos y de cualesquiera actividades cuya sanción sea competencia de las autoridades judiciales de la Parte requirente en el momento en que la asistencia sea solicitada.

3. Asimismo, se prestará asistencia de conformidad con el presente Convenio en relación con delitos contra la legislación relativa a impuestos, derechos de aduana, control de cambios y otros asuntos fiscales.

4. El presente Convenio no será de aplicación a:

   a) la detención de personas con fines de extradición, ni a las solicitudes de extradición,

   b) la ejecución de sentencias penales, incluido el traslado de personas condenadas,

   c) la asistencia directa a particulares o a terceros Estados.

5. Se prestará la asistencia con independencia de que el hecho que motiva la solicitud constituya o no delito en virtud de las leyes de la Parte requerida.

ARTÍCULO 2
AUTORIDADES CENTRALES

1. Cada Parte designará una Autoridad Central encargada de enviar y recibir directamente las solicitudes de asistencia con arreglo al presente Convenio.

2. La Autoridad Central de Corea será el Ministro de Justicia. La Autoridad Central de España será el Ministerio de Justicia. Cualquiera de las Partes podrá modificar la designación de la Autoridad Central y comunicará a la otra Parte el cambio por conducto diplomático.

3. A los efectos del presente Convenio, las Autoridades Centrales se comunicarán por la vía diplomática o directamente entre sí.

ARTÍCULO 3
ALCANCE DE LA ASISTENCIA

1. La asistencia comprenderá:

   a) la identificación y localización de personas;

   b) la notificación de documentos judiciales;

   c) la obtención de pruebas, incluidas letras de cambio, documentos o archivos;

   d) la ejecución de órdenes de registro e incautación;

e) la audición de testigos, peritos y acusados, bien directamente o por medio de videoconferencia.

f) la notificación de testigos, peritos y acusados a efectos de comparecer voluntariamente para prestar asistencia en el Estado requirente;

g) el traslado temporal de personas detenidas con el fin de prestar asistencia en el Estado requirente;

h) la búsqueda, inmovilización, confiscación y comiso del producto de las actividades delictivas y de los instrumentos utilizados a tal fin;

i) la entrega de bienes, incluida la restitución de objetos y el préstamo de piezas de convicción;

j) el intercambio de información sobre antecedentes penales y condenas dictadas contra los nacionales de la Parte requirente;

k) cualquier otra forma de asistencia incluida en el objeto del presente Acuerdo que no sea contraria a la legislación de la Parte requerida.

2. Salvo en el supuesto previsto en el artículo 13, el presente Convenio no faculta a las autoridades de la Parte requirente a realizar en el territorio de la Parte requerida funciones que, según el ordenamiento jurídico de esta Parte, estén reservadas a sus propias autoridades.

ARTÍCULO 4
DENEGACIÓN DE LA ASISTENCIA

1. La Parte requerida podrá denegar la asistencia solicitada en los siguientes supuestos:

a) si la solicitud se refiere a un delito de naturaleza política. A tales efectos, no tendrán la consideración de "delitos de naturaleza política" los delitos de terrorismo ni cualesquiera otros delitos que la Parte requerida considere excluidos de dicha categoría en virtud de cualquier Acuerdo internacional al que se hayan adherido ambas Partes;

b) en el caso de que la solicitud se refiera a delitos considerados en el Estado requerido como delitos exclusivamente militares;

c) si la ejecución de la solicitud pudiera perjudicar su soberanía, seguridad, orden público u otros intereses públicos esenciales similares;

d) si existen motivos fundados para creer que la solicitud de asistencia se ha formulado para investigar o procesar a una persona por causa de su raza, religión, nacionalidad, origen étnico, opiniones políticas, sexo o cualquier otra circunstancia personal o social, o con la intención de someter a esa persona a cualquier otra forma de discriminación, o que la situación de esa persona puede resultar perjudicada por cualquiera de esas razones;

e) si la solicitud de asistencia se refiere al procesamiento de una persona por un delito por el que haya sido condenada, absuelta o indultada en la Parte requerida o por el que ya no podría ser enjuiciada debido a la prescripción del delito si éste se hubiese cometido en el ámbito de la jurisdicción de la Parte requerida;

f) en el caso de solicitudes que impliquen medidas coercitivas, si los actos u omisiones alegados no son constitutivos de delito de acuerdo con la legislación de la Parte requerida.

2. La Parte requerida también denegará la asistencia si la solicitud se refiere a un delito castigado con pena de muerte en el territorio de la Parte requirente pero para el cual, en el territorio de la Parte requerida, no esté prevista la pena de muerte o ésta no se ejecute generalmente, a no ser que la Parte requirente dé garantías, consideradas suficientes por la Parte requerida, de que no se impondrá la pena de muerte o de que, si se impone, no se ejecutará.

3. La Parte requerida podrá denegar la asistencia si la Parte requirente no puede atenerse a las condiciones impuestas en relación con la confidencialidad o a las limitaciones de uso del material proporcionado, en los términos del artículo 9.

4. La Parte requerida podrá aplazar la asistencia si la ejecución de la solicitud pudiese interferir con una investigación o procedimiento en curso en la Parte requerida.

5. Antes de denegar o aplazar la asistencia en virtud del presente artículo, la Parte requerida, a través de su Autoridad Central:

a) informará con prontitud a la Parte requirente de los motivos de la denegación o aplazamiento; y

b) consultará con la Parte requirente para determinar si se puede prestar asistencia en los plazos y condiciones que la Parte requerida considera necesarios.

6. Si la Parte requirente acepta que la asistencia se ejecute en los plazos y condiciones establecidos con arreglo al apartado 6), letra b), deberá cumplir dichos plazos y condiciones.

TÍTULO II
PROCEDIMIENTO Y EJECUCIÓN DE LAS SOLICITUDES

ARTÍCULO 5
AUTORIDADES COMPETENTES PARA SOLICITAR ASISTENCIA

Se considerarán autoridades competentes para emitir solicitudes de asistencia con arreglo al presente Convenio las autoridades de la Parte requerida que, de conformidad con su ordenamiento jurídico interno, tengan atribuida la competencia para la investigación y enjuiciamiento de delitos.

ARTÍCULO 6
FORMA DE LAS SOLICITUDES

1. Las solicitudes de asistencia deberán formularse por escrito y llevar la firma de la autoridad competente. No obstante, en caso de urgencia, las solicitudes podrán transmitirse por fax, correo electrónico o cualquier otro medio que deje constancia escrita de su contenido, debiendo ser confirmadas por el documento original dentro de los 10 días siguientes a su transmisión.

2. Las solicitudes de asistencia, así como los documentos que las acompañen, deberán ir acompañados de una traducción a la lengua de la Parte requerida o al inglés.

ARTÍCULO 7

CONTENIDO DE LAS SOLICITUDES

1. Las solicitudes de asistencia deberán contener las siguientes indicaciones:
   a) el nombre de la autoridad que efectúa la investigación, las actuaciones o el procedimiento a que se refiere la solicitud;
   b) una descripción del asunto y naturaleza de la investigación, procedimiento o diligencias, que incluirá un resumen del delito concreto al que se refiere;
   c) una descripción lo más detallada posible de las pruebas, la información o cualquier otro tipo de asistencia que se interese;
   d) una declaración de la finalidad para la que se solicitan las pruebas, la información o cualquier otro tipo de asistencia, y su conexión con los hechos objeto de investigación;
   e) una declaración o el texto de las leyes aplicables en que se fundamenta la investigación o el procedimiento.

2. En su caso, las solicitudes de asistencia podrán contener:
   a) información relativa a la identidad y paradero de la persona a la que se refiera la asistencia solicitada,
   b) descripción de la relación de dicha persona con la investigación o el procedimiento, con indicación de la forma en la que haya de practicarse la notificación o la toma de declaración, en su caso;
   c) una lista de las preguntas que deban formularse al testigo o una descripción detallada del asunto sobre el que debe ser interrogado;
   d) información relativa a los gastos e indemnizaciones a que tiene derecho la persona que comparezca en el Estado requirente;
   e) descripción precisa del lugar o la persona que deban registrarse y de los objetos que deban embargarse, así como de los bienes sobre los que deba recaer la confiscación o embargo;
   f) requisitos sobre confidencialidad de la solicitud;
   g) descripción de cualquier procedimiento especial que la Parte requirente desee que se siga para la ejecución de lo solicitado;
   h) indicación de las autoridades de la Parte requirente que participarán en la ejecución de la solicitud en el territorio de la Parte requerida;

i) plazo en el que deberá cumplimentarse la solicitud, y las razones en caso de urgencia;

j) cualquier otra información que se estime pueda resultar útil a la Parte requerida para la ejecución de la solicitud de asistencia.

ARTÍCULO 8
EJECUCIÓN DE LAS SOLICITUDES

1. Las solicitudes de asistencia se ejecutarán sin dilación con arreglo a las leyes de la Parte requerida y, en la medida en que dichas leyes no lo prohíban, en la forma solicitada por la Parte requirente.

2. La Autoridad Central de la Parte requerida informará con prontitud a la Parte requirente de cualesquiera circunstancias que pudieran causar una demora considerable en la respuesta a la solicitud.

3. Asimismo, en los términos contemplados en el artículo 4, la Parte requerida comunicará con prontitud los motivos del aplazamiento o denegación de la solicitud, así como las condiciones en las que, en su caso, pueda ser ejecutada.

4. La Parte requerida, en la ejecución de la solicitud, se esforzará por mantener el carácter confidencial, en los términos previstos por el artículo 9.

ARTÍCULO 9
CONFIDENCIALIDAD Y LÍMITES EN EL USO DE LA INFORMACIÓN

1. A petición de la Parte requirente, La Parte requerida deberá mantener la confidencialidad sobre la solicitud de asistencia, su contenido y los documentos que la sustentan, así como sobre cualquier actuación realizada en virtud de la misma. Si la solicitud no pudiera ser ejecutada sin quebrantar dicha confidencialidad, la Parte requerida deberá comunicarlo a la Parte requirente, la cual determinará si la solicitud debe cumplimentarse sin ese carácter.

2. A petición de la Parte requerida, la Parte requirente deberá mantener la confidencialidad de las pruebas e informaciones suministradas en ejecución de la solicitud de asistencia, salvo en la medida necesaria para su utilización en el procedimiento o investigación para el que fueron solicitadas.

3. La Parte requerida podrá condicionar el cumplimiento de la solicitud a que la información o las pruebas se utilicen exclusivamente en los términos o condiciones que se especifiquen. En cualquier caso, la Parte requirente no podrá usar las pruebas obtenidas para fines distintos de los especificados en la solicitud, sin el consentimiento previo de la autoridad competente de la Parte requerida.

ARTÍCULO 10
INFORMACIÓN SOBRE EL ESTADO DE LA SOLICITUD

1. A solicitud de la Autoridad Central de la Parte requirente, la Autoridad Central de la Parte requerida informará en un plazo razonable sobre el trámite dado a la solicitud o el estado en que se encuentra su ejecución.

2. La Autoridad Central de la Parte requerida informará con brevedad sobre el resultado del cumplimiento de la solicitud y remitirá toda la información y las pruebas obtenidas a la Autoridad Central de la Parte requirente.

3. Cuando no haya sido posible cumplir la solicitud, en todo o en parte, la Autoridad Central de la Parte requerida se lo hará saber con prontitud a la Autoridad Central de la Parte requirente, informando de las razones para ello.

ARTÍCULO 11
GASTOS

1. La Parte requerida asumirá los gastos que se ocasionen con motivo de la ejecución de la solicitud.

2. Si la ejecución de la solicitud pudiera ocasionar gastos de naturaleza extraordinaria, las Partes mantendrán consultas previas para establecer los términos y

condiciones en que se ejecutará la solicitud y la forma de reparto de los gastos.

3. En cualquier caso, serán a cargo de la Parte requirente los gastos y honorarios correspondientes a informes periciales, los gastos de traducción, los gastos extraordinarios derivados del empleo de un procedimiento especial, así como las dietas y gastos de viaje de las personas que se desplacen a la Parte requirente, en los términos de los artículos 13, 14 y 15.

TÍTULO III
FORMAS DE ASISTENCIA

ARTÍCULO 12
NOTIFICACIONES

1. Si la solicitud tuviera por objeto la notificación de una decisión judicial, las autoridades de la Parte requerida practicarán la notificación en la forma prevista por su legislación procesal.

2. Si la solicitud tuviera por objeto la entrega de objetos o documentos, las autoridades de la Parte requerida procederán a la entrega de los objetos o documentos que le hubieran sido enviados por la Parte requirente para tal fin.

3. La notificación se efectuará en alguna de las formas previstas por la legislación de la Parte requerida, o en la forma solicitada por la Parte requirente, siempre que no sea incompatible con dicha legislación.

4. La entrega se acreditará mediante recibo fechado y firmado por el destinatario, o mediante certificación de la autoridad competente que acredite la diligencia. La certificación del cumplimiento será enviada a la Parte requirente. Si la entrega no pudo realizarse, se harán constar los motivos que impidieron la misma.

ARTÍCULO 13
COMPARECENCIA EN EL TERRITORIO DE LA PARTE REQUERIDA

1. Toda persona que se encuentre en el territorio de la Parte requerida y a la que se le solicite prestar declaración o testimonio, presentar elementos de prueba o realizar un peritaje, deberá comparecer ante las autoridades competentes de la Parte requerida de conformidad con la legislación de ésta. La Parte requerida procederá a la citación de la persona bajo las sanciones conminatorias que disponga su legislación.

2. A petición de la Parte requirente, las partes en el procedimiento en la Parte requirente, sus representantes legales y los representantes de la Parte requirente podrán estar presentes en las diligencias con sujeción a la legislación y a los procedimientos de la Parte requerida. En la medida en que lo permita su legislación, la Parte requerida podrá autorizar a dichas personas a que formulen preguntas a la persona que deba dar testimonio o prestar declaración. En caso de que no se permita formular preguntas directamente, esas personas podrán presentar preguntas con el fin de que les sean formuladas a las personas que deban dar testimonio o prestar declaración.

3. En el supuesto contemplado en el apartado anterior, la Parte requerida informará a la Parte requirente con suficiente antelación del lugar y la fecha en que se realizará la asistencia solicitada. Cuando sea necesario, las autoridades competentes se consultarán por medio de sus Autoridades Centrales, a efectos de fijar una fecha conveniente para las autoridades competentes de ambas Partes.

4. Si la persona referida en el apartado 1 alega inmunidad, privilegio o incapacidad con arreglo a la legislación de la Parte requerida, la autoridad competente de la Parte requerida decidirá sobre la validez de la alegación antes del cumplimiento de la solicitud, y lo comunicará a la Parte requirente por medio de la Autoridad Central.

5. Si la persona a que se hace referencia en el apartado 1 alega inmunidad, privilegio o incapacidad según la legislación de la Parte requirente, la autoridad competente de la Parte requerida informará de ello a la otra Parte por medio de su

Autoridad Central, a fin de que las autoridades competentes de la Parte requirente resuelvan al respecto.

ARTÍCULO 14
COMPARECENCIA EN EL TERRITORIO DE LA PARTE REQUIRENTE

1. Si las autoridades judiciales de la Parte requirente consideran necesaria la comparecencia de un testigo, perito o inculpado en su territorio, para prestar declaración o proporcionar cualquier tipo de información, lo harán constar en la solicitud. Las autoridades de la Parte requerida invitarán a la persona en cuestión a comparecer ante las autoridades en el territorio de la Parte requirente, e informarán a la Parte requirente de la respuesta de la persona en cuestión a la mayor brevedad.

2. La solicitud que tenga por objeto la citación de un testigo, perito o inculpado ante las autoridades de la Parte requirente, deberá ser recibida por la Autoridad Central de la Parte requerida con la suficiente antelación a la fecha fijada para la comparecencia.

3. Las solicitudes de citación referidas en este artículo no podrán contener intimación de sanciones ni cláusulas conminatorias; en caso de que las contengan, éstas no surtirán efecto en caso de incomparecencia del testigo, perito o inculpado.

4. En la solicitud, las autoridades de la Parte requirente deberán indicar los gastos de traslado y estancia a su cargo.

ARTÍCULO 15
COMPARECENCIA DE PERSONAS DETENIDAS ANTE LAS AUTORIDADES DE LA PARTE REQUIRENTE

1. Cualquier persona detenida en la Parte requerida cuya presencia en la Parte requirente sea necesaria con fines de asistencia con arreglo al presente Convenio será trasladada al territorio de la Parte requirente, siempre que tanto la persona en cuestión como la Autoridad Central de la Parte requerida consientan al traslado. Si la persona detenida no consiente, no podrá ser sometida a ninguna sanción ni medida

conminatoria.

2. El traslado podrá ser denegado cuando la presencia de la persona detenida sea necesaria en un proceso penal en curso en el territorio de la Parte requerida, cuando el traslado pueda implicar la prolongación de la detención, o cuando, por cualquier otro motivo, la Autoridad Central de la Parte requerida, considere inconveniente el traslado.

3. Las autoridades de la Parte requirente deberán mantener a la persona trasladada bajo custodia durante todo el tiempo que permanezca en su territorio. El período de detención en la Parte requirente será computado a los efectos de la detención preventiva o el cumplimiento de la condena. Si las autoridades de la Parte requerida comunican que la persona ya no debe permanecer detenida, será inmediatamente puesta en libertad y será de aplicación el régimen general establecido en el artículo 15 del presente Convenio.

4. Las autoridades de la Parte requirente deberán devolver a la persona trasladada en el plazo fijado por la Parte requerida y, en todo caso, en el momento en que su presencia en el territorio de la Parte requirente ya no sea necesaria.

ARTÍCULO 16
VIDEOCONFERENCIA

Las Partes podrán convenir en la obtención de declaración a través de videoconferencia, con arreglo a las condiciones que se especifiquen en cada caso.

ARTÍCULO 17
INMUNIDAD

1. Ningún testigo o perito, sea cual fuere su nacionalidad, que comparezca ante las autoridades judiciales de la Parte requirente como consecuencia de una citación, podrá ser procesado, detenido ni sometido a ninguna otra restricción de su libertad personal en el territorio de dicho Estado por hechos o condenas anteriores a su salida del territorio de la Parte requerida, y dicha persona no estará

obligada a prestar declaración en procedimiento alguno ni a colaborar en investigación alguna distinta del procedimiento o investigación a que se refiera su solicitud.

2. Ninguna persona, sea cual fuere su nacionalidad, que fuere citada antes las autoridades judiciales de la Parte requirente para responder por hechos que hayan dado lugar a actuaciones judiciales podrá ser procesada, detenida ni sometida a ninguna otra restricción de su libertad personal en el territorio de dicho Estado por hechos o condenas anteriores a su salida del territorio de la Parte requerida, y que no constasen en la citación.

3. Lo dispuesto en el apartado 1 dejará de ser de aplicación cuando la persona, habiendo tenido la posibilidad de abandonar el territorio de la Parte requirente, permanezca en él durante 15 días consecutivos desde que su presencia ya no fuera requerida, o regrese a él después de haberlo abandonado.

ARTÍCULO 18
MEDIDAS CAUTELARES

1. La autoridad competente de una Parte, por conducto de su Autoridad Central, podrá solicitar la identificación o la adopción de medidas cautelares sobre bienes que sean instrumento o producto, directo o indirecto, de un delito, y que se encuentren en el territorio de la otra Parte.

2. La Parte requerida adoptará medidas cautelares sobre dichos bienes de conformidad con su ordenamiento jurídico.

3. La Parte requerida resolverá, de conformidad con sus leyes y reglamentos, cualquier solicitud relativa a la protección de derechos de terceros de buena fe sobre los bienes que sean objeto de las medidas previstas en los apartados anteriores.

4. La autoridad competente de la Parte requerida podrá disponer un plazo razonable que limite la duración de la medida solicitada, según las circunstancias.

ARTÍCULO 19
INTERCAMBIO DE INFORMACIÓN

1. Las Partes podrán, sin solicitud previa, intercambiarse información relativa a hechos delictivos, cuando consideren que dicha información pudiera ser útil al objeto de iniciar o conducir investigaciones o procedimientos.

2. La Parte que proporcione la información podrá imponer condiciones acerca del uso que la Parte receptora haga de la misma. Al aceptar dicha información, la Parte receptora se compromete a respetar tales condiciones.

ARTÍCULO 20
AUTENTICACION Y LEGALIZACIÓN

A efectos del presente Convenio, los documentos transmitidos por medio de las Autoridades Centrales, no requerirán autenticación, legalización, ni ninguna otra formalidad.

ARTÍCULO 21
CONSULTAS

Las Autoridades Centrales de ambas Partes podrán celebrar consultas con vistas a promover la aplicación más eficaz del presente Convenio, y acordar las medidas prácticas necesarias para facilitar su aplicación.

ARTÍCULO 22
SOLUCION DE CONTROVERSIAS

Cualquier controversia que surja entre las Partes, relacionada con la interpretación o aplicación de este Convenio, será resuelta mediante consulta entre las Autoridades Centrales. En caso de no llegar a un acuerdo, se recurrirá a la vía diplomática.

TÍTULO IV
DISPOSICIONES FINALES

ARTÍCULO 23
OTROS ACUERDOS

1. El presente Convenio no impedirá que las Partes se presten asistencia al amparo de lo previsto en otros instrumentos internacionales vigentes entre ellas.

2. Este Convenio no impedirá a las Partes la posibilidad de desarrollar otras formas de cooperación de conformidad con sus leyes y reglamentos nacionales.

ARTÍCULO 24
ENTRADA EN VIGOR Y DENUNCIA

1. El presente Convenio entrará en vigor el primer día del segundo mes siguiente a la fecha en que las Partes se hayan notificado mutuamente por vía diplomática el cumplimiento de sus respectivos requisitos internos necesarios para su entrada en vigor.

2. El presente Convenio podrá ser denunciado por cualquiera de las Partes en cualquier momento, mediante Nota Diplomática. La denuncia tendrá efecto seis (6) meses después de la fecha de recepción por la otra Parte. La denuncia no afectará a las solicitudes de asistencia en curso.

EN FE DE LO CUAL, los infrascritos, debidamente autorizados a este efecto por sus respectivos Gobiernos, firman el presente Convenio.

EN FE DE LO CUAL, los infrascritos, debidamente autorizados a este efecto por sus respectivos Gobiernos, firman el presente Convenio.

Hecho en Seúl el 23 de marzo de 2009, por duplicado, en coreano, español e inglés, siendo todos los textos igualmente auténticos.

POR LA REPÚBLICA DE COREA	POR EL REINO DE ESPAÑA

[TRANSLATION – TRADUCTION]

TRAITÉ ENTRE LA RÉPUBLIQUE DE CORÉE ET LE ROYAUME D'ESPAGNE RELATIF À L'ENTRAIDE JUDICIAIRE EN MATIÈRE PÉNALE

La République de Corée et le Royaume d'Espagne (ci-après dénommés « Parties »),

Désireux de maintenir et de renforcer les liens qui unissent leurs deux pays,

Souhaitant établir une collaboration plus efficace entre les deux États en matière de prévention, d'enquête et de poursuite des infractions pénales, notamment dans le cadre de la lutte contre la criminalité organisée et le terrorisme,

Désireux d'améliorer la coordination et l'entraide en matière pénale entre les deux États, conformément à leurs lois et règlements internes,

Sont convenus de ce qui suit :

PARTIE I. DISPOSITIONS GÉNÉRALES

Article premier. Champ d'application

1. Le présent Traité a pour objet de réglementer l'entraide judiciaire entre les autorités compétentes des deux Parties, en ce qui concerne les questions de nature pénale.

2. Conformément aux dispositions du présent Traité et à leurs lois et règlements nationaux respectifs, les Parties s'accordent mutuellement l'entraide judiciaire la plus large possible en matière de prévention, d'enquête et de poursuite des infractions pénales et de toute activité dont la répression, au moment de la demande d'entraide, relève de la compétence de l'autorité judiciaire de la Partie requérante.

3. Une entraide est également fournie en vertu du présent Traité en ce qui concerne les infractions pénales violant les lois relatives aux impôts, aux droits de douane, au contrôle des changes et à d'autres questions fiscales.

4. Le présent Traité ne s'applique pas :

   a) À l'arrestation de personnes aux fins d'extradition ou aux demandes d'extradition ;

   b) À l'exécution de décisions d'une juridiction pénale, y compris le transfèrement des personnes condamnées ;

   c) À l'assistance directe à des particuliers, à des personnes privées ou à des États tiers.

5. L'entraide peut être fournie indépendamment du fait que le comportement concerné constitue ou non une infraction pénale en vertu de la législation de la Partie requise.

Article 2. Autorités centrales

1. Chaque Partie désigne une autorité centrale chargée d'envoyer et de recevoir directement les demandes d'entraide, en application du présent Traité.

2. Pour la Corée, l'autorité centrale est le Ministre de la justice. Pour l'Espagne, l'autorité centrale est le Ministère de la justice. Chacune des Parties peut désigner une autre autorité centrale, le cas échéant elle en informe l'autre par la voie diplomatique.

3. Aux fins du présent Traité, les autorités centrales communiquent entre elles directement ou par la voie diplomatique.

Article 3. Portée de l'entraide

1. L'entraide inclut notamment :

a) La recherche et l'identification de personnes ;

b) La signification d'actes judiciaires ;

c) L'obtention de preuves, notamment de lettres de change, documents ou archives ;

d) L'exécution de demandes de perquisition et de saisie ;

e) Le recueil de témoignages et de dépositions d'experts ainsi que de l'accusé, directement ou par le biais de la vidéoconférence ;

f) La notification de convocations aux témoins, aux experts et à l'accusé afin qu'ils comparaissent volontairement pour prêter leur concours à la Partie requérante ;

g) L'exécution du transfèrement temporaire de personnes détenues dans le but de prêter assistance à la Partie requérante ;

h) La recherche, le gel, la confiscation et la saisie des produits du crime et des instruments utilisés à des fins criminelles ;

i) La remise de biens, y compris la restitution d'objets et le prêt d'éléments de preuves à produire devant un tribunal ;

j) L'échange d'informations relatives aux casiers judiciaires et aux condamnations antérieures des citoyens de la Partie requérante ;

k) Toute autre forme d'entraide en vertu du présent Traité, dans la mesure où elle est compatible avec la législation de la Partie requise.

2. Sauf dans le cas prévu à l'article 13, le présent Traité n'habilite pas les autorités de la Partie requérante à exercer sur le territoire de la Partie requise des fonctions qui, en vertu du système juridique de cette dernière, sont réservées à ses propres autorités.

Article 4. Refus d'entraide

1. La Partie requise peut refuser l'entraide demandée dans les cas suivants :

a) La demande se rapporte à une infraction de nature politique. À cette fin ne sont pas considérés comme étant des « délits politiques », les crimes terroristes et autres infractions que la Partie requise peut considérer exclues de cette catégorie en vertu de tout accord international auquel les deux Parties ont adhéré ;

b) La demande se rapporte à une infraction considérée dans l'État requis comme relevant exclusivement du droit militaire ;

c) L'exécution de la demande pourrait porter atteinte à sa souveraineté, à sa sécurité, à l'ordre public ou à d'autre intérêts publics essentiels ;

d) Il y a de motifs sérieux de croire que la demande d'entraide a été présentée en vue d'enquêter sur une personne ou de la poursuivre en raison de sa race, de sa religion, de sa nationalité, de son origine ethnique, de ses opinions politiques, de son sexe ou de toute autre situation personnelle ou sociale, ou dans l'intention de soumettre cette personne à une forme quelconque de discrimination, ou qu'il pourrait être porté atteinte à la situation de cette personne pour l'une de ces raisons ;

e) La demande d'entraide se rapporte à la mise en examen d'une personne pour une infraction pour laquelle elle a été condamnée, acquittée ou graciée dans la Partie requise, ou pour laquelle elle ne peut plus être poursuivie en raison d'une prescription dans le cas où l'infraction commise relève de la compétence de la Partie requise ;

f) Dans le cas de demandes impliquant des mesures coercitives, si les actes ou omissions allégués ne sont pas qualifiés d'infraction pénale selon la législation de la Partie requise.

2. La Partie requise refuse également l'entraide si la demande se rapporte à une infraction pénale punie de la peine de mort sur le territoire de la Partie requérante mais pour laquelle, sur le territoire de la Partie requise, la peine de mort n'est pas prononcée ou n'est généralement pas appliquée, à moins que la Partie requérante ne fournisse des garanties jugées suffisantes par la Partie requise en vertu desquelles la peine de mort ne sera pas prononcée ou, si elle est prononcée, qu'elle ne sera pas exécutée.

3. La Partie requise peut refuser l'entraide si la Partie requérante n'est pas en mesure de respecter les conditions imposées en matière de secret ou toute limitation concernant l'utilisation du matériel fourni en vertu de l'article 9.

4. La Partie requise peut différer l'entraide si l'exécution de la demande risque d'entraver une enquête ou des poursuites en cours dans la Partie requise.

5. Avant de refuser ou de différer l'entraide en vertu du présent article, la Partie requise, par l'intermédiaire de son autorité centrale :

a) Informe sans délai la Partie requérante des motifs du refus ou de la décision de différer l'entraide ; et

b) Consulte la Partie requérante pour déterminer si l'entraide peut être offerte dans les délais et aux conditions jugés nécessaires par la Partie requise.

6. Si la Partie requérante accepte que l'entraide soit exécutée dans les délais et aux conditions prévus à l'alinéa b) du paragraphe [5], ces délais et conditions doivent être respectés.

PARTIE II. PROCÉDURES ET EXÉCUTION DES DEMANDES

Article 5. Autorités compétentes pour demander l'entraide

En vertu du présent Traité, les autorités de la Partie requise qui, conformément à son système juridique, sont habilitées à enquêter sur des crimes et à les poursuivre, sont considérées comme étant les autorités compétentes pour émettre les demandes d'entraide.

Article 6. Forme des demandes

1. Les demandes d'entraide sont faites par écrit et portent la signature de l'autorité compétente. En cas d'urgence, toutefois, les demandes peuvent être transmises par télécopie, par courrier électronique ou par tout autre moyen fournissant une preuve écrite de leur contenu. Lesdites demandes doivent être confirmées par le document original dans les 10 jours suivant leur transmission.

2. Les demandes d'entraide et tous les documents qui y sont joints sont accompagnés d'une traduction dans la langue de la Partie requise ou en langue anglaise.

Article 7. Contenu des demandes

1. Les demandes d'entraide doivent comporter les informations suivantes :
   a) Le nom de l'autorité en charge de l'enquête, des procédures ou des poursuites auxquelles se rapporte la demande ;
   b) Une description de l'objet et de la nature de l'enquête, des procédures ou des poursuites, y compris un résumé de l'infraction en cause ;
   c) Une description aussi détaillée que possible des éléments de preuve, informations, ou de tout autre type d'aide recherchée ;
   d) Le but dans lequel les éléments de preuve, les informations ou tout autre type d'aide sont recherchés et leur lien avec les faits faisant l'objet de l'enquête ;
   e) Une présentation des textes de lois pertinents sur lesquels se fondent l'enquête ou les poursuites.
2. Si nécessaire, les demandes d'entraide comprennent :
   a) Des informations concernant l'identité de la personne faisant l'objet de l'entraide demandée, et le lieu où elle se trouve ;
   b) Une description de la relation que ladite personne a avec l'enquête ou les poursuites et, si cela est pertinent, une indication de la forme sous laquelle la notification doit être remise ou la déclaration doit être recueillie ;
   c) Une liste de questions à poser au témoin ou une description détaillée de l'affaire dans le cadre de laquelle le témoin doit être interrogé ;
   d) Des informations sur les dépenses et les indemnités auxquelles a droit la personne qui comparaît dans l'État requérant ;
   e) Une description détaillée du lieu à perquisitionner ou de la personne à rechercher, des objets à saisir et des biens susceptibles d'être confisqués ou saisis ;
   f) Les exigences relatives à la confidentialité de la demande ;
   g) Une description de toute procédure spéciale que la Partie requérante souhaite voir suivie dans l'exécution de la demande ;
   h) Une liste des autorités de la Partie requérante qui participeront à l'exécution de la demande sur le territoire de la Partie requise ;
   i) Le délai dans lequel la demande doit être exécutée, et un exposé des motifs en cas d'urgence ;

j) Toute autre information qui pourrait se révéler utile pour la Partie requise dans le cadre de l'exécution de la demande d'entraide.

Article 8. Exécution des demandes

1. Toute demande d'entraide est exécutée dans les meilleurs délais conformément à la législation de la Partie requise et, dans la mesure où cela est compatible avec sa législation, de la manière requise par la Partie requérante.

2. L'autorité centrale de la Partie requise informe celle de la Partie requérante, dans les meilleurs délais, de toute circonstance susceptible d'entraîner un retard important dans l'exécution de la demande.

3. Conformément aux dispositions de l'article 4, la Partie requise communique également sans délai les motifs de la décision de différer la demande ou de refuser d'y donner suite, et les conditions en vertu desquelles la demande pourrait, si nécessaire, être exécutée.

4. Dans l'exécution de la demande, la Partie requise s'efforce d'en préserver le secret conformément aux conditions prévues à l'article 9.

Article 9. Protection du secret et limites d'utilisation des informations

1. La Partie requise, sur demande de la Partie requérante, maintient le secret sur la demande d'entraide, sur sa teneur, et sur les documents à l'appui de celle-ci ainsi que sur toute mesure prise en application de la demande d'entraide. Si la demande ne peut être exécutée sans rompre le secret, la Partie requise en informe la Partie requérante, qui décidera alors s'il convient d'exécuter tout de même la demande.

2. À la demande de la Partie requise, la Partie requérante maintient le secret sur les éléments de preuve et les informations fournis en exécution de la demande d'entraide, sauf dans la mesure où ces éléments de preuve et ces informations sont nécessaires à la procédure ou à l'enquête décrite dans la demande.

3. La Partie requise peut subordonner l'exécution de la demande à des conditions précises relatives à l'utilisation des informations ou des éléments de preuves. La Partie requérante ne peut en aucun cas utiliser les informations ou les preuves obtenues à des fins autres que celles spécifiées dans la demande sans le consentement préalable de l'autorité compétente de la Partie requise.

Article 10. Informations concernant le statut des demandes

1. Sur demande de l'autorité centrale de la Partie requérante, l'autorité centrale de la Partie requise fournit, dans un délai raisonnable, des informations sur la manière dont la demande est traitée ou sur le degré d'exécution de la demande.

2. L'autorité centrale de la Partie requise informe rapidement l'autorité centrale de la Partie requérante des résultats obtenus dans le cadre de l'exécution de la demande, et elle transmet à cette autorité centrale tous les renseignements et éléments de preuve obtenus.

3. Lorsque la Partie requise n'est pas en mesure ou n'est que partiellement en mesure de donner suite à la demande, l'autorité centrale de la Partie requise informe sans délai l'autorité centrale de la Partie requérante de la situation et des raisons qui la sous-tendent.

Article 11. Dépenses

1. La Partie requise prend à sa charge les dépenses liées à l'exécution de la demande.

2. Si des dépenses de caractère exceptionnel sont ou seront nécessaires pour exécuter la demande, les Parties se concertent au préalable afin de déterminer les conditions dans lesquelles la demande peut être exécutée et les modalités de répartition des coûts.

3. La Partie requérante prend en charge le paiement des dépenses et honoraires correspondant aux rapports d'experts, aux traductions, aux dépenses extraordinaires découlant de l'utilisation de procédures spéciales, ainsi que les indemnités de subsistance et les frais de voyage pour les personnes se rendant dans la Partie requérante selon les modalités prévues par les dispositions des articles 13, 14 et 15.

PARTIE III. FORMES D'ENTRAIDE

Article 12. Notifications

1. Si la demande a pour objet la notification d'une décision judiciaire, les autorités de la Partie requise procèdent à ladite notification conformément à son droit procédural.

2. Si la demande a pour objet la remise d'objets ou de documents, les autorités de la Partie requise s'engagent à remettre lesdits objets ou documents envoyés par la Partie requérante à cette fin.

3. Les notifications sont faites de l'une des manières prévues par le droit de la Partie requise ou de la manière prévue par la Partie requérante, à condition que cela ne soit pas contraire au droit de la Partie requise.

4. La remise est confirmée par un accusé de réception daté et signé par le destinataire ou au moyen d'une certification de l'autorité compétente confirmant que la procédure a été exécutée. Cette certification de conformité est envoyée à la Partie requérante. Dans le cas où la notification n'est pas possible, il convient d'expliquer les raisons de cette impossibilité.

Article 13. Comparution sur le territoire de la Partie requise

1. Toute personne présente sur le territoire de la Partie requise et à laquelle il est demandé de faire une déposition ou de témoigner, de présenter des éléments de preuve ou de fournir un avis d'expert, doit comparaître devant les autorités compétentes de la Partie requise conformément au droit de cette dernière. La Partie requise délivre à la personne en question une citation à comparaître, sous peine de sanction, conformément à ses lois et règlements.

2. À la demande de la Partie requérante, les parties aux procédures concernées dans la Partie requérante, leurs représentants juridiques et les représentants de la Partie requérante peuvent, sous réserve de la législation et des procédures de la Partie requise, être présents lors des procédures en question. La Partie requise peut, dans la mesure permise par sa législation, autoriser ces personnes

à interroger la personne dont la déposition ou le témoignage est recueilli. Dans le cas où un tel interrogatoire direct n'est pas autorisé, ces personnes sont autorisées à soumettre des questions à poser aux personnes dont la déposition ou le témoignage est recueilli.

3. Dans le cas envisagé au paragraphe précédent, la Partie requise informe la Partie requérante, moyennant un préavis suffisant, de la date et du lieu où l'entraide demandée sera exécutée. Les autorités compétentes se consultent selon que de besoin, par l'intermédiaire de leurs autorités centrales, afin de fixer une date qui convient aux autorités compétentes des deux Parties.

4. Si la personne visée au paragraphe 1 se prévaut d'une immunité, d'un privilège ou d'une incapacité conformément à la législation de la Partie requise, l'autorité compétente de la Partie requise se prononce sur la validité de cette prétention avant de donner suite à la demande, et communique la décision à la Partie requérante par l'intermédiaire de son autorité centrale.

5. Si la personne visée au paragraphe 1 se prévaut d'une immunité, d'un privilège ou d'une incapacité conformément à la législation de la Partie requérante, l'autorité compétente de la Partie requise en informe l'autre Partie par l'intermédiaire de son autorité centrale afin de permettre aux autorités compétentes de la Partie requérante de prendre les mesures appropriées.

Article 14. Comparution sur le territoire de la Partie requérante

1. Si les autorités judiciaires de la Partie requérante demandent la comparution d'un témoin, d'un expert ou d'un accusé sur leur territoire afin qu'il témoigne ou fournisse tout type d'informations, cela doit être explicité dans la demande. Les autorités de la Partie requise invitent la personne en question à comparaître devant les autorités sur le territoire de la Partie requérante et informent la Partie requérante de la réponse de cette personne dans les meilleurs délais.

2. Les demandes d'assignation d'un témoin, d'un expert ou d'un accusé à comparaître devant les autorités de la Partie requérante doivent être reçues par l'autorité centrale de la Partie requise suffisamment de temps avant la date fixée pour la comparution.

3. Les demandes d'assignation à comparaître visées au présent article ne peuvent comporter ni la menace de sanctions ni des clauses punitives ; si elles en comportent, ces clauses ne prennent pas effet en cas de non-comparution du témoin, de l'expert ou de l'accusé.

4. Les autorités de la Partie requérante précisent dans la demande les frais de voyage et d'entretien qu'elles prennent en charge.

Article 15. Comparution de détenus sur le territoire de la Partie requérante

1. Toute personne détenue dans la Partie requise, et dont la présence est requise dans la Partie requérante aux fins de l'entraide prévue par le présent Traité, est transférée sur le territoire de la Partie requérante à condition qu'elle y consente et que l'autorité centrale de la Partie requise donne son accord. Si la personne détenue n'y consent pas, elle ne peut être soumise à aucune sanction ou mesure punitive.

2. Le transfèrement peut être refusé lorsque la présence de la personne détenue est nécessaire dans le cadre d'une procédure pénale en cours sur le territoire de la Partie requise, lorsque le transfèrement peut entraîner un allongement de la durée de la détention ou lorsque, pour toute autre raison, l'autorité centrale de la Partie requise juge le transfèrement inapproprié.

3. Les autorités de la Partie requérante gardent la personne transférée en détention pendant toute la durée de son séjour sur leur territoire. La période de détention de la personne détenue dans

l'État requérant est soustraite à la durée de son arrestation provisoire ou de sa condamnation. Si les autorités de la Partie requise informent l'autre Partie que la personne concernée ne devrait plus être en détention, cette personne est immédiatement remise en liberté et les dispositions de l'article 15 du présent Traité s'appliquent.

4. Les autorités de la Partie requérante doivent renvoyer la personne transférée dans le délai fixé par la Partie requise et, en tout état de cause, lorsque sa présence sur le territoire de la Partie requérante n'est plus nécessaire.

Article 16. Vidéoconférence

Les Parties peuvent convenir de recueillir les dépositions par vidéoconférence dans des conditions fixées au cas par cas.

Article 17. Sauf-conduit

1. Aucun témoin ou expert cité à comparaître devant les autorités de la Partie requérante, quelle que soit sa nationalité, ne peut être accusé, arrêté ou soumis à toute autre mesure de privation de sa liberté individuelle sur le territoire de ladite Partie pour des faits ou condamnations antérieurs à son départ du territoire de la Partie requise, et cette personne ne peut être obligée à témoigner dans une procédure ou à prêter son concours à une enquête autre que celle sur laquelle porte la demande.

2. Aucune personne citée à comparaître devant les autorités judiciaires de la Partie requérante pour répondre de faits donnant lieu à des poursuites judiciaires, quelle que soit sa nationalité, ne peut être accusée, arrêtée ou soumise à toute autre mesure de privation de sa liberté individuelle sur le territoire dudit État pour des faits ou condamnations antérieurs à son départ du territoire de l'État requis et qui n'ont pas été mentionnés dans la citation à comparaître.

3. Les dispositions visées au paragraphe 1 cessent de s'appliquer si la personne en question, ayant eu la possibilité de quitter le territoire de l'État requérant, reste sur ledit territoire pendant 15 jours consécutifs après que sa présence n'y est plus requise, ou retourne sur ledit territoire après l'avoir quitté.

Article 18. Mesures conservatoires

1. L'autorité compétente d'une Partie, par l'intermédiaire de son autorité centrale, peut demander la détermination ou l'adoption de mesures conservatoires sur des biens, qui sont des instruments directs ou indirects ou le produit d'une infraction, et qui se trouvent sur le territoire de l'autre Partie.

2. La Partie requise adopte les mesures conservatoires à l'égard desdits biens, telles que prévues par son système juridique.

3. La Partie requise s'engage à résoudre, conformément à ses lois et règlements, toute demande relative à la protection des droits des tiers de bonne foi sur des biens faisant l'objet des mesures envisagées aux paragraphes précédents.

4. L'autorité compétente de la Partie requise peut fixer un délai raisonnable limitant la durée de la mesure demandée, en fonction des circonstances.

Article 19. Échange d'informations

1. Les Parties peuvent, sans demande préalable, échanger des informations relatives à des infractions pénales lorsqu'elles considèrent que lesdites informations sont utiles à l'ouverture ou à l'exécution d'enquêtes ou de procédures.

2. La Partie qui fournit les informations peut imposer des conditions quant à l'utilisation qu'en fait la Partie destinataire. L'acceptation de ces informations signifie que la Partie destinataire doit se conformer aux conditions imposées.

Article 20. Certification et authentification

Aux fins du présent Traité, les documents transmis par l'intermédiaire des autorités centrales ne nécessitent aucune certification, authentification ni aucune autre formalité.

Article 21. Consultations

Les autorités centrales des deux Parties peuvent tenir des consultations en vue de favoriser une mise en œuvre plus efficace du présent Traité et de convenir des mesures pratiques nécessaires pour aider à sa mise en œuvre.

Article 22. Règlement des différends

Tout différend entre les Parties découlant de l'interprétation ou de la mise en œuvre du présent Traité est réglé par voie de consultations entre les autorités centrales. Si aucune solution n'est trouvée, les voies diplomatiques sont utilisées.

PARTIE IV. DISPOSITIONS FINALES

Article 23. Autres arrangements

1. Le présent Traité n'empêche pas les Parties de se fournir d'autres formes d'entraide en application des dispositions d'autres arrangements internationaux auxquelles elles sont parties.

2. Le présenté Traité n'empêche pas les Parties de développer d'autres formes de coopération conformément à leurs lois et règlements internes respectifs.

Article 24. Entrée en vigueur et dénonciation

1. Le présent Traité entre en vigueur le premier jour du deuxième mois suivant le jour au cours duquel les Parties se sont mutuellement notifié, par la voie diplomatique, l'accomplissement des conditions requises par leur droit interne pour son entrée en vigueur.

2. Le présent Traité peut être dénoncé par l'une ou l'autre des Parties à tout moment, au moyen d'une note diplomatique. La dénonciation prend effet six mois après réception de la notification par l'autre Partie. La dénonciation ne porte pas atteinte aux demandes d'entraide en cours d'exécution au moment de la notification.

EN FOI DE QUOI, les soussignés, à ce dûment autorisés par leurs Gouvernements respectifs, ont signé le présent Traité.

FAIT à Séoul, le 23 mars 2009, en deux exemplaires en langues coréenne, espagnole et anglaise, tous les textes faisant également foi.

Pour la République de Corée :
[YU MYUNG-HWAN]

Pour le Royaume d'Espagne :
[MIGUEL ANGEL MORATINOS CUYAUBE]